ARKANA

Buch

Auf lebendige und eigenwillige Weise macht Sylvia Boorstein den westlichen Leser mit den Zehn Paramitas, den Zehn Vollkommenheiten, vertraut, nach denen der Buddhist sein Leben ausrichtet. Theoretische Ausführungen sind in ihrem Buch kaum zu finden, dafür umso mehr autobiografische Schilderungen und lebenspraktische Erfahrungen. Indem sie ihren eigenen Werdegang schildert, erschließt sie den Buddhismus anschaulich als Lebenskonzept, mit dem wir durch tägliches Üben von Achtsamkeit unsere Güte, Mitgefühl und inneren Frieden entwickeln. Dabei verleugnet sie auch nicht die Situationen eigenen Scheiterns. Vielmehr beschreibt sie ihr eigenes Leben als beständigen Kreislauf aus Ankunft und Abfahrt. Jedes Leben ist schwierig, lautet in Übereinstimmung mit den Vier Edlen Wahrheiten ihre Botschaft. Aber wenn es auch hart ist, ein menschliches Leben zu führen, mit einem Körper, der Alter, Krankheit und Tod erleiden muss, so gibt es immer auch glückliche Momente. Jedem kann alles geschehen.

Autorin

Sylvia Boorstein ist promovierte Psychologin und seit 1967 als Psychotherapeutin tätig. Sie ist Mitbegründerin des Spirit Rock Meditation Centers in Woodacre, wo sie ebenso wie an der Insight Meditation Society in Barre, Massachusetts, Vipassana-Meditation lehrt. Auch tritt sie häufig als Vortragende bei buddhistischen und jüdischen Konferenzen auf, nimmt als jährliche Referentin an der American Psychiatric Association Annual Conference teil und ist Autorin zahlreicher Bücher zur buddhistischen Lebenspraxis. Mit ihrem Mann, dem Psychiater Seymour Boorstein, lebt sie in Kalifornien.

Von Sylvia Boorstein ist bei Goldmann außerdem erschienen:

Buddha oder die Lust am Alltäglichen (13223)

SYLVIA BOORSTEIN

ACHTSAM LEBEN

Der buddhistische Weg zu
Güte und Mitgefühl

Aus dem Amerikanischen
von Erika Ifang

ARKANA
GOLDMANN

Die amerikanische Originalausgabe erschien 2002
unter dem Titel »Pay Attention, for Goodness' Sake«
bei Ballantine Books, New York

Umwelthinweis:
Alle bedruckten Materialien dieses Taschenbuches
sind chlorfrei und umweltschonend.
Das Papier enthält Recycling-Anteile.

Deutsche Erstausgabe September 2003
© 2003 der deutschsprachigen Ausgabe
Wilhelm Goldmann Verlag, München
in der Verlagsgruppe Random House GmbH
© 2002 Sylvia Boorstein
This translation published by arrangement with
The Ballantine Publishing Group,
a division of Random House, Inc.
Umschlaggestaltung: Design Team München
Umschlagfoto: Premium/Wothe
Satz: Uhl + Massopust, Aalen
Druck: Elsnerdruck, Berlin
Redaktion: Gerhard Juckoff
Verlagsnummer: 21646
WL · Herstellung: WM
Made in Germany
ISBN 3-442-21646-X
www.goldmann-verlag.de

1. Auflage

Der ehrwürdige Ananda,
ein langjähriger Schüler Buddhas,
nannte edle Freundschaft
schon das halbe heilige Leben.
Der Buddha sagte: »Nein, Ananda. Das ist es nicht.
Es ist das ganze heilige Leben.«

Dieses Buch ist meinen edlen Freunden gewidmet.
Einige kommen in den Geschichten namentlich vor.
Andere, die mir das Herz erwärmt und
die Hand gehalten haben,
als dieses Buch geboren wurde,
werden sich in dem, was ich geschrieben habe,
wiedererkennen. Ich danke euch allen.

Inhalt

Vorwort: **Wichtige Anstöße** 11

Einleitung: **Die Paramitas oder Vollkommenheiten** 13
Güte und Freundlichkeit 13
Der Übungsweg Buddhas 17
Der Übungsweg heute 23
Eine Lebensreise 26
Gegenseitigkeit 32
Das Periodensystem der
    Tugenden 36

1. Gebefreudigkeit 45
Gebefreudigkeit 46
Gebefreudigkeitsmeditation 47
Der lange Nachklang der
    Gebefreudigkeit 48
Eine Schale, ein Gewand 53
Wirkliche Großzügigkeit 55
»Dies ist die wirkliche Welt«:
    die tägliche Gebefreudigkeitsübung 59

2. Sittlichkeit 63
Sittlichkeit 64
Sittlichkeitsmeditation 65
Das Koan der rechten Rede 66
Fehler wieder gutmachen 70
Zufluchtnahmen und Gelübde 76
Google im Kopf 79
Gelübde am Morgen:
    die tägliche Sittlichkeitsübung 82

3. Entsagung 85
Entsagung 86
Entsagungsmeditation 86
Die Sprache der Verführung 88
Über das Geloben 91
Eine Erinnerungshilfe 96
»Diese Entscheidung gilt nur für jetzt«:
    die tägliche Entsagungsübung 100

4. Weisheit 103
Weisheit 104
Weisheitsmeditation 105
Keine Klagen 107
Der wunderbare Common Sense 110
Das Leben ist eine Herausforderung 117
Endstation Sehnsucht 120
Ein ruhiges Gemüt 122
Bessere Fragen stellen 127
»Sie finden es toll,
    wenn ich ein Buddha bin«:
    die tägliche Weisheitsübung 131

5. Energie 133
Energie 134
Energiemeditation 135
Freizeit 137
»Es ist euer Leben,
    verpasst es nicht!« 140
Die bestmögliche Inkarnation 144
»Du kannst den heutigen Tag
    nicht wiederholen«: 147
    die tägliche Energieübung 147

6. Geduld 151
Geduld 152
Geduldsmeditation 152
»Warte, denk noch einmal nach« 154
Noch einmal
    lange nachdenken 158
Diskreter Mut 162
Der Geduldsfaden 165
»Wirklich immer?«:
    die tägliche Geduldsübung 169

7. Wahrhaftigkeit 171
Wahrhaftigkeit 172
Wahrhaftigkeitsmeditation 173
Wahrhaftig und hilfreich 174
»Ist das so?« 177
Nichtwissen 181
»Sag die Wahrheit,
    sei du selbst, und du bist okay«:
    die tägliche Wahrhaftigkeitsübung 185

8. Entschlossenheit 187
Entschlossenheit 189
Entschlossenheitsmeditation 190
Ein Glaubensbekenntnis 192
Die Kraft der Übung 194
Nicht nachlassen im Streben 198
»Es ist schwerer, als man denkt«:
    die tägliche Entschlossenheitsübung 201

9. Herzensgüte 203
Herzensgüte 204
Herzensgütemeditation 205
Gutes erzählen 207
Einen neuen Schluss für alte Geschichten schreiben . . 210
Vergeben können 214
»Danke« und »in Ordnung« 219
»Bitte anschnallen«:
    die tägliche Herzensgüteübung 227

10. Gleichmut 231
Gleichmut 232
Gleichmutsmeditation 233
»Es könnte gar nicht besser sein« 234
»Alles geschieht jedem« 238
»Bleibt verbunden«:
    die tägliche Gleichmutsübung 245

Nachwort: **Gott und die Eulen** 247

Dank 253

VORWORT
Wichtige Anstöße

Meine erste Erfahrung mit der Übung der Achtsamkeit habe ich im Frühling 1977 bei einem Wochenend-Retreat mit zwanzig Teilnehmern gemacht, das in einem Privathaus in einem Vorort von San Jose, Kalifornien, stattfand. Alles daran war schwierig: Ich kannte niemanden, es war heiß, und zum Meditieren saßen wir dicht gedrängt in einer Art Schuppen im Hinterhof, der als Meditationsraum diente. Wir schliefen im Haus auf Matratzen, die zu eng nebeneinander auf dem Fußboden lagen, Männer und Frauen im gleichen Zimmer, und alle zogen sich, wenn auch schnell und diskret, zur gleichen Zeit an und aus. Es war mir peinlich und verwirrte mich. Außerdem litt ich durch Koffeinentzug an schwerem Kopfweh, weil mir niemand gesagt hatte, dass es keinen Kaffee gab. Ich saß auf meinem Meditationsbänkchen und zählte erst die Stunden und dann die Minuten bis zu dem Zeitpunkt, an dem mein Mann mich abholen sollte. Im Geiste entwarf ich schon eine lange, empörte Rede, mit der ich ihm auf der Heimfahrt klar machen wollte, wie schlecht er mich auf dieses Ereignis vorbereitet hatte und was für ein Unsinn das alles war.

Zwei Monate später, am 7. Juli, saß ich im Flugzeug nach Portland, Oregon, wo ich mich zu einem weiteren, noch längeren Achtsamkeitsretreat angemeldet hatte, dem zweiten von vielen, vielen Retreats, die ich bis heute besucht habe und noch besuche und die ein Hauptelement meines spirituellen Lebens geworden sind, was ich mir damals nicht hätte träumen lassen. Wenn mich heute die Leute fragen: »Wie kommt es, dass du trotz deiner ersten schlechten Erfahrungen dabeigeblieben bist?«, erwidere ich in aller Aufrichtigkeit: »Ich weiß es nicht genau. Es ist mir ein Rätsel. Vielleicht ist es eine Gnade.«

Ich habe nur zwei Anhaltspunkte, woran es sonst liegen könnte. Der eine ist ein kleines schwarzweißes Abschlussfoto von jenem ersten Retreat, wir zwanzig Teilnehmer mit unserem Lehrer in drei Reihen vor der Kamera, wahrscheinlich am späten Sonntagnachmittag aufgenommen. Ich sitze in der vordersten Reihe ganz rechts. Ich lächle. Wenn ich mir dieses Bild jetzt anschaue, denke ich, dass ich dort vielleicht doch ein paar wichtige Anstöße bekommen habe, mehr als mir bewusst ist. Vielleicht hat mein Geist in seinem normalen Modus des Selbstschutzes – in dem er sich nur das Unangenehme einprägt, um weiterem Ungemach vorzubeugen – die schmerzlichen Erinnerungen ständig so laut wiederholt, dass die hoffnungsvollen Anstöße davon übertönt wurden. Der andere Anhaltspunkt ist meine lebhafte Erinnerung an ein Schmucktäfelchen auf dem Kaminsims im Wohnzimmer meiner Familie, eine auf Hochglanz polierte knorrige Rotholzscheibe mit eingraviertem Spruch, ein Souvenir, wie es die Leute in den Nationalparks im Andenkenladen kaufen. Normalerweise steht auf solchen Täfelchen *Home sweet home* oder *Freunde fürs Leben*. Ich glaube, es war der Spruch auf dieser Tafel, der mich bei der Stange gehalten hat. Er lautete: *Das Leben ist schwer genug, wie könnten wir da nicht freundlich zueinander sein?*

EINLEITUNG

Die Paramitas
oder Vollkommenheiten

Güte und Freundlichkeit

Mein Freund Lew Richmond erkrankte einmal an einer Virusenzephalitis und wäre fast daran gestorben. Lew und ich sind langjährige Mitglieder einer Gruppe buddhistischer Lehrer, die er Rhinozeros nannte, weil er bei uns allen die Neigung zu erkennen glaubte, eigene Wege zu gehen. Bei einem Rhino-Treffen, ein paar Tage nachdem bei ihm eine Besserung eingetreten und zu erwarten war, dass er am Leben bleiben würde, gestanden wir uns in der Gruppe ein, dass wir uns zum Teil in Gedanken bereits mit einer Laudatio für ihn beschäftigt hatten, in der wir seine vielen Talente hervorheben wollten. Lew ist Zen-Lehrer. Und Pianist. Und Komponist. Und Autor. Und Vortragsredner. Und Wirtschaftsberater und Geschäftsführer seiner eigenen Computerdesignfirma.

»Das Beste an Lew aber ist, dass er ein wahrhaft guter Mensch ist«, sagte Jack.

Roger lachte. »Glaubst du wirklich, dass es nach all unseren tief schürfenden buddhistischen Diskussionen, nach all den Meditationsübungen und allem, was wir gelernt haben, nur darauf hinausläuft, ein wahrhaft guter Mensch zu sein?«

Ja, das tue ich.

Buddha war ein von Grund auf guter Mensch. Er war großzügig und tugendhaft, maßvoll und geduldig, aufrichtig und offenherzig. Er konnte allerdings auch streng sein. Er verwechselte Mitgefühl nicht mit Passivität. Er forderte Mönche und Nonnen auf, die Gemeinschaft zu verlassen, wenn ihre Anwesenheit Zwietracht säte. In einer seiner früheren Inkarnationen, heißt es, tötete er einen Mörder aus Mitleid, um ihm das Leid zu ersparen, in einem späteren Leben wegen der zahllosen weiteren Morde, die er gerade begehen wollte, zur Rechenschaft gezogen zu werden. Er handelte aus Liebe weise und energisch zum Wohl aller Wesen.

Wir könnten das auch.

Die meisten Meditierenden, die ich kenne, haben mit dem Üben angefangen in der Erwartung, dabei besonders interessante Erfahrungen zu machen. Ich selbst hoffte, das Leid der Welt nicht mehr so schmerzhaft wahrnehmen zu müssen – vielleicht sogar gar nicht mehr. Stattdessen empfand ich das Leid in der Welt noch intensiver. Was mich allerdings überraschte, waren die Erfahrungen von Ehrfurcht, Staunen und Dankbarkeit, die mir dieses Leid erträglich machten. Und noch mehr überraschte es mich, dass die Hinwendung zur Güte – die eher meiner inneren moralischen Haltung entsprach als einem äußeren Gebot – sowohl das Gegenmittel zum Leid wie auch die Quelle eines tiefen Glücksgefühls war.

Wenn die Leute den Dalai Lama fragen: »Ist der Buddhismus eine Religion?«, antwortet er: »Ja, das ist er.« Dann fragen sie weiter: »Was für eine Religion ist er?« Worauf er erwidert: »Meine Religion ist die Güte.«

Man sollte meinen, das gelte für alle Religionen.

Es gilt für alle. Tatsächlich. Es ist nicht schwierig, das Ziel eines spirituellen Lebens zu beschreiben. Es ist leichter zu erklären, als man denkt. Und es ist schwerer zu praktizieren, als man sich vorstellen kann.

Ein Zeitschriftenjournalist interviewte mich einmal telefonisch für einen Artikel über neu entstehende Religionsformen. Er wollte wissen, was ich von Leuten hielt, die »Religionen vermengten und zusammenmischten«.

Ich reagierte darauf mit der Gegenfrage: »Machen die Leute das?«, was eindeutig nur eine rhetorische Frage war angesichts der Tatsache, dass ich selbst sowohl lehrende Buddhistin als auch bekennende Jüdin bin.

Der Interviewer sagte: »Allerdings. Die Leute nehmen das, was ihnen gefällt, und machen daraus eine neue Religion. Einen Religionssalat – ein bisschen von diesem, ein bisschen von jenem – was immer ihnen gefällt, das mischen sie zusammen. Halten Sie das für gut oder schlecht?«

Ich sagte: »Na ja, ich weiß nicht, ob es gut oder schlecht ist. Wenn die Leute hier in Amerika es so machen, spiegelt es vielleicht das wider, was der Psychoanalytiker Erik Erikson den ›amerikanischen Charakter‹ nannte. Seiner Meinung nach glauben wir, vom Pioniergeist bewegte Cowboys zu sein: unabhängig, dazu fähig, allein in die Ferne aufzubrechen, uns das Beste aus dem herauszupicken, was wir finden, und etwas daraus zu machen. Vielleicht ist den Leuten auch klar geworden, dass ihnen alles, was ihnen im Leben wichtig erscheint, materieller Besitz und Konsum, überhaupt nichts nützt, um von Herzen glücklich zu sein. Es macht vielmehr von Herzen unglücklich. Es macht auch die Welt unglücklich. Und vielleicht merken die Leute allmählich, dass sie im Grunde etwas brauchen, das sie im tiefsten Wesen anspricht, das sie direkt und zielvoll mit der Wahrheit ihres Daseins verbindet, sodass ihr Leben einen Sinn erhält. Vielleicht ist es gut so.«

Er sagte: »Glauben Sie nicht, dass es gefährlich sein könnte?«

Ich sagte: »Ich weiß nicht, ob es gefährlich sein könnte. Ich vermute mal, dass es manchmal eine Sackgasse sein könnte.«

»Wieso eine Sackgasse?«

Ich erwiderte: »Wenn Sie ganz allein eine eigene Religion hätten, wäre niemand da, der Ihnen bestätigen könnte, dass Sie Fortschritte gemacht haben, und Ihnen ermutigend sagen könnte: ›Weiter so.‹ Und es wäre auch niemand da, der Sie darauf aufmerksam machen könnte, dass Sie sich einer Selbsttäuschung hingeben und dass gar nichts passiert.«

Daraufhin fragte er: »Was soll denn passieren?«

»Was *passieren* soll? Was passieren soll, ist eine Transformation unserer Sichtweise. Wir sehen mit immer größerer Klarheit, wie viel Verwirrung und Leid in unserem eigenen Kopf und Herzen herrschen, und wir sehen auch, inwiefern unser eigenes Leid das Leiden der Welt vermehrt . Das bricht einem das Herz. Es ist beängstigend. Aber es ist noch nicht alles. Wir erkennen darüber hinaus allmählich, wie außergewöhnlich das Leben ist, wie erstaunlich es ist, dass es überhaupt Leben gibt, das sich auf unglaubliche, spektakuläre, Schwindel erregende, gesetzmäßige Weise fortwährend selbst erschafft. Wenn wir klar sehen, können wir in unserer Ehrfurcht und Dankbarkeit unmöglich etwas anderes tun, als uns dem Schmerz der Welt zuzuwenden, um ihn zu lindern, und zu hoffen, dass wir ihm nie noch einen zusätzlichen Wermutstropfen Schmerz und Leid hinzufügen. In dem Maße, wie unser Verständnis wächst, wird unser Herz empfindsamer, werden wir die mitfühlenden Wesen, die wir sein sollen. Das ist der ganze Sinn der Übung. *Das* soll passieren.«

Eine lange Pause trat ein, denn ich war vom gesetzten, überlegten Redestil der Lehrerin in knapp dreißig Sekunden zu donnerndem Predigen übergegangen.

Dann sagte er: »Sehr gut!«

Es *ist* gut. Buddha hat die Botschaft, die er lehrte, »gute Medizin« genannt. Diese Medizin hat zwei wirksame Bestandteile. Der eine Bestandteil ist eine Reihe von Entscheidungen, die unseren Lebensstil betreffen – wie wir handeln, wie wir sprechen, wie wir arbeiten, wie wir mit unseren Beziehungen umgehen sollen –, durch die Zufriedenheit in unser Herz einzieht. Der andere Bestandteil ist ein Programm zur Übung der Achtsamkeit, das zur unmittelbaren, persönlichen Erfahrung der Leidensaufhebung führt, zum befreienden Bewusstsein der Vergänglichkeit aller Erfahrungen, zum absoluten Vertrauen in die wechselseitige Verbundenheit aller Dinge und Wesen, durch die jede Handlung wichtig wird und jeder von uns etwas bewirkt.

Ich bin dem Journalisten dankbar, der gefragt hat: »Was soll denn passieren?« Er hat mir zu Bewusstsein gebracht, wie leidenschaftlich ich daran glaube, dass sich Aufmerksamkeit – Achtsamkeit – in Güte und Freundlichkeit, in der Sorge um das Wohl anderer, in der Sorge für das Wohl der ganzen Welt ausdrückt. *Darum* geht es in diesem Buch. Vor allem *das* ist es, was ich lehren möchte.

Der Übungsweg Buddhas

Berichte vom Leben Buddhas beginnen im Allgemeinen mit seiner Geburt als Siddharta Gautama im Jahr 563 v. Chr. in Nordindien. Sie schildern seine Kindheit und Ehe, erzählen, wie er des Leidens in seiner Umgebung gewahr wurde und seinem prinzlichen Leben entsagte, nachdem er einen Mönch erblickt hatte, der frei vom Leiden zu sein schien, und auch bei ihm das Verlangen nach dieser Freiheit erwacht war. Kernpunkt der Berichte ist immer die Erfahrung, die »Erleuchtung« genannt wird – seine nach vielen Jahren intensiver Meditationspraxis als Mönch gewonnene tiefste Einsicht in die Denkgewohnheiten, die das Leiden verursachen, und seine Erkenntnis, wie der eigene Geist für immer von diesen Gewohnheiten befreit werden kann. Buddha nannte diese Erkenntnis das *Dharma* (Wahrheit, wahres Wesen) und lehrte es vierzig Jahre lang. Im Lauf der Jahrhunderte verbreitete sich seine Lehre in Asien, sie wurde in vielen Ländern in das religiöse Verständnis und die religiöse Praxis aufgenommen und so zum Fundament all der Formen des Buddhismus, die sich bis heute auf der ganzen Welt entwickelt haben.

In zahllosen Legenden wird von verschiedenen früheren Leben Siddharta Gautamas, des Buddha, berichtet – unter anderem auch von seinen vormenschlichen Inkarnationen, etwa als unendlich geduldiger Wasserbüffel oder Vogel mit nie versiegendem Mitgefühl –, in denen er die zehn besonderen Eigenschaften des Herzens vervollkommnete. Diese *Paramitas* oder Vollkommenheiten des Herzens soll er ganz natürlich und mühelos sein Leben lang manifestiert und ausgestrahlt haben.

Die Geschichten vom vollkommenen Verständnis und vollendeten Herzen Buddhas inspirieren mich zutiefst, mag mein eigenes Verständnis und Üben auch noch sehr unvollständig und unvollkommen sein. Die Legenden von seinen langen Jahren, ja vielen Leben intensiver Übung festigen meine eigene Entschlusskraft.

Ich erwarte für mich kein ewig währendes, vollkommenes Verständnis. Ich erwarte eher einige erleuchtete Augenblicke wie jene beispielhaften Momente, in denen ich klar sehe und weise Entscheidungen treffen kann. Ich hoffe darauf, dass diese Augenblicke immer häufiger eintreten, dass sie immer mehr zur Gewohnheit werden. Ich denke daran, wie viel glücklicher mein Leben verläuft, wenn ich weisere Entscheidungen fälle, und das genügt.

Ebenso wenig erwarte ich, zu einer absolut vollkommenen Herzensgüte zu gelangen. Aber ich bin unendlich froh über die Vollkommenheiten als spirituelle Übung, weil sie richtige Verhaltensweisen darstellen, und obgleich ich keine Kontrolle habe über das, was ich denke, bin ich doch meistens für das verantwortlich, was ich tue. Jemand hat vor kurzem bei einer Gruppendiskussion über die Vollkommenheiten gesagt: »Bei mir haben sie die Wirkung, dass mein Kopf denkt, was er will, mein Herz jedoch schließlich entscheidet, was ich tun werde.« Es ist wunderbar zu wissen, dass wir das können. Es ist ebenso wunderbar zu wissen, dass die Herzensgüte durch die Übung allmählich zur Gewohnheit wird. Das ist zwar noch weit von der Vollkommenheit entfernt, aber immerhin.

Im Folgenden die Liste der Paramitas oder Vollkommenheiten:

Gebefreudigkeit
Sittlichkeit
Entsagung
Weisheit
Energie
Geduld
Wahrhaftigkeit
Entschlossenheit
Herzensgüte
Gleichmut

Ich mag diese Liste.

Ich stelle mir gern vor, dass all diese Eigenschaften den von Natur aus vorhandenen Neigungen des menschlichen Herzens entsprechen. Wir werden nicht mit einer Veranlagung zum Geigespielen, Stepptanzen oder Petit-Point-Sticken geboren. Wir verfügen nur über das körperliche Rüstzeug (Ohren, Arme, Augen, Hände, Füße) und die mentalen Fähigkeiten (Erinnerungsvermögen und manchmal Begabung), um all diese Künste zu erlernen. Meinem Gefühl nach gibt es jedoch Kulturen, in denen nichts dergleichen praktiziert wird, auch keinen Gedanken daran, es je zu praktizieren. In Freundlichkeit hingegen braucht der Mensch nicht unterwiesen zu werden. Wir stehen immer in Beziehung zueinander. Wenn wir nicht so verängstigt sind, dass wir uns egozentrisch verhalten, achten wir aufeinander und nehmen Anteil aneinander.

Ich mag auch, dass all diese Eigenschaften wie Geschenke sind, die sich die Leute gegenseitig machen. Die Gebefreudigkeit, die erste der Vollkommenheiten, weckt am unmittelbarsten die Vorstellung, dass wir jemandem etwas geben, aber ich denke, *alle* Vollkommenheiten sind Gaben. Und sie sind *gegenseitige* Geschenke – Geber *und* Empfänger profitieren davon.

Wenn wir uns sittlich und redlich verhalten, geben wir den Leuten, denen wir begegnen, das Geschenk der Sicherheit und erleben das, was Buddha die »Wonne der Untadeligkeit« nannte, ohne schmerzhafte Schuldgefühle zu haben. Indem wir uns in Entsagung üben, machen wir uns selbst das doppelte Geschenk einer Milderung unserer Begierden (für sich allein schon eine Erleichterung) und als zusätzliche Überraschung – wie das Spielzeug in der Wundertüte, das uns deren Inhalt noch versüßt – einer wachsenden Dankbarkeit gegenüber dem, was wir bereits haben. Man stelle sich einmal jemanden vor, der mit einem Zwölf-Schritte-Programm erfolgreich entsagt hat – eine Lebensweise aufgegeben hat, die ihm nicht gut tat – und der nun anderen, die gerade selbst daran denken, ihren Lebensstil zu ändern, eine ebensolche Inspiration ist, wie der Mönch, der frei vom Leiden war, für Buddha die Inspiration war, zu entsagen und anderen seine Lehre zum Geschenk zu machen.

Wie wäre das Leben wohl, wenn jeder auch nur ein bisschen mehr von jener Weisheit besäße, die dem Klarsehen entspringt! Nehmen wir einmal an, überall würden Leute gleichzeitig mit dem aufhören, was sie gerade tun, und wären genauso lange aufmerksam, wie sie sein müssten, um das gemeinsame Menschsein zu erkennen. Sicherlich würde dann der allen sichtbare herzzerreißende Schmerz der Welt jeden zur Güte bekehren. Welch ein Geschenk das wäre!

Und man denke einmal einen Augenblick daran, wie leicht der Energiepegel eines Mitmenschen zu spüren ist. Meiner Vorstellung nach sind wir alle Stimmungsantennen. Jeder persönliche Energiepegel verändert sich natürlich unentwegt, aber manche Leute scheinen von Natur aus durch Worte, Taten oder sogar Schwingungen Botschaften auszusenden, die uns aufrichten. Celia, eine Angestellte in meinem Supermarkt um die Ecke, scheint unabhängig von den jeweiligen Tagesnachrichten oder der Stimmung im Geschäft immer die folgende Botschaft auszustrahlen: »Freut euch! Das Leben ist schön!« Sie fängt stets ein Gespräch mit mir an, während sie meine Einkäufe einscannt, und sei es auch nur ein lockeres »Wie geht's?« Nach unserer Begegnung bin ich immer fröhlich. Ich glaube, Celia hält ihren Energiepegel unvermindert hoch, indem sie jede Gelegenheit nutzt, den Kontakt zu pflegen.

Geduldige Menschen sagen zu jemandem, den eine Verzögerung beunruhigt – der Kellner, der sie nicht gleich bedienen kann, der Beamte, der ihre Daten im Computer nicht findet, die Frau in der Reinigungsannahme, die sicher war, dass der Pullover rechtzeitig fertig würde – beschwichtigend: »Macht nichts. So etwas kann passieren.« Geduld ist in einer abgehetzten Welt eine spürbare Erleichterung. Sowohl die Zeugen eines geduldigen Verhaltens als auch die daran Beteiligten werden dann merklich ruhiger.

Wahrhaftigkeit schafft gleiche Bedingungen für alle, weil jeder Beteiligte in den Genuss der gleichen Informationen kommt. Allein die Tatsache, dass wir wahrheitsgemäß alles mitteilen, was wir wissen, zeigt, dass wir uns sicher fühlen, und macht uns zum Freund. Für mich sind Freundschaften Beziehungen ohne Arglist, in denen Menschen einander das Geschenk der Nähe machen.

Herzensgüte ist vom Vergebenkönnen abhängig. Beides steht in einer klaren Wechselbeziehung zueinander. Wenn ich fähig bin, mir selbst zu vergeben, was nicht immer leicht ist, gehe ich auch mit anderen gütiger um. Und mit mir selbst.

Und wie schön ist es, Gleichmut zu bewahren. Dazu folgende Szene aus dem Spirit Rock Meditation Center, wo ich unterrichte: Es war mitten in einem Retreat, und ich war mit etwa zehn anderen schweigend unterwegs zum Mittagessen im Speisesaal. Auf einmal blieben wir, als hätten wir uns im Stillen abgesprochen, alle abrupt stehen, um ein Wachtelpärchen mit zwölf eben geschlüpften Küken zu bewundern, die gerade vor uns die Straße überquerten. Wir sahen schweigend zu, wie Vater und Mutter Wachtel kreischend hin und her trippelten, bis sie alle Küken auf der anderen Straßenseite versammelt hatten. Leises Lachen. Ich dachte – und vermutlich dachten die anderen das Gleiche: »Ist ja erstaunlich! Wachteln können also zählen!« Wir hatten bereits das halbe Retreat hinter uns, und sicher trug jeder an seinem eigenen Kummer, aber vermutlich hat die Achtung, die wir den Wachteln in diesem Augenblick zollten, das eigene Herzensleid etwas verdrängt. Das merken wir an uns selbst. Und anderen merken wir es an, weil wir ein Herz mit ihnen teilen. Uns allen ging es in diesem Augenblick einfach gut. Worte erübrigten sich. Wir gingen weiter, nachdem wir zusammen erlebt hatten, dass alles im Herzen Platz findet und dass Gleichmut möglich ist. Dass Frieden möglich ist.

Der Übungsweg heute

Berichte vom Leben Buddhas, die von Generationen von Schülern mündlich weitergegeben wurden, ehe sie aufgezeichnet und schriftlich kodifiziert worden sind, beginnen oft mit den Worten: »Das habe ich gehört …«, wodurch bis heute ein Gefühl von mündlicher Überlieferung vermittelt wird. Der Erzählstil – der Lehrer unterweist den Schüler und der Ältere den Anfänger – entführt uns in die Jahrhunderte alte Zunft von Geschichtenerzählern, die den Übungsweg Buddhas zu ihrem eigenen machten. Wir reihen uns ein unter die Leute, die diese Geschichten hören.

»Das Drehen des Rades der Lehre« heißt die erste überlieferte Lehrrede Buddhas nach Verkündigung seiner Erleuchtung, seiner tiefen Einsicht in die Entstehung des Leidens und die Aufhebung des Leidens. Darin wird erwähnt, dass Buddha seine Lehre von den Vier Edlen Wahrheiten, die Essenz seiner Erkenntnis, noch vor der offiziellen Bekannt-

gabe an fünf Mönche weitergab, denen er in der Nähe von
Benares begegnete. Wie es heißt, erkannten die fünf Mönche
den Buddha schon von weitem als den, der sich früher mit
ihnen in Askese geübt hatte, und sagten verächtlich zueinander: »Da kommt der Mönch Gautama, der den Kampf aufgegeben hat, der zügellos geworden und wieder zum Luxus
zurückgekehrt ist.« Angeblich waren sie nur widerstrebend
bereit, ihm zuzuhören. Aber zum Schluss sollen sie einer
nach dem anderen die Wahrheit dessen verstanden haben,
was Buddha sie lehrte, und die Kunde davon soll sich direkt
bis in die Welt Brahmas verbreitet und diese zehntausenfal-
tige Welt so erschüttert haben, dass sie zitterte und bebte und
ein unermessliches Licht, das den Glanz der Götter noch
übertraf, ausstrahlte.

Das, was meine Freunde und ich uns über unsere ersten
eigenen Erfahrungen mit den Vier Edlen Wahrheiten erzählen, gleicht dem Bericht von den Geschehnissen in Benares,
wenn auch in moderner Sprache. Meine Überzeugung, dass
ich eine Gefangene meines sorgenvollen, ängstlichen und oft
bekümmerten Denkens und ein Opfer all der Ereignisse war,
die das Leben für mich bereithielt, »zitterte und bebte« bei
der Nachricht, dass ein befreiter Geist, ein in sich ruhender
Geist voller Weisheit und Mitgefühl im Bereich des Möglichen liegt. Damals, lange bevor ich zuversichtlich war, dass
ich einmal klar würde sehen können, war es einfach spannend
zu wissen, dass für Menschen ebenso wie für Buddha, der
auch ein Mensch war, die Möglichkeit besteht, sich durch das
Üben vom Leiden zu befreien.

Ich lehre die Vier Edlen Wahrheiten so:

I. Das Leben ist eine Herausforderung. Für jeden. Unser physischer Körper, unsere Beziehungen – all unsere Lebensumstände sind zerbrechlich und Veränderungen unterworfen. Wir müssen uns ständig anpassen.

II. Leiden entsteht durch den inneren Widerstand gegen die Herausforderung und Anpassung.

III. Die Aufhebung des Leidens, ein widerstandsloser, friedvoller Geist, liegt im Bereich des Möglichen.

IV. Das Programm zur Aufhebung des Leidens ist der Achtfache Pfad:

1. Rechte Erkenntnis: Einsicht in die Entstehung des Leidens

2. Rechte Entschlossenheit: durch Erkenntnis gereifte Motivation zur Aufhebung des Leidens

3. Rechte Rede: Reden in einer Weise, die Klarheit schafft

4. Rechtes Handeln: Verhaltensweisen, die dieser Klarheit dienlich sind

5. Rechter Lebenserwerb: Selbsterhaltung auf eine Weise, die keinerlei schädigende Wirkung hat

6. Rechte Anstrengung: Kultivierung förderlicher (friedvoller) Denkgewohnheiten

7. Rechte Sammlung: Kultivierung eines unerschütterlichen, gesammelten, unbeschwerten Geistes

8. Rechte Achtsamkeit: Kultivierung von wacher, ausgeglichener Aufmerksamkeit

Jedesmal, wenn ich die Vier Edlen Wahrheiten lehre, sind sie auch mir selbst wieder Ansporn. Sie sind so vernünftig! Jeder Schritt auf dem Übungsweg ist eine gewöhnliche, alltägliche menschliche Aktivität. Ich sage: »Seht doch das unaufhörli-

che Feedback dabei! Es ist ein unerschöpfliches, sich selbst
erhaltendes System. Jeder Teil davon baut alle anderen Teile
mit auf. Je besser wir die Entstehung des Leidens begreifen,
umso größer ist unsere Entschlossenheit, umso weiser und
mitfühlender ist unser Verhalten, umso klarer unser Geist,
umso tiefer unser Verständnis des Leidens, umso stärker unsere Entschlossenheit und so fort. Besonders gern lehre ich
die Schritte in dieser Reihenfolge von eins bis acht, weil ich
am Ende bei der rechten Achtsamkeit verweilen und sie besonders betonen kann. Für mich fasst sie das Ziel der Übungspraxis zusammen. Aufmerksamkeit, das heißt Klarsicht in
jedem Augenblick, führt zur inneren Einsicht und damit zu
angemessenem *Verhalten*.

Manchmal schließe ich meinen Vortrag über die Vier Edlen
Wahrheiten mit den Sätzen: »Das waren viele Worte. Dabei
war das, was Buddha lehrte, eigentlich ganz einfach: ›Wenn wir
klar sehen, verhalten wir uns untadelig.‹« Und um noch deutlicher zu machen, dass weises, mitfühlendes Handeln ein un-
umgängliches, leidenschaftliches Herzensanliegen ist, das der
Einsicht in die Unermesslichkeit des Leidens auf der Welt entspringt, dass wir also *um der Güte willen* achtsam sein sollten,
füge ich hinzu: »Wenn wir klar sehen, verhalten wir uns untadelig, aus Liebe und zum Wohle aller Wesen.«

Eine Lebensreise

Mir ist klar, dass mein Weg von Verwirrung zu Klarheit, von
der Verschlossenheit des Herzens zur Offenheit des Herzens
ein immerwährendes Abfahren und Ankommen ist, ein le-
benslanger Prozess, der sich ständig wiederholt, jeden Tag.

Damit kann ich mich abfinden. Ich liebe die Geschichte von Buddhas Erleuchtung. Sie inspiriert mich genau so, wie Legenden inspirieren sollen. Ihre Botschaft – dass Freiheit und Glückseligkeit möglich sind –, erinnert mich daran, dass auch ich diese Erfahrung der Klarheit machen und glücklich sein kann, selbst wenn ich sie immer wieder aufs Neue machen muss statt ein für alle Mal. Man vergisst es so leicht. Ich habe von mir selbst die Vorstellung, dass ich stets nur eine Denksekunde vom Vergessen entfernt bin. Nach meiner Erfahrung geht es uns allen so. Ich denke: »Eine falsche Bewegung, und ...«

Meine Freunde Davine und Alan hatten geplant, von Los Angeles nach San Francisco zu fliegen und über Nacht dort zu bleiben. Sie wollten an einer Party teilnehmen, auf der das neue Buch unseres Freundes Jack Kornfield vorgestellt wurde. Am nächsten Tag rief ich Jack von Lake Tahoe an, wo ich Urlaub machte, und erkundigte mich, wie die Buchparty war. »Schön«, sagte er. »Nur konnten Davine und Alan nicht kommen. Davine hatte eine Lebensmittelvergiftung.«

Ich rief Davine an. »Es war schrecklich«, sagte sie. »Es muss das Sandwich gewesen sein, das ich auf dem Flughafen gegessen habe, bevor wir abgeflogen sind. Der Flug dauerte nur knapp eine Stunde, aber mir ging es so schlecht, als wir landeten, dass ich mich beim Aussteigen kaum auf den Beinen halten konnte. Jemand hat die Sanitäter gerufen, und die Sanitäter haben einen Rettungswagen angefordert, und auf dem Weg ins Krankenhaus, während sie eine Infusion für mich installierten, ging es mir so dreckig, dass ich flehte: ›Bitte lasst mich nicht sterben‹, und eine sehr zuversichtliche Männerstimme sagte: ›Sie werden nicht sterben. Sie werden wieder gesund‹, und ich glaubte ihr.«

Davine und ich haben uns lange über dieses Martyrium unterhalten. Ich war froh, dass sie darüber reden wollte. Nach einem solchen Schrecken tut es wie nach einem Albtraum gut, immer wieder in allen Einzelheiten davon zu erzählen und sich damit das geängstigte Herz zu erleichtern. Das ist eine gute Therapie. Wir sprachen darüber, was in dem Sandwich gewesen sein könnte, wie freundlich das Krankenhauspersonal gewesen war, welche Anstrengungen Davine unternommen hatte, die Restaurantbetriebe und Cateringfirmen auf dem Flughafen zu alarmieren, damit anderen die unangenehme Erfahrung erspart blieb. Wir sprachen darüber, dass man im Grunde nie weiß, wohin man geht. Man glaubt, auf dem Weg zu einer Party zu sein, und landet auf der Notfallstation eines Krankenhauses. Wir sprachen davon, wie der Glaube die Hoffnung nährt, und fragten uns, ob Davines Genesung ebenso der Zuversicht des Sanitäters im Rettungswagen zu verdanken war wie der medizinischen Behandlung, die ihr zuteil wurde. Und wir sprachen von Gnade. Davine sagte: »Bin ich froh, dass es so ein kurzer Flug und das Krankenhaus so nahe war. Es hätte auch ganz anders sein können.« Wir kamen beide zu dem Schluss, wie wunderbar es doch sei, dass unser Körper in seiner Zerbrechlichkeit so lange hält, wie er bei den meisten von uns hält. Dieser Gedanke stimmte uns froh und verlieh uns wieder Auftrieb.

»Willst du wissen, was das Albernste war?«, fragte mich Davine, als wir gerade einhängen wollten.

»Na klar«, sagte ich.

»Am nächsten Tag, als ich wieder zu Hause war und es mir besser ging, habe ich mich gewogen und bin aus der Haut gefahren, weil ich nur ein halbes Pfund abgenommen hatte statt der fünf, die ich als sicher angenommen hatte!«

Wir lachten beide.

Das ist wirklich albern. Aber es ist wahr. Wir erleben Augenblicke der Klarheit, der Dankbarkeit gegenüber dem unglaublichen Netz miteinander verwobener Ereignisse, das uns von Atemzug zu Atemzug, Tag zu Tag trägt, solange wir leben, und ärgern uns im nächsten Moment über unser Gewicht. Oder über jemanden, der uns kein Geschenk zum Valentinstag geschickt hat. Oder der vergessen hat, das Essen zu loben. Was es auch sei.

Ich denke viel über den »kleinen« und den »großen« Geist nach, über die weite, offene und die enge, introvertierte Form des Bewusstseins. Bisweilen erlebe ich wie wir alle Augenblicke, in denen ich es schon als eine Freude und ein Wunder empfinde, einfach am Leben zu sein. In diesen Momenten kommt es mir so vor, als seien die Fensterläden des Geistes geöffnet, sodass ich hinausschauen kann. Aber es scheint mir, als hätten diese Fensterläden keine Haken, um sie offen zu halten. Ein leichter Wind, und *bumm!*, knallen sie wieder zu.

Einmal hat mich meine Freundin Rachel für mehrere Tage bei mir zu Hause in Nordkalifornien besucht. Einen Teil unserer gemeinsamen Zeit verbrachten wir damit, Meditationsprogramme auszuarbeiten. Während wir bei der Arbeit saßen, lehrte mich Rachel, die eine erfahrene Vogelkennerin ist, Vögel zu bestimmen. Vor ihrem Besuch hatte ich nur am Rande wahrgenommen, dass es überhaupt Vögel in meiner Umgebung gab. Ihr Fernglas und ihre Erklärungen eröffneten mir eine neue Welt. Es war richtig spannend.

Wir setzten uns zur Abendmahlzeit auf meine Terrasse, sprachen über die getane Arbeit, waren guter Dinge, genossen das Essen und die gegenseitige Gesellschaft und waren beide froh und dankbar für unser jetziges Leben und unsere

Freundschaft. Da klingelte das Telefon. Meine Tochter Emily rief an, um mich in die neuesten Details der bevorstehenden Bar-Mizwa-Feier meines Enkels Collin einzuweihen. Lauter gute Nachrichten. Kurz vor Beendigung unseres kurzen Gesprächs sagte sie: »Ach ja, noch etwas. Vetter So-und-so hat geschrieben. Sie können nicht kommen.«

Bumm! Meine geistigen Fensterläden schlugen zu. Ich dachte: »Das gehört sich doch nicht! Sie sollten wirklich kommen! Nachdem wir schon so oft bei *ihren* Feiern waren!« Natürlich sagte ich Emily nichts davon, sondern verabschiedete mich von ihr wie gewohnt, und dann hörte ich mich förmlich denken: »Wartet nur, bis *ihr* wieder zu irgendeinem Fest einladet. Dann komme ich *auch* nicht. Dann wird es *euch* Leid tun!« Fünf Sekunden später auf dem Weg zurück zu Rachel auf der Terrasse wurde mir bewusst, dass ich aus einem reinen Reflex heraus meine geistige Offenheit und Fröhlichkeit mit Engstirnigkeit und schmerzlichen Gefühlen vertauscht hatte. Und ich gestand mir die Wahrheit ein: »*Natürlich* fahre ich hin, wenn ich eingeladen werde. Das mache ich immer. Es ist meine *Pflicht*. Ich gehöre zu den Ältesten dieser Familie, die überall verstreut lebt, und Hochzeiten und Bar-Mizwas sind einmalige Gelegenheiten, sich zu treffen, also fahre ich auch hin.« Ich konnte spüren, wie ich mich innerlich entspannte und meine gute Laune zurückkehrte.

Rachel fragte: »Wer war denn am Telefon?«

Ich erwiderte: »Emily mit Neuigkeiten von der Bar-Mizwa. Willst du hören, was für ein Unsinn mir gerade im Kopf herumgegangen ist?«

Rachel sagte: »Klar!«

Ich erzählte es ihr, und wir mussten beide lachen.

Wir lachten, weil wir wussten, dass dies eine automatische,

instinktive mentale Reaktion auf eine Enttäuschung ist. Ich denke manchmal, dass wir selbst in der schönsten Stimmung immer nur einen Millimeter davon entfernt sind, von Ärger überrumpelt zu werden. Oder von Gier. Oder von sonst etwas. Von irgendetwas überrumpelt. Und zurück im Leiden.

Ich glaube, der Sinn der Übung besteht darin, Auswege finden zu können, wenn Kopf und Herz überrumpelt werden. An jenem Tag hätte ich bei näherer Betrachtung meines Telefongesprächs mit Emily und der fünf Sekunden danach erkennen können, welche Paramitas mir weiterhelfen. Das Erste war eine Art von Entsagung, indem ich den starken Impuls unterdrückte, über den Vetter zu schimpfen. Ich war so weise gewesen, mir klar zu machen, dass es Emily wehtun würde, wenn ich ihn herunterputzte, weil es ihr die Freude am Planen der Feier vergällt hätte, was ich ganz und gar nicht wollte. Deshalb hatte ich mich zusammengerissen – was mich einige Energie kostete – und mich der rechten Rede bedient (mich also moralisch richtig verhalten). Und ich hatte genügend Geduld aufgebracht, um mir die Wahrheit bewusst zu machen: Natürlich würde ich hinfahren.

Einige Zeit später – nicht unmittelbar anschließend, denn es dauert seine Zeit, bis sich der Geist von seinem Schrecken erholt hat –, fielen mir lauter gute Dinge über den Vetter ein. Wir können auf eine lange Reihe gemeinsamer Kindheitserinnerungen zurückblicken. Mir fielen auch viele »entschuldbare« Gründe ein, aus denen der Vetter nicht kommen konnte. »Die Reise ist zu weit.« »Um seine Gesundheit steht es nicht besonders gut.« »Das Ticket ist zu teuer.« Es spielte keine Rolle. *Jede* Begründung war akzeptabel. Er konnte nicht kommen. Das war alles. Vergeben zu können war eine große Erleichterung, ein Geschenk.

Gegenseitigkeit

Meine Freundin Mary und ich sind seit dreißig Jahren miteinander befreundet und haben in dieser Zeit viel über den spirituellen Weg geredet. Wir haben uns gemeinsam Fragen zur spirituellen Praxis überlegt, die wir uns und denen stellen wollen, die wir als neue Freunde gewinnen: »Was machst du?« Wie machst du es?« »Mit welchem Ziel?« und eine Zusatzfrage, die wir sowohl uns selbst als auch dem anderen stellen wollen: »Bringt es etwas?«

Das Wort *Paramita*, das aus dem Pali, der Sprache Buddhas, stammt, bezeichnet »das, was vollendet ist«, und wird meist mit »Vollkommenheit« übersetzt. Jede Paramita-Eigenschaft wird als eine dem menschlichen Herzen innewohnende Tendenz verstanden, und ein Menschenleben voller Freude und Leid wird als der günstigste Nährboden für die Entwicklung dieser Eigenschaft empfunden. Ich betrachte mein spirituelles Leben weitgehend als Arbeit, die in fortlaufender Entwicklung begriffen ist, und die Vollkommenheiten als Kriterien für meine Fortschritte auf dem Weg. Bin ich gebefreudiger geworden? Aufrichtiger? Gütiger? Was funktioniert? Was nicht? Was käme stattdessen infrage?

1995 war ich im Zentrum für buddhistische Studien in Barre, Massachusetts, um ein eintägiges Retreat mit dem Thema »Die Zehn Vollkommenheiten« zu leiten. Wie schon oft bei ähnlichen Retreats hatte ich vor, zur Einstimmung auf den Tag eine Jataka-Legende, eine traditionelle Geschichte über Buddha in einer seiner früheren Inkarnationen, vorzulesen, in der er große Gebefreudigkeit, große Geduld oder große Entschlossenheit unter Beweis stellt. Den größten Teil des Tages würden wir meditieren, und ich hatte Meditationen ausgearbeitet – mit denen auch jedes Kapitels dieses Buches beginnt –, in deren Mittelpunkt jeweils eine der Vollkommenheiten steht. Jede Meditation stärkt die Regungen von Geist und Herz, die parallel zu den Paramitas auftretenden inneren Impulse zum Handeln. In der Bibliothek des Zentrums las ich in einem traditionellen Paramita-Text, dass die Übung der Eigenschaften des Herzens sowohl von Weisheit inspiriert als auch von Weisheit verursacht ist. Ich war begeistert. Ich erinnerte mich daran, dass ich bei einer meiner ersten Retreaterfahrungen gleich nach einem Vortrag über den buddhistischen Weg zur Achtsamkeit und den Wert der Achtsamkeit in mein Tagebuch geschrieben hatte: »Sittliches Verhalten unterstützt die Fähigkeit, achtsam zu sein, was zur Einsicht führt, woraus, wenn diese tief genug ist, Weisheit entspringt, die sich ganz natürlich als Mitgefühl ausdrückt.« Das schrieb ich, meinem früheren Beruf als Chemikerin getreu, als Formel auf, wobei Pfeile den Ablauf der Ereignisse markierten. Es sah so aus:

Sittlichkeit → Achtsamkeit → Einsicht → Weisheit → Mitgefühl

Dann fragte ich mich: Warum führt man nicht einfach ein tugendhaftes Leben und überspringt die ganze geistige Schulung? Warum übt man sich nicht einfach in Mitgefühl und vergisst die ganze Einsicht? Wenn ich mich einsichtsvoll *verhalte*, komme ich vielleicht von selbst zu einer gewissen Einsicht. Die Pfeile weisen wahrscheinlich in beide Richtungen, dachte ich.

Das tun sie. Der Pfad des Mitgefühls führt allmählich zur Einsicht. Aber es genügt nicht, einfach zu sagen: »Auf die Plätze, fertig, los! Sei mitfühlend!« Um mit dem Üben zu beginnen, braucht man Entschlossenheit. Diese Entschlossenheit hängt, zumindest ein bisschen, von der unmittelbaren Wahrnehmung des Leidens ab, dem alle Menschen unterworfen sind, von dem Schmerz, den wir empfinden und verursachen, wenn wir in unserer Verwirrung handeln. Sie ist auch ein bisschen vom Vertrauen in die Möglichkeit abhängig, Ruhe und Zufriedenheit des Geistes erlangen zu können. Diese intuitive Wahrnehmung und dieses Vertrauen sind das, was Buddha »rechte Erkenntnis« nannte. Für den Anfang müssen wir wenigstens ein Quäntchen davon haben.

Das hatte Buddha.

Der Legende nach prophezeite ein Wahrsager den königlichen Eltern, dass Siddharta Gautama entweder ein großer Herrscher oder ein großer spiritueller Lehrer werden würde, woraufhin sie für eine ungestörte Kindheit sorgten, in der er von jedem Leid abgeschirmt wurde, das in seinem Geist spirituelle Fragen hätte wecken können. Ende zwanzig, als verheirateter Mann und Vater eines kleinen Sohnes, soll er der Legende zufolge einmal im Schutz der Dunkelheit die Sicherheit der Palastmauern verlassen haben. Vielleicht geschah es auch durch die Vermittlung göttlicher Wesen, die ihm in Visionen erschienen – jedenfalls sah er einen alten Menschen, einen Kranken und einen Toten. Dieser Anblick öffnete ihm die Augen für die Unausweichlichkeit von Verlust und Leid. Außerdem sah er einen Mönch, die Verkörperung der spirituellen Suche nach einem vom Leiden befreiten, friedvollen Geist.

Buddha verließ sein Zuhause. Er meditierte. Er fastete. Er wartete. Sechs Jahre später, als er klar erkannt hatte, dass der Geist nur durch die Gewohnheit unersättlichen Begehrens dem Kreislauf des Leidens verhaftet ist, war er frei. Aber weil er wusste, welch erschreckendes Ausmaß das Leiden in der Welt hat, zögerte er, das, was er wusste, zu lehren. Er lehrte schließlich trotzdem, gerade *weil* er das erschreckende Ausmaß des Leidens erkannte. Und zwar aus Mitgefühl.

Die Geschichte Buddhas ist auch unsere Geschichte.

Die besten Lebensumstände mit einer liebenden Familie, guter Gesundheit, ausreichenden finanziellen Mitteln und unbeschwerten Zeiten sind die Palastmauern, die die ersten Bewusstseinsregungen unserer Kindheit beschützen, und es uns ermöglichen, zuversichtlich erwachsen zu werden. Doch früher oder später sehen auch wir, was Buddha sah. Wir erkennen, dass in Wahrheit alles der Veränderung unterworfen ist. Wir begreifen, wie vergänglich das Leben ist und dass wir mit Sicherheit alles verlieren werden, was uns lieb ist. Irgendwann, an einem bestimmten Punkt, stellen wir uns unweigerlich die Frage: »Was kann ich bloß tun? Ist es möglich, dieses Leben mit offenen Augen und weitem Herzen zu leben und es dennoch zu lieben? Besteht die Möglichkeit, dem Leiden zu entgehen?«

Die bohrende Qual dieser Frage lässt uns ebenso wie Buddha nicht los. Und dieser Qual entspringt der Entschluss – die rechte Entschlossenheit, wie Buddha es nennt –, frei zu sein. Diese Entschlossenheit, ob sie mit der Übung des Einsichtnehmens beginnt und so das Mitgefühl weckt oder mit dem Mitgefühl, das seinerseits auch wieder zur Einsicht führt, stützt die gesamte Übung der Achtsamkeit.

Während meiner Vorbereitungen auf das Retreat in Barre, als ich den Paramita-Text studierte und mich an meine früheren Überlegungen erinnerte, in welche Richtung die Pfeile wiesen, schrieb ich wieder Formeln auf. Zuerst waren es Sätze, dann Formeln, und jede der zehn Formeln begann mit einer der Vollkommenheiten. Der erste Satz lautete: »Gebe-freudigkeit führt zur Einsicht in die Freude des Nichtanhaf-tens und zur Erkenntnis der Entstehung des Leidens.« Ich war froh, dass mich der Text an meine Ahnung erinnert hatte, dass die Pfeile in beide Richtungen weisen müssten. Und so schrieb ich meine Formel neu:

Sittlichkeit ↔ *Achtsamkeit* ↔ *Einsicht* ↔ *Weisheit* ↔ *Mitgefühl*

Das Periodensystem der Tugenden

Als weitere Vorbereitung auf das Paramita-Retreat erweiterte ich meine zehn Formeln zu einer Tabelle mit zehn senkrech-ten und fünf waagerechten Spalten. Ich gab der Gebefreudig-keit ihren Platz in der ersten Spalte oben links, denn in allen Aufzählungen der Vollkommenheiten steht die Gebefreudig-keit an erster Stelle, und dem Mitgefühl seinen Platz in der letzten Spalte unten rechts. Die übrigen Vollkommenheiten trug ich in die erste Spalte, die zur Transformation nötigen Schritte in die zweite, dritte und vierte Spalte und die Eigen-schaften des Herzens, durch die jede Vollkommenheit erst richtig erblüht, in die rechte Spalte ein. Im Chemieunterricht hätte ich meine Tabelle ein Flussdiagramm genannt, ein Fließ-schema aller Schritte, die nötig sind, um von A nach B oder, wie in diesem Fall, von der Gebefreudigkeit zum Mitgefühl zu gelangen. Oder ich hätte sie, da sie wie eine Tabelle der in der natürlichen Welt vorkommenden Elemente aussieht, »Peri-odensystem der Tugenden« genannt. Und so sieht sie aus:

Vervollkommnung der Eigenschaften des Herzens

Besondere Ausdrucksformen eines mitfühlenden Herzens

Auf dem Retreat hatte ich nur diese Tabelle als Textvorlage. Ich begann die erste Meditationssitzung, indem ich sagte: »Alles hängt von wacher Aufmerksamkeit ab. Wir werden uns jede Paramita einzeln vornehmen, aber zuerst wollen wir die Grundlage schaffen – Achtsamkeit, ausgewogene, klare Achtsamkeit von Augenblick zu Augenblick. Wir könnten nun irgendetwas auswählen, was gerade geschieht, und ihm unsere Aufmerksamkeit widmen, aber wir wollen mit der Erfahrung des Atmens beginnen. Der Atem ist eine unmittelbare, zuverlässige Verbindung zum gegenwärtigen Augenblick. Geatmet wird immer. Und der Atem ist etwas Normales und Regelmäßiges, das sich wiederholt. Wenn wir unsere Aufmerksamkeit einfach nur auf den Atem richten, beruhigt sich das Denken. Man braucht überhaupt nichts zu *tun*. Das allein ist eine Wohltat für den Geist, ein Feiertag.«

Ich bat die Leute, einige Minuten lang auf diese Weise zu meditieren, und vielleicht wollen Sie sich gleich anschließen, ehe Sie weiterlesen. Stellen Sie sich vor, dass Sie sich auf die Übung der gesammelten Aufmerksamkeit vorbereiten, mit der die besonderen Energien der Paramitas oder Vollkommenheiten kultiviert werden. Es ist einfaches, waches, im gegenwärtigen Augenblick ruhendes Üben. Schließen Sie die Augen und spüren Sie, wie Ihr Atem in seinem eigenen, natürlichen Rhythmus ein- und ausströmt. Öffnen Sie, sobald Sie entspannt, aber trotzdem hellwach sind, die Augen wieder und üben Sie weiter.

Ich beginne meinen Vortrag über die Vollkommenheiten

Übung von:	Führt zur Gewohnheit von:	Durch:	Und wird unterstützt durch:	Und manifestiert sich als:
Gebefreudigkeit	Teilenkönnen	die Erfahrung der Freude, keine Not zu leiden, das Wohlgefühl eines friedvollen Geistes, die Möglichkeit der Aufhebung des Leidens (Dritte Edle Wahrheit)	die Erkenntnis, dass das Leben eine unerbittliche Herausforderung ist (Erste Edle Wahrheit) und dass die Abwesenheit egozentrierter Geistesaktivitäten Erleichterung bringt	Zufriedenheit
Sittlichkeit	innerer Ruhe	Erlebnis der Freude beim Üben der rechten Rede, des rechten Handelns und Lebenserwerbs, der entsprechenden Glieder des Achtfachen Pfades (Vierte Edle Wahrheit)	die Erfahrung schmerzlicher Reue und Zerknirschung und die Freude, Wiedergutmachung zu leisten (die Wonne der Untadeligkeit)	Tugendhaftigkeit
Entsagung	Zurückhaltung	die Erkenntnis, dass durch unersättliche Gier Leiden entsteht (Zweite Edle Wahrheit)	die Feststellung, dass alles vergeht, selbst unangenehme Begierden (Einsicht in die Vergänglichkeit)	Mäßigung

Übung von:	Führt zur Gewohnheit von:	Durch:	Und wird unterstützt durch:	Und manifestiert sich als:
Weisheit	Unterscheidung	die Einsicht, dass der Geist zwar unablässig und unausweichlich von Begierden geplagt wird, dass aber dennoch die Möglichkeit besteht, Frieden zu finden (Erste, Zweite und Dritte Edle Wahrheit)	Übung der rechten Anstrengung, Sammlung und Achtsamkeit, der Geistesschulungsglieder des Achtfachen Pfades (Vierte Edle Wahrheit)	Klarheit
Energie	Strebsamkeit	die Erkenntnis, dass keine andere Zeit existiert als das Jetzt (Einsicht in die wechselseitige Verbundenheit)	Konzentration auf die gewaltige Aufgabe der Aufhebung des Leidens und Sich-Erinnern, dass Frieden möglich ist (Erste und Dritte Edle Wahrheit)	Unermüdlichkeit
Geduld	Demut	die Erkenntnis, dass alles der Veränderung unterworfen ist und dass es nicht anders sein kann (Einsicht in Vergänglichkeit und Karma)	die Kultivierung von Seelenruhe durch Übung der rechten Sammlung, des Aspektes geistiger Stetigkeit auf dem Achtfachen Pfad (Vierte Edle Wahrheit)	Toleranz

Übung von:	Führt zur Gewohnheit von:	Durch:	Und wird unterstützt durch:	Und manifestiert sich als:
Wahrhaftigkeit	Offenheit	die Erkenntnis dessen, was wahr ist, und das ehrliche, hilfreiche Sprechen (durch Übung der rechten Rede und Achtsamkeit, der das Denken und Sprechen läuternden Aspekte der Vierten Edlen Wahrheit)	die Erfahrung unerfreulicher Isolation durch Lüge (Trennung vom Selbst und von anderen) und der inneren Ruhe (des Friedens) durch Offenheit (Dritte Edle Wahrheit)	Vertrautheit
Entschlossenheit	Ausdauer	klare Einsicht in die Entstehung des Leidens und der folgende spontane Entschluss, die Gewohnheiten des Geistes zu ändern (durch Übung rechter Erkenntnis und Entschlossenheit, der den Geist stärkenden Aspekte der Vierten Edlen Wahrheit)	die aus der unmittelbaren Erfahrung erwachsende Gewissheit. dass ein friedvoller Geist möglich ist (Dritte Edle Wahrheit), und die Festigung der spirituellen Überzeugung durch wiederholte Erfahrung	Durchhaltekraft
Herzensgüte	Wohlwollen	Hervorhebung der positiven Eigenschaften anderer und Kultivierung des Vergebenkönnens	Sich-Erinnern, dass Leiden universal ist und folglich jeder von dem Verlangen motiviert ist, glücklich zu sein (Erste Edle Wahrheit)	Güte

Übung von:	Führt zur Gewohnheit von:	Durch:	Und wird unterstützt durch:	Und manifestiert sich als:
Gleichmut	Annehmen können	die freudige Erfahrung der Unvoreingenommenheit bei Beherzigung der ganzen Wahrheit jedes Augenblicks (durch Übung der rechten Achtsamkeit, des Gleichmut schaffenden Aspekts der Vierten Edlen Wahrheit)	die Wahrnehmung und Anerkennung, dass dieser Kosmos Gesetzen unterliegt und in seiner Zuverlässigkeit gerecht und tröstlich ist; Einsicht in Karma und Kausalität sowie in die wechselseitige Verbundenheit	Mitgefühl

immer, indem ich zuerst über die Gebefreudigkeit spreche. Ich sage, dass Buddha empfohlen hat, mit der Gebefreudigkeit anzufangen, weil wir alle irgendetwas haben, das wir weggeben können. Bei dem Retreat begann ich mit der Unterweisung, während die Leute noch still dasaßen und achtsam ihrem Atem folgten. Ich sagte: »Schauen Sie nun, ob Sie bei der Gebefreudigkeitsmeditation jeden inneren Dialog darüber, was Sie später tun werden, was Sie gestern getan haben usw., aufgeben können. Diese Gedanken brauchen Sie jetzt nicht.

Sollten die Gedanken wichtig sein, kommen sie später wieder. Genießen Sie das Gefühl, dass sich Ihr Geist entspannt und Sie nichts anderes brauchen als diesen Augenblick der Bewusstheit, in dem Ihr Körper ganz natürlich atmet.« Vielleicht wollen auch Sie das jetzt gleich probieren. Bloß für eine oder zwei Minuten. Dann werden Sie bemerken, dass Sie geistig wacher werden, weil Sie jetzt sorgfältiger auf das achten, was geschieht, während Sie aktiv Ihrem Atem folgen. Und aktiv etwas weggeben. Das Nichtanhaften ist ein sehr angenehmes Gefühl. Schauen Sie, ob Sie es empfinden können, und lesen Sie danach weiter.

Während wir saßen, überlegte ich, welche Geschichten von der Gebefreudigkeit ich kenne, und erzählte sie nach der Meditationssitzung. So verging der ganze Tag mit dem Üben aller Vollkommenheiten. Ich folgte meiner Tabelle. Ich gab Meditationsanweisungen für die Entwicklung der jeweiligen geistigen Gewohnheit, die einer entsprechenden Paramita förderlich ist. Ich erzählte Geschichten, die der jeweiligen Herzenseigenschaft entsprachen. Und ich bemerkte voller Freude, dass mein »Fließschema«, das spezielle Einsichten als Vorbedingung für jede Vollkommenheit auflistete, mich von Zeile zu Zeile, Spalte zu Spalte durch die Paramitas führte und eine weitere Vorbereitung überflüssig machte. Ich dachte: »Diese Tabelle wird mir zeigen, was ich sagen muss. Ich kann mich getrost entspannen!«

Am Ende des Tages notierte ich die Geschichten, die ich zu jeder Paramita erzählt hatte, in meiner Tabelle, und diese Erinnerungshilfe nahm ich noch lange Zeit danach immer mit. Inzwischen unterrichte ich nach einer bereinigten Tabelle, weil ich immer wieder andere Geschichten erzähle und die jeweils neueste Geschichte von Entschlossenheit oder Wahrhaftigkeit ganz von selbst an die Stelle der alten tritt. Das ist besser so. Ich bemühe mich allerdings, meine Tabelle stets mitzunehmen, wenn ich auf Lehrreisen gehe. Ich habe sie gern vor mir liegen und freue mich immer daran, wie sich die Spalten mit Geschichten füllen, denn die Schlussfolgerung »Tugendhaftigkeit ist sowohl Ursache als auch Ausdruck von Glückseligkeit« baut sich den Tag über nach und nach auf. Manchmal vergesse ich meine Tabelle oder gebe sie an jemanden ab, dem sie so sehr gefällt, dass er mich darum bittet.

In Wahrheit ist die Tabelle jedoch nicht unbedingt nötig. Selbst die traditionelle Reihenfolge der Paramitas braucht nicht eingehalten zu werden. Jeder Ausgangspunkt führt überallhin. Es ist gar nicht möglich, eine einzige Vollkommenheit zu kultivieren, ohne dass sich die anderen mitentwickeln. Sie sind voneinander abhängig. Jede Einzelne ist eine umgewandelte oder kombinierte Form aller anderen, und jede von ihnen offenbart zugleich alle anderen, wie ein Hologramm. Zusammen bilden die Zehn Vollkommenheiten den einen Pfad zu Mitgefühl und Güte. Jede von ihnen ist ein Zugang zu diesem Weg, und wahrscheinlich ist es unsere jeweils stärkste Eigenschaft, die uns bei der Kultivierung aller anderen unterstützt. Manche Leute scheinen ihrem Nervensystem und Temperament nach auf die Geduld anzusprechen. Anderen fällt die Entsagung leichter. Wieder andere haben von Natur aus überschäumende Energie. Dass jede Paramita auch alle anderen verstärkt, kann uns ein Ansporn sein, denn es bedeutet, dass wir zuversichtlich da beginnen können, wo wir gerade sind.

Fangen wir an.

1

Gebefreudigkeit

Gebefreudigkeit macht in jedem Stadium
ihrer Entwicklung Freude.
Es macht uns Freude,
den Vorsatz zu fassen, gebefreudig zu sein.
Es macht uns Freude,
zu handeln und tatsächlich etwas zu geben.
Und es macht uns Freude,
uns daran zu erinnern, dass wir etwas gegeben haben.

BUDDHA

Gebefreudigkeit

Übung von:	Führt zur Gewohnheit von:	Durch:	Und wird unterstützt durch:	Und manifestiert sich als:
Gebefreudigkeit	Teilenkönnen	die Erfahrung der Freude, keine Not zu leiden, das Wohlgefühl eines friedvollen Geistes, die Möglichkeit der Aufhebung des Leidens (Dritte Edle Wahrheit)	die Erkenntnis, dass das Leben eine unerbittliche Herausforderung ist (Erste Edle Wahrheit) und dass die Abwesenheit egozentrierter Geistesaktivitäten Erleichterung bringt	Zufriedenheit

Ich lese diese Tabelle so: Wenn wir den Vorsatz fassen, gebefreudiger zu werden, müssen wir jede sich bietende Gelegenheit zum Teilen beachten. Das Teilen selbst, das gebefreudige Handeln, wird dadurch zur Gewohnheit, dass wir die unmittelbare Freude erfahren, keine Not zu leiden, die Ruhe eines friedvollen Geistes. Außerdem werden wir dazu angespornt, uns die Gewohnheit des Teilens zu Eigen zu machen, indem wir erkennen, dass unser Leben (und das aller anderen) Probleme mit sich bringt und dass Trösten und Getröstetwerden wohl tun. Wenn wir das Gefühl haben, genug zu haben, sind wir zufrieden.

Gebefreudigkeitsmeditation

In meiner Küche hängt ein Sylvia-Cartoon von Nicole Hollander. Sylvia tippt gerade eine Liste von »Antworten, für die sich hoffentlich eine Gelegenheit ergibt«. Jeder lacht über Sätze wie: »Ja, es ist großartig, eine Olympiamedaille und den Friedensnobelpreis gewonnen zu haben, aber könntest du mir eine Lederhose in Größe XL mitbringen?« Auch Sylvias Antwort auf die Frage: »Mam, willst du etwas aus dem Laden mitgebracht haben?« »Bring mir einfach zwei von allem mit«, erheitert alle. Und alle schmunzeln ebenso wie ich über die Antwort, die zuoberst auf Sylvias Liste steht: »Nein, danke. Ich habe alles, was ich brauche.«

Das Beste an der Gebefreudigkeit ist das angenehme Gefühl, nichts zu brauchen. Ein Gefühl von großer Freiheit. Also halten Sie jetzt inne. Sie brauchen nicht weiterzulesen. Das Buch kann warten. Lächeln Sie. Atmen Sie tief ein und aus. Machen Sie es sich bequem, in welcher Position auch immer – ob im Sitzen oder im Liegen. In einer Minute, wenn Sie die Anweisungen zu Ende gelesen haben, werden Sie die Augen schließen. Aber nehmen Sie erst einmal beim Lesen wahr, dass Sie Ihren Körper fühlen, besonders jetzt, wo ich Ihre Aufmerksamkeit darauf gelenkt habe. Sie werden wahrnehmen, wie Ihr Körper sich in regelmäßigen Abständen mit Atemluft füllt und wieder erschlafft, wenn die Luft ausströmt. Niemand muss etwas dazutun. Die Atmung funktioniert ganz von selbst, und auch die Wahrnehmung funktioniert ganz von selbst. In den nächsten Minuten, wenn Sie die Augen geschlossen haben, werden Sie Ihr Bewusstsein einfach in diesem Gefühl ruhen lassen können. Stellen Sie es sich als ein Geschenk an Sie vor, als eine Art Urlaub. Lassen Sie, um das

Geschenk richtig zu würdigen, jeden Gedanken los, der in Ihrem Geist aufsteigt und Sie ablenkt oder Ihre Aufmerksamkeit beansprucht. Sie brauchen ihn nicht, auch wenn er wichtig zu sein scheint. Wenn er wichtig ist, kommt er Ihnen später erneut in den Sinn. Lassen Sie ihn fahren. Bringen Sie Ihre offenen Hände auf dem Schoß in eine entspannte Lage, oder lassen Sie sie locker neben sich liegen in einer Position, die zeigt, dass Sie genug haben. Schließen Sie jetzt die Augen, entspannen Sie sich und üben Sie diese Gebefreudigkeitsmeditation, solange Sie mögen.

Der lange Nachklang der Gebefreudigkeit

Mein Freund und Lehrerkollege James Baraz erzählt häufig, dass er sich heute noch darüber freut, vor dreißig Jahren ein Stück Kuchen mit drei Freunden geteilt zu haben. Ich habe diese Geschichte bestimmt schon zwanzigmal gehört und höre sie trotzdem noch immer gern. Er erzählt sie bei Retreats im Rahmen eines Dharma-Vortrags (einer Art Predigt über das, was Buddha gelehrt hat) und verändert selten den Wortlaut. Ich kenne alle Einzelheiten – wie er als Teilnehmer bei einem Schweigeretreat am Nachmittag die ihm zugewiesene Arbeit, Töpfe abzuwaschen, verrichtete und ihm einer der Köche ein Stück Käsekuchen anbot, einen seltenen Leckerbissen, der nicht zum normalen Mittagessen der Retreat-Teilnehmer gehörte. Er beschreibt, wie sehr er sich freute. Dann erzählt er, dass die Leute damals ihre Schalen und Becher selbst spülen und bis zum nächsten Gebrauch in Regale stellen mussten. James wusste, welches Geschirr seinen Freunden gehörte. Er schildert, wie er den Kuchen in vier

Teile schnitt, ein Stück selbst aß und die anderen drei auf die Teller seiner Freunde legte. Wenn James an dem Punkt der Geschichte ankommt, wo er die Freude und Überraschung auf den Gesichtern seiner Freunde beschreibt, die zum Abendessen kamen und Kuchen in ihren Schalen fanden, und seine eigenen Gefühle beim Zuschauen, wird deutlich, dass er das Glück jenes Augenblicks wiedererlebt. Ich spüre es, wenn ich neben ihm sitze. Ich höre es an seiner Stimme. Ich glaube, jeder andere im Raum spürt es auch. Das Echo des Stücks Käsekuchen klingt immer noch nach.

Geschichten über die Gebefreudigkeit unterscheiden sich im Einzelnen natürlich, aber bestimmte Elemente kommen immer darin vor. In traditionellen buddhistischen Texten heißt es:»Die zentrale Ursache für die Entstehung von Gebefreudigkeit ist die Erkenntnis, dass etwas aufgegeben werden kann.« Gebefreudiges Handeln entspringt also dem Bewusstsein:»Ich habe dies und kann es weggeben. Ich brauche es nicht zu behalten.« Darüber hinaus muss auch ein Gespür für die Bedürfnisse anderer Menschen da sein sowie das Bewusstsein, etwas zu besitzen, das anderen nützlich, angenehm oder tröstlich sein könnte.

Louise M. Davies hat sechs Millionen Dollar für den Bau der wunderschönen Konzerthalle in San Francisco, die nach ihr benannt ist, gespendet. Kurz nach der Einweihung des Gebäudes stand in einem Zeitungsartikel ihre Antwort auf die Frage eines Journalisten, warum sie so viel Geld dafür gespendet hätte. Sie soll gesagt haben:»Weil ich es hatte.«

Ich finde ihre Antwort wunderbar. So schlicht und einleuchtend. Natürlich hatte sie das Geld. Sonst hätte sie es nicht spenden können. Sie hätte auch ihre Überlegungen äußern können (»San Francisco braucht eine Konzerthalle mit moderner Akustik«) oder eine persönliche Bemerkung machen können (»Ich war immer eine Musikliebhaberin. Musik ist mir wichtig«), aber sie tat es nicht. Sie sagte nur: »Ich hatte es.« Ganz einfach.

Bei Aufführungen in der Davies Hall habe ich oft gedacht: »Sie hätte es auch haben und nichts geben können.« Keine Not zu leiden kann zu Gebefreudigkeit führen, aber auch nicht. Es muss der Impuls da sein, etwas zu tun. Dieser Impuls entspringt der Erkenntnis, dass man mit seinen Möglichkeiten Freude verbreiten oder Leid lindern kann. Beides sind Regungen, die nicht ichbezogen sind, sondern anderen zugute kommen. Beides macht Freude.

1990 unternahmen James und ich mit einigen Freunden eine Reise nach Indien, um den ehrwürdigen Advaita-Lehrer Sri H. W. L. Poonja in Lucknow zu besuchen. Drei Wochen lang machten wir uns in Dreiradtaxis, Fahrradrikschas und zu Fuß auf den Weg, um pünktlich zum Morgen-Darshan mit Belehrungen und Gesprächen in seinem Haus zu erscheinen. Wir pflegten mit etwa zwanzig anderen Schülern aus aller Welt dicht gedrängt in seinem kleinen Wohnzimmer auf dem Fußboden zu sitzen. Poonja-ji selbst (das *ji* ist die liebevolle, ehrerbietige Anrede für einen Lehrer) thronte vorn auf einem Podest. Drei Stunden lang erzählte er dann Geschichten, lachte und zog jeden von uns, einen nach dem anderen, in ein Gespräch. Wir hatten alle unsere Freude daran. Am letzten Tag willigte er ein, James und mich zu einem privaten Gespräch zu empfangen.

»Was lehrt ihr?«, fragte er uns.

»Wir lehren die Übung der Achtsamkeit und Herzensgüte«, erwiderte James, »und legen besonderen Wert auf die Gebefreudigkeit.«

»So etwas wie Gebefreudigkeit gibt es gar nicht«, sagte Poonja-ji. James und ich wechselten einen Blick, der Bände sprach: »Oh! Haben wir gleich zu Beginn dieses Gesprächs etwas Falsches gesagt?«

»So etwas gibt es gar nicht«, wiederholte Poonja-ji noch einmal. »Es gibt nur die bewusste Wahrnehmung von Not und den natürlichen Impuls des Herzens, etwas dagegen zu tun. Wenn du hungrig bist und deine Hand dir einen Bissen in den Mund schiebt, denkst du doch nicht, dass deine Hand gebefreudig ist, oder? Wenn Menschen vor deinen Augen hungrig sind und du ihnen Nahrung gibst, ist es doch das Gleiche, oder?«

James und ich unterhielten uns später darüber. »Vielleicht hat er Recht«, sagte ich. »Denken wir es einmal zu Ende. Wenn ich im Frühling, während ich meine Winterkleidung wegpacke, denke: ›Ich habe überhaupt nichts davon getragen. Ich werde die Sachen zur Heilsarmee bringen‹, ist es wahrscheinlich gar keine Gebefreudigkeit. Unter Umständen räume ich nur meinen Schrank auf. Womöglich stellt sich erst dann Gebefreudigkeit ein, wenn ich denke: ›Ich habe diese Sachen ein paarmal getragen. Sie sind noch immer modern. Ich mag sie. Ich könnte sie aufheben und irgendwann wieder tragen, aber ich könnte sie auch der Heilsarmee geben‹, und am Ende beschließe: ›Ja, ich gebe sie weg.‹ Vielleicht ist das Gebefreudigkeit.« Ich blickte James an. »Ist das Gebefreudigkeit?«

»Vielleicht ist es der Moment, in dem einem klar wird, dass die Bedürfnislosigkeit über die Bedürfnisse gesiegt hat«, sagte James.

»Oder die Bedürfnisse von jemand anderem über die eigenen Bedürfnisse.«

Bei mir geht es so, das weiß ich. Wenn ich einen klaren Kopf habe und ohne Angst bin, sehe ich nicht mehr nur meine eigenen Bedürfnisse. Ich glaube, das gilt für jeden anderen auch. Sobald es uns persönlich gut geht, berührt uns das Leid anderer Menschen – auch solcher, die wir gar nicht kennen – tief und bewegt uns dazu, es zu beenden. Wir reagieren, weil uns dann wohler ist, als wenn wir nicht reagieren. Ich glaube, wir sagen »Es war mir eine Freude«, wenn jemand sich für eine Freundlichkeit bei uns bedankt, weil es wirklich eine Freude *ist*.

James und ich verständigten uns schließlich auf Folgendes: »Vielleicht gibt es tatsächlich niemanden, der von Natur aus gebefreudig ist. Vielleicht gibt es nur Ursachen und Voraussetzungen dafür, etwas zu geben oder zu empfangen. Aber auf jeden Fall gibt es Gebefreudigkeit.

Gebefreudigkeit ist eine Reaktion auf die bewusste Wahrnehmung bestimmter Notsituationen und Bedürfnisse. Wenn wir ein Geschenk persönlich überreichen, kommen wir in den Genuss der Reaktion des Empfängers. Wenn wir für einen bestimmten Zweck spenden – für die Unterhaltung von Nationalparks, die Sicherung der demokratischen Rechte oder die Krebsforschung –, malen wir uns aus, wie unsere Spende aufgenommen wird. Meines Erachtens muss Louise Davies sehr angetan gewesen sein von dem Gedanken, dass Abertausende von Menschen wie ich aus vollen Zügen Musik genießen können, wenn sie mit ihrem Geld den Bau der Halle finanziert.

Sie hatte es ja auch.

Eine Schale, ein Gewand

Im Spirit-Rock-Meditationszentrum steht auf einem Tisch im Eingangsraum der Meditationshalle ein Korb mit einem Schildchen, auf dem *Dana* steht. Neulinge, die zum ersten Mal zu einem Kurs kommen, denken wahrscheinlich – besonders, wenn ihnen die Kollekte in der Kirche vertraut ist –, dass die Leute, die davor stehen bleiben und Geld in den Korb legen, damit einen freiwilligen Beitrag zum Erhalt des Zentrums leisten. *Dana* ist das Pali-Wort für »Gebefreudigkeit«, die in Spirit Rock gelehrt und geübt wird.

Meine Gebefreudigkeit ist, wie bei allen Menschen, nicht immer gleich stark, sondern richtet sich danach, wie wohl ich mich fühle. Gebefreudigkeit entsteht, wenn man selbst nichts braucht. Vor meinem ersten Achtsamkeits-Retreat erfuhr ich, dass die Summe, die für das Retreat erhoben wurde, die Kosten für die Unterbringung und Verpflegung im Zentrum decken sollte, während die Unterweisung der asiatischen Tradition entsprechend kostenlos sei. Mir gefiel die Erklärung für diese Sitte: »Da die Lehre unbezahlbar ist, kann unmöglich eine Bezahlung dafür gefordert werden.« Ich wusste, dass die Teilnehmer nach einem Retreat Geldgeschenke dazulassen pflegten, um ihre Dankbarkeit zum Ausdruck zu bringen, und weil ihnen bewusst war, dass für den Unterhalt der Lehrer gesorgt sein muss.

Nach Beendigung des Retreats war ich so glücklich, so inspiriert von der Aussicht auf Befreiung und so hoffnungsfroh, dass die Übung mir dazu verhelfen würde, dass ich dachte: »Das *ist* unbezahlbar. Ich sollte eigentlich alles geben, was ich habe.« Dann dachte ich: »Unsinn, das kann nicht richtig sein. Schließlich stehe ich einem Haushalt vor und muss für eine

Familie sorgen.« Am Ende machte ich es mit der *Dana*-Spende so und habe es seither immer so gehalten, dass ich meine Dankbarkeit meinen jeweiligen Umständen entsprechend und im Bewusstsein meiner Verantwortung zum Ausdruck bringe. Der Entschluss zum Spenden war jedoch nicht das Entscheidende. Das Entscheidende war, dass mir in dem Augenblick, als ich spontan auf den Gedanken kam, mich großzügig zu erweisen, absolut klar war, nur eins für mich zu *brauchen*: die Befreiung.

Wenig später, noch immer in den Anfangsjahren meiner Übung, kamen einige Mönche aus Burma auf eine Einladung hin als Gastlehrer zu einem einwöchigen Retreat, an dem auch ich teilnahm, nach Südkalifornien. Sie wurden in einem der Häuschen am Rande des Retreat-Zentrums untergebracht. Eines Morgens nach dem Frühstück verkündete der Retreat-Leiter: »Die Mönche verlassen uns gleich. Wer will, kann sich vor ihrem Haus versammeln, um ihnen zum Abschied seine Hochachtung zu erweisen.«

Ich gesellte mich still zu den anderen Retreat-Teilnehmern und sah zu, wie die Mönche im Gänsemarsch aus ihrem Häuschen kamen, jeder mit seiner Bettelschale in einem Einkaufsnetz. Dabei wurde mir klar, dass das, was sie am Leibe hatten, was sie in der Hand trugen und was in den zwei Koffern auf dem Dach des Minibusses sein mochte, der abfahrbereit auf sie wartete, alles war, was sie an weltlichen Gütern besaßen. Während ich den Mönchen nachschaute, schienen sie mir die bildliche Verkörperung der Wahrheit zu sein, dass Bedürfnislosigkeit – nichts weiter nötig zu haben, nichts anderes mehr zu begehren – die Aufhebung des Leidens ist. Ich dachte: »Sie haben alles, was sie brauchen.«

Heute habe ich immer das Büchlein *Eine Schale, ein Ge-*

wand mit den Gedichten des Zen-Mönchs Ryokan in Reich-
weite, nicht im Bücherregal, sondern da, wo ich es im Blick
habe – auf der Küchenanrichte oder auf dem Klavier neben
den Noten. Der Titel erinnert mich an die Mönche aus Burma. Wenn mein Geist von dem Verlangen nach Dingen erfüllt
ist, die ich zu brauchen glaube, oder von bestimmten Vorstellungen, wie etwas beschaffen sein müsste, damit ich glücklich
sein kann, und er dadurch angespannt ist, rufe ich mir ins Gedächtnis zurück, dass dieses Vollgestopftsein selbst die Ursache meines Leidens ist, und denke: »Was brauche ich denn
wirklich?« Sobald ich wieder klarer sehe, kann ich mir selbst
gegenüber großzügig sein und mich von diesem Wirrwarr in
meinem Kopf trennen.

Wirkliche Großzügigkeit

Ich habe schon öfters Leute sagen hören, jemand wäre zu
»großzügig« oder »zu freigebig«, als sei es überhaupt möglich,
zu gebefreudig zu sein, als würde man durch Großzügigkeit
selbst verarmen. Ich glaube, dass das Gegenteil richtig ist.
Wenn man zu freizügigem Geben fähig ist, ist man so frei von
eigenen Bedürfnissen, dass man über sich selbst hinausschauen und die Bedürfnisse der anderen sehen kann. Nicht
mehr von den eigenen Bedürfnissen abhängig zu sein ist für
sich allein schon eine Bereicherung, selbst wenn man seine
Gebefreudigkeit noch nicht unter Beweis gestellt hat.

Buddha hat gelehrt, dass das Leiden jener zusätzliche
Schmerz im Geist ist, der entsteht, wenn wir das qualvolle
Empfinden haben, die Dinge müssten anders sein, als sie
sind. Das merken wir am deutlichsten, wenn uns unsere per-

sönliche Situation unerträglich erscheint und wir uns sehnlichst eine Veränderung wünschen. Dieses sehnliche Verlangen ist es, das uns so sehr quält, dieses Gefühl von »Ich
brauche das unbedingt« lähmt unseren Geist. Das »Ich« mit
seinem starken Verlangen fühlt sich isoliert und allein gelassen.

Gebefreudiges Handeln ist eine Bereicherung, weil es Be-
züge herstellt. Es steht immer in Beziehung zu etwas oder
jemandem, es geschieht nie im luftleeren Raum. Und man
braucht nichts *Materielles* fortzugeben, um sich gebefreudig
zu erweisen. So verstehe ich die Feststellung Buddhas, dass wir
alle etwas haben, was wir geben könnten, und das sind neben
materiellen Besitztümern unter anderem Freundschaft, Trost,
Ermutigung und Zuwendung. Von ganzem Herzen zu geben,
was immer einem möglich ist, schmälert meiner Überzeugung
nach keineswegs die eigenen Lebensgrundlagen, sondern ist
sowohl für den Gebenden wie auch für den Empfangenden
eher lebenserhaltend.

Vor 25 Jahren ist mein Nachbar Jesse im Haus nebenan an
Darmkrebs gestorben. Als ich ihn wenige Tage vor seinem
Tod besuchte, erklärte er, indem er auf die vielen Fläschchen
und Injektionsnadeln auf seinem Nachttisch wies, dass er sich
als Arzt die entsprechenden schmerzstillenden Mittel selbst
verabreichen würde.

»Das hier ist Morphium«, sagte er, »das injiziere ich mir,
wenn die Schmerzen unerträglich werden.« Er hielt inne und
schaute mich an, als überlege er, ob er weitersprechen sollte.
Dann sagte er: »Manchmal kommt mir der Gedanke, mich
selbst zu töten. Ich könnte es durchaus. Es wäre leicht. Ich
könnte einfach eine Überdosis Morphium nehmen. Aber jedes Mal, wenn ich so weit bin, fällt mir jemand ein, mit dem

ich noch ein Wort reden müsste. Ein Freund in Atlanta zum Beispiel, der ein Geschäft eröffnet hat und für den ich ein paar gute Ideen habe. Oder mein Neffe in Los Angeles, der Eheprobleme hat. Ich glaube, ich kann ihm helfen. Manchmal weiß ich nichts mehr, was ich noch erledigen könnte, aber dann denke ich, dass mir vielleicht doch noch etwas einfällt. Und dann bleibe ich noch.«

Während meiner Besuche bei Jesse habe ich oft gedacht, wie freundlich es doch von ihm war, sich in seinen letzten Lebenstagen an seine Freunde und deren Bedürfnisse zu erinnern. Ich habe ihn weiterhin als freundlichen Menschen in Erinnerung, aber ich glaube inzwischen auch, dass er großes Glück hatte. Welche Erleichterung muss es für ihn gewesen sein, sich den Kopf zu zerbrechen, was er noch tun könnte, statt düsteren Gedanken über das Sterben nachzuhängen! Ich glaube nicht, dass er sich überlegt hat: »Verbindung zu halten ist das Klügste, was ich tun kann, um mich lebendig zu fühlen, solange noch ein Funken Leben in mir ist.« Meiner Meinung nach hat er sich einfach von Natur aus weise verhalten. Und damit hat er meines Erachtens Glück gehabt.

Ich staune, was der Geist alles von Natur aus macht, selbst unter Qualen und von Morphium vernebelt. Vielleicht ist es das Bewusstsein: »Ich werde heute oder morgen sterben«, das die geistige Fähigkeit weckt, aufmerksam zu sein. Vielleicht ist Gebefreudigkeit, wirklich großzügige Gebefreudigkeit, Ausdruck der tief inneren Erkenntnis, dass ich am Leben des anderen teilhabe, wenn ich ihm etwas von meinem Leben abgebe, und dass er an meinem Leben teilhat, wenn er es annimmt. Diese Welt ist voller Menschen, die scheinbar getrennt voneinander leben und sterben, dabei sind wir im Grunde alle Teil des einen sich entfaltenden Lebens. *Das* ist die Einsicht, die uns von der endlosen Last befreit, uns Sorgen zu machen: Wir brauchen uns nur um uns selbst zu kümmern.

Mein Freund Paul war einmal auf dem Weg quer durch die Vereinigten Staaten von San Francisco nach Massachusetts, wo er eine neue Stellung antreten sollte, als er hörte, dass die Zentralstelle für Rückenmarkspenden nach ihm suchte. Einige Monate zuvor hatte er jemanden kennen gelernt, dessen Leben durch eine Rückenmarkstransplantation gerettet worden war, und als er erfuhr, dass auch Leute ohne jede verwandtschaftliche Beziehung als Spender infrage kommen, hatte er eine entsprechende Blutprobe machen und sich dort eintragen lassen. Er rief die Stelle von Kansas aus an und wurde darüber informiert, dass seine Blutgruppe mit der einer Person in New York City übereinstimmte, die schwer krank war und sofort eine Transplantation brauchte. Daraufhin verständigte er seinen neuen Arbeitgeber telefonisch, dass er sich um drei Tage verspäten würde, fuhr nach New York und begab sich für drei Tage ins Krankenhaus – einen Tag zur Vorbereitung auf den Eingriff, einen Tag für die Rückenmarkstransplantation und einen Tag zur Erholung –, um danach seine Fahrt nach Massachusetts fortzusetzen.

Von dieser Transplantation erzählte Paul mir bei unserer ersten Begegnung fast ein Jahr später. Er sagte, er wüsste, dass der Empfänger am Leben geblieben sei und dass er ihn, wenn er wollte, ein Jahr nach der erfolgreichen Operation treffen konnte, um ihn kennen zu lernen.

»Ich will es gar nicht wissen«, sagte Paul. »Mir geht es so gut, gerade weil ich es nicht *weiß*. Ich gehe an jemandem im Supermarkt vorbei und denke: ›Vielleicht ist *das* die betreffende Person.‹ Oder ich sitze im Bus neben einem Mann oder sehe im Flugzeug im Vorübergehen ein junges Mädchen, das aus dem Fenster schaut, und denke: ›Vielleicht ist das die Betreffende.‹ Da ich es nicht weiß, kann ich mir jeden als den Empfänger vorstellen. Das ist viel besser so.«

»Dies ist die wirkliche Welt«: die tägliche Gebefreudigkeitsübung

Eine der ersten Geschichten, die ich über Meditation gehört habe, handelte von einem Einsiedler, der nach jahrelanger Versenkung, durch die er einen vollkommen ruhigen, friedvollen Geist erlangt hatte, seine Höhle zum ersten Mal verließ und sich auf den örtlichen Markt begab. Jemand rempelte ihn aus Versehen an. Er rempelte zurück. Als ich die Geschichte hörte, musste ich lachen. Aber ich verstand die Pointe. Ein vollkommen ruhiger, friedvoller Geisteszustand, der nur bis zum Ausgang der Höhle anhält, ist nicht Ziel der Übung. Er muss auch die Schwelle passieren können.

Gegen Ende eines Retreats werde ich oft gefragt: »Wie kann ich diese Übung mit in die wirkliche Welt hineinnehmen?« Ich antworte stets: »Dies *ist* die wirkliche Welt.« Ich weiß wohl, dass ein Retreat-Zentrum ein einzigartiger Platz auf der Welt ist, wo wir uns wie Einsiedler auf eine spezielle Lebensform geeinigt haben, zu der vielstündiges Meditieren täglich sowie die Verpflichtung gehört, nicht zu lesen, nicht zu schreiben und nicht miteinander zu reden. Ich sage auch, dass diese Form, die durch die Einfachheit des Tagesablaufs und das Schweigegebot die natürliche Fähigkeit des Geistes unterstützt, aufmerksam zu sein, in ihrer Funktionalität wunderbar ist. »Aber«, füge ich hinzu, »es ist nur eine Form. Es ist nicht die Übung. Die Übung besteht darin, den Geist klar und das Herz liebevoll zu erhalten.«

Ob wir in Retreat-Zentren, Meditationskursen, Kirchen oder Synagogen sind oder im Supermarkt, wir haben immer den gleichen Geist und das gleiche Herz. Wir üben nach Möglichkeit in einer ruhigen, kontemplativen Umgebung, damit wir dann auch in allen anderen Situationen einen klaren Geist und ein liebevolles Herz bewahren können. Achtsamsein ist eine Übung, die wir überallhin mitnehmen. Sie wird praktiziert, wo immer man ist.

Das trifft auf die Übung aller Paramitas zu: Wir können sie überallhin mitnehmen. Wir können jede der Vollkommenheiten kontemplativ üben und die jeweiligen Einsichten und Gewohnheiten, durch die sie gefördert werden, innerlich kultivieren und stärken. Und wir können jede einzelne Vollkommenheit üben, indem wir beschließen, uns in der Alltagswelt so zu verhalten, dass die natürliche Neigung unseres Herzens zur Güte gefestigt wird. Es ist so ähnlich, als wäre man Kunde in zwei Fitnesscentern, dem *Zafu*-Center (*Zafu* ist das Sitzkissen) und dem Marktplatz-Center. Da beide Übungswege einander unterstützen, wird jedes Kapitel dieses Buches von »äußeren« und »inneren« Übungen begleitet. Im Folgenden die erste Übung für den Alltag in der wirklichen Welt.

Sie ist eine Gebefreudigkeitsübung und der Idee einiger Mitglieder der Mittwochmorgen-Gruppe im Spirit-Rock-Meditation-Center zu verdanken, die beschlossen, sich jeden Tag fünf Mal gebefreudig zu verhalten, wobei einige lachend bemerkten, dabei würden sie sich wie Pfadfinder vorkommen. Solange dieses Experiment lief, erstatteten sie der Gruppe allwöchentlich Bericht. In den meisten Fällen stellten sie etwas von ihrer Zeit zur Verfügung. »Ich habe am Bankschalter die Person hinter mir vorgelassen.« »Ich bin an einem Parkplatz vorbeigefahren, weil ich sehen konnte, dass jemand hinter mir den Platz haben wollte.« Wir einigten uns darauf, die kirchliche Kollekte, regelmäßige Spenden und andere Aktivitäten, bei denen wir routinemäßig anderen helfen und die keine tägliche Aufmerksamkeit erfordern, unberücksichtigt zu lassen. Überprüfen wollten wir, ob es stimmt, dass das Geben noch mehr Freude bereitet, wenn all diese Komponenten zusammenkommen: die *Suche* nach einer Gelegenheit, etwas geben oder jemanden beschenken zu können; der *Vorsatz*, es zu tun, die *Ausführung* des Vorsatzes und das *Erleben* der Reaktion darauf. Die Kursteilnehmer fanden es alle spannend wie eine Schatzsuche innerhalb einer bestimmten Frist, aber auch schwer. Es erforderte eine Menge Aufmerksamkeit, jeden Tag fünf solche Gelegenheiten zu finden. Sie waren jedoch begeistert bei der Sache.

Vielleicht sollten auch Sie es einmal probieren. Hier ein Tipp: Bitten Sie eine Freundin oder einen Freund, mitzumachen, und berichten Sie sich gegenseitig möglichst oft, wie Sie vorankommen. Die aufmerksame Beschäftigung mit der Frage: »Wo in meiner Umgebung ist jemand, für den ich etwas tun kann?« verbindet uns mit der Welt. Ein Gespräch über die Güte verbindet uns mit den Mitmenschen.

2

Sittlichkeit

In einer früheren Inkarnation als mitleidsvoller großer Menschenaffe rettete Buddha einen Mann, der im Wald in eine tiefe Schlucht gefallen war, und trug ihn auf seinem Rücken vom Grund der Schlucht bis nach oben. Dann sagte er völlig erschöpft: »Ich muss ein wenig schlafen, damit ich die Kraft habe, dir den Weg aus dem Wald zu zeigen. Halte du derweil bei mir Wache.« Während der Affe schlief, dachte der Mann, von Hunger geplagt: »Ich sollte diesen Affen töten und essen.« Er nahm einen großen Felsbrocken und warf ihn mit aller Macht auf den schlafenden Affen. Der Affe wachte erschreckt auf. Seine Augen füllten sich mit Tränen. »Du armer Mann«, sagte er. »Jetzt wirst du nie wieder glücklich werden.«

JATAKA-LEGENDE

Sittlichkeit

Übung von:	Führt zur Gewohnheit von:	Durch:	Und wird unterstützt durch:	Und manifestiert sich als:
Sittlichkeit	innerer Ruhe	Erlebnis der Freude beim Üben der rechten Rede, des rechten Handelns und Lebenserwerbs, der entsprechenden Glieder des Achtfachen Pfades (Vierte Edle Wahrheit)	die Erfahrung schmerzlicher Reue und Zerknirschung und die Freude, Wiedergutmachung zu leisten (die Wonne der Untadeligkeit)	Tugendhaftigkeit

Wenn wir vorhaben, unser moralisches Verhalten zu vervollkommnen, müssen wir erst innerlich ruhig und gefestigt sein, damit wir nicht unbedacht handeln. Unser Entschluss, die speziellen Anweisungen Buddhas für das rechte Handeln, den rechten Lebenserwerb und die rechte Rede zu beherzigen, die Teil des Achtfachen Pfades sind (Vierte Edle Wahrheit) und am unmittelbarsten unser Verhalten in der Alltagswelt bestimmen, ist eine Art automatischer Pannenschutz, der unseren Geist davor bewahrt, von Leidenschaften entflammt zu werden und zu sagen: »Hol es dir. Nur dieses eine Mal.« Dieser Entschluss behält seine Kraft, wenn wir uns den Schmerz vergegenwärtigen, den uns die Verursachung von Leid bereitet, wenn wir merken, wie froh wir sind, eine Verletzung heilen zu können, und wie angenehm es ist, nichts und niemandem gegenüber Schuldgefühle zu empfinden. Buddha nannte dieses Wohlgefühl die Wonne der Untadeligkeit.

Sittlichkeitsmeditation

Die Sittlichkeitsübung gewöhnt den Geist daran, ruhig zu werden. Der beruhigte Geist ist im Allgemeinen in der richtigen Verfassung, um reflektieren zu können, dabei jedoch so ausgeglichen, dass ihn nichts beschwert. Ein unbeschwerter Geist braucht keine Begierden zu befriedigen. Er handelt mit Bedacht.

Die von Buddha gelehrte Achtsamkeitsübung beginnt mit der Anweisung, sich still an einen ruhigen Ort zu setzen und die Aufmerksamkeit auf den Atem zu richten. Der Übende soll auf die Beschaffenheit seines völlig natürlich strömenden Atems achten, zum Beispiel auf die Länge der Atemzüge, um schließlich die Entdeckung zu machen, dass die gesammelte Aufmerksamkeit, mit der er seinem Atem folgt, den Körper beruhigt. Danach wird die Ruhe selbst in den Mittelpunkt der Aufmerksamkeit gerückt, und der Übende ist angewiesen, bei jedem Atemzug zu denken: »Einatmend werde ich ruhig« und: »Ausatmend werde ich ruhig.«

Ich atme bei dieser Übung ein ganz klein wenig länger ein und aus, als es von selbst geschehen würde, zumindest in den ersten Minuten. Wenn ich jeden Atemzug ein bisschen verlängere, bleibe ich aufmerksam und erinnere mich daran, dass ich zur Ruhe finden wollte. Und ich tue noch etwas. In Anlehnung an die Anweisung Buddhas für das Einatmen sage ich: »Einatmend werde ich ruhig.« Aber das Ausatmen übe ich nach der Anweisung des vietnamesischen Zen-Lehrers Thich Nhat Hanh und sage: »Ausatmend lächle ich.«

Versuchen Sie es auch einmal. »Einatmend werde ich ruhig. Ausatmend lächle ich.«

Schließen Sie die Augen. Sitzen Sie, solange Sie mögen.

Das Koan der rechten Rede

»Was ist der Ton der einen Hand?« Das ist keine normale
Frage, und es gibt auch keine normale Antwort darauf. Es ist
vermutlich das bekannteste Beispiel für ein Koan, eine para-
doxe Aussage oder Situation, über die Übende nach der Rin-
zai-Zen-Tradition meditieren müssen, um mit ihrem Geist in
tiefere Bereiche des Verständnisses vorzudringen. Die im
Kopf ständig präsente Frage wird dabei unablässig von allen
Seiten betrachtet, und diese intensive Beschäftigung mit dem
Koan ist wichtiger als das Ankommen bei der richtigen Antwort. Schülern dieser Tradition wird von ihrem Lehrer in
einer bestimmten Reihenfolge jeweils ein Koan nach dem anderen aufgegeben. Ich kam eher zufällig an ein Koan: auf der
Damentoilette von Max's Café in Corte Madera, Kalifornien.
Es war eine Blitzübertragung, die jedoch meine Aufmerksamkeit wochenlang gefesselt hielt und bis heute nachwirkt,
sogar noch in diesem Buch.

Ich hatte mich zu einem späten Abendessen mit meiner
Freundin Martha in Max's Café verabredet. Als ich mir dort am
Waschbecken der Damentoilette die Hände wusch und dabei
aufblickte, sah ich im Spiegel eine Frau am Nebenwaschbe-
cken stehen, die mit beiden Händen eine Spange oder Schleife
hinter ihrem Kopf löste, die ihre zu einem festen Knoten ge-
schlungenen blonden Haare zusammenhielt. Während ich sie
betrachtete, schüttelte sie den Kopf, und eine Riesenmähne
Locken im Stil von Farrah Fawcett fiel ihr auf die Schultern.

»Oh!«, sagte ich, aufrichtig entzückt von ihrer bemerkens-
werten Verwandlung. »Was haben Sie für wunderschönes
Haar! Solches Haar habe ich immer bewundert.«

Die junge Frau schien irritiert zu sein. Sie wandte sich zu

mir und sagte: »Also, vielleicht macht es Sie glücklich, wenn Sie hören, dass ich todunglücklich bin«, und verschwand.

Da stand ich, zuerst verblüfft, dann verstimmt.

»Pfff!«, dachte ich. »Sehe ich so aus wie eine, der es besser geht, wenn sie weiß, dass die Dame unglücklich ist?« Ich merkte, wie ich mich voller Entrüstung kerzengerade aufrichtete, und im Geiste formulierte ich schon meine Story für Martha: »Du kannst dir nicht vorstellen, was mir gerade auf der Damentoilette passiert ist!«

Wieder am Tisch, erzählte ich mein Erlebnis mit einer gewissen Dramatik, und Martha war erwartungsgemäß ebenso empört wie ich. »Was für ein schlechtes Benehmen!«, sagte sie. »Sehr unfein!«

Da wurde mir auf einmal klar, dass ich in dem irrigen Versuch, meine eigenen verletzten Gefühle zu beschwichtigen, Martha ihre gute Laune verdorben und obendrein noch herabsetzend über eine junge Frau gesprochen hatte, über deren Situation ich nichts wusste. Zwei Fehler – drei, wenn ich die Bemerkung über ihr Haar mitrechnete – in nur zwei Minuten.

»Moment mal, Martha«, sagte ich. »Mir fällt gerade auf, dass ich keine Ahnung habe, in welcher geistigen Verfassung meine zwar gut gemeinte, offensichtlich jedoch zu dem betreffenden Zeitpunkt unangebrachte Bemerkung die junge Frau antraf. Absolut keine Ahnung. Ich weiß nicht, ob nicht zum Beispiel fünf Minuten vor unserer Begegnung am Waschbecken ihr langjähriger Partner ihr eröffnet hat, dass er sie nicht mehr liebt, ob sie nicht heute ihren Job verloren hat oder ob sie womöglich nach zwölf Jahren Abstinenz ein Glas Wein getrunken hat. Ich weiß nur, dass ich mich aufgedrängt habe.«

Ich schaute mich im Café um, ob ich die junge, schöne, unglückliche Frau irgendwo sehen konnte. Ich erwog, mich dafür zu entschuldigen, dass ich so aufdringlich gewesen war, verwarf den Gedanken jedoch sogleich wieder als peinlich. Sie war aber nirgendwo zu sehen.

»Ich muss das wieder gutmachen, zumindest innerlich«, sagte ich zu Martha. »Lass uns ein paar Metta-Gebete (Gebete der Herzensgüte) für sie sprechen. ›Möge dein Leiden vorüber sein‹, wo immer du bist und was immer dein Schmerz sein mag. Möge dein Geist getröstet sein.«

»Das Gleiche für dich«, sagte Martha. »Mögest auch du getröstet sein.«

»Ja«, sagte ich, »für mich auch.«

Da mir die Sache nicht aus dem Kopf ging, erzählte ich meine Geschichte in den folgenden Tagen und Wochen bei all meinen Kursen. Ich erzählte sie als Denkanstoß für die Sittlichkeitsübung und stellte sie als Koan über die rechte Rede vor: »Wann ist die rechte Rede unrecht?« Nach der Anweisung Buddhas muss die rechte Rede sowohl wahrheitsgetreu als auch hilfreich sein. Wenn nicht eindeutig feststeht, dass beide Kriterien erfüllt sind, wird empfohlen, edles Schweigen zu bewahren.

Das Gespräch aus Max's Café wurde heftig diskutiert. Am Ende war die vorherrschende Meinung nicht die, dass man an öffentlichen Orten keine Fremden ansprechen, keine Komplimente machen oder überhaupt irgendwelche gut gemeinten Bemerkungen von sich geben sollte, sondern die allgemeine Schlussfolgerung lautete: »Wie wohlmeinend man auch sein mag, weiß man doch nie, wie das, was man tut, ankommt. Wenn es weniger hilfreich ist, als man gehofft hat, muss man den Schaden wieder gutmachen. Sollte das nicht möglich sein, muss man es wenigstens innerlich tun – und beten. Du hast nicht *gewusst*, dass es nicht gut ankommen würde.« Jemand sagte: »Es ist kein Koan der rechten Rede, sondern der rechten Absicht.«

Als ich schon dachte, die Geschichte sei als Lehre ausgeschöpft, wies mich mein Freund Jonathan auf einen weiteren Aspekt hin. Er sagte: »Ich glaube, du hast etwas außer Acht gelassen. Es könnte ja sein, dass die betreffende Frau in drei Monaten vor einem Spiegel steht, sich ihr Haar kämmt und, während sie sich betrachtet, denkt: ›Eigentlich habe ich wirklich schöne Haare. Ich *habe* schönes Haar. Eine wildfremde Frau hat mich irgendwo auf einer Damentoilette darauf hingewiesen.‹ Dann ist es vielleicht etwas, das ihr gut tut, das sie glücklich macht. Dass du diesen Gedanken ins Universum geschickt hast, erweist sich unter Umständen doch noch als hilfreich für sie. Du weißt nicht, ob es nicht doch noch gut ausgehen wird.«

Jonathan hatte Recht. Ich weiß es nicht. Ich bilde mir eine Meinung wie wahrscheinlich wir alle, die sich auf die jeweiligen Fakten gründet, und glaube dann mit Bestimmtheit zu wissen, wie sich die Dinge entwickeln werden. Wenn ich mich im Geiste immer wieder damit beschäftige, also aufmerksam beobachte, inwiefern ich meine Ansichten fälschlicherweise mit Wahrheit gleichsetze, wird aus der Episode in Max's Café ein Koan der rechten Weisheit.

Ein Koan der rechten Rede? Ein Koan der rechten Absicht? Ein Koan der rechten Weisheit? Alles das? Ein Koan des rechten Alles? »Wann ist alles alles?« *Das* ist ein gutes Koan.

Fehler wieder gutmachen

Buddha hat seinem Sohn in den so genannten »Ratschlägen für Rahula«, einem Lehrvortrag über die Sittlichkeit, geraten, ein Mensch sollte drei Mal die Folgen seines Tuns bedenken: vor, bei und nach dem Handeln. »Folgendes solltest du bedenken«, sagte er. »Ist das, was ich vorhabe … oder das, was ich gerade tue … oder das, was ich eben getan habe, zu meinem eigenen *und* zum Wohl anderer?« Diese Lehre hat mich, als ich sie zum ersten Mal hörte, besonders beeindruckt, weil sie den Hinweis darauf enthält, dass *jedes* Handeln – selbst die Entscheidung, *nicht* zu handeln – im ewigen Wellenmuster von Ursache und Wirkung Folgen ohne Ende hat. Ich nahm mir auch die dazugehörige Lehre zu Herzen, dass es möglich und sogar zwingend geboten ist, den Gang der Ereignisse zu verändern und etwas wieder gutzumachen, wenn es ein Fehler war.

Ich bin heilfroh, wenn ich rechtzeitig, bevor ich etwas tue, erkenne, dass mein Vorhaben unfreundlich ist. Dann denke ich: »Oh! Das war knapp! Niemand außer mir weiß davon. Ich werde es nicht tun.« Ich bin auch erleichtert, wenn ich mich rechtzeitig bei einer Dummheit ertappe, selbst wenn es ärgerlich ist. Dann halte ich inne und sage zu dem oder der Betroffenen: »Tut mir Leid. Ich bin gerade dabei, einen Fehler zu begehen. Ich fange lieber nochmal von vorn an. Bitte verzeih mir.« Wie ich festgestellt habe, sorgt die Erleichterung, die ich empfinde, wenn ich aufrichtige Reue zeige und mein Wiedergutmachungsversuch und meine Entschuldigung angenommen werden, dafür, dass ich meinen Frieden wiederfinde. Außerdem spornt sie mich dazu an, aufmerksamer zu sein, damit ich gleich das Rechte tue. Ich weiß, dass mir etwas, das ich nicht von Anfang an richtig gemacht habe, noch lange auf der Seele liegt, selbst wenn es mir nicht mehr bewusst ist und ich längst nichts mehr daran ändern kann.

Meine Freundin Susan hat mich einmal von Woodstock, New York, wo ich ein Retreat über die Achtsamkeit geleitet hatte, nach Boston mitgenommen, wo ich ein eintägiges Seminar über die Paramitas abhalten wollte. Zufrieden mit meiner Tätigkeit in Woodstock, genoss ich die herbstliche Blätterpracht entlang des Taconic Parkway und war ganz entspannt und wach. Vielleicht hat deshalb der Panoramablick von der Kingston-Rhinecliff-Brücke über den Hudson River bei mir die Erinnerung an eine Unfreundlichkeit heraufbeschworen, die ich mir im Frühjahr 1950 bei einer Bootsfahrt auf dem Hudson nach Bear Mountain zuschulden kommen lassen habe. Wie es mit Unfreundlichkeiten so ist, war es eher eine Bagatelle. »Ein Federgewicht«, dachte ich, als es mir erstmals wieder in den Sinn kam. Doch als mir bewusst wurde, wie lange diese Erinnerung in mir geschlummert hatte und welche unguten Gefühle sie auslöste, türmte sich in meiner Vorstellung ein Riesenberg ähnlicher Federn auf, unter dem diese eine verborgen gewesen war. Mir fiel ein, dass die Antwort auf das Kinderrätsel: »Was wiegt eine Tonne Federn?« lautet: »Eine Tonne.«

»Susan«, sagte ich, »ich muss dir ein Geständnis machen. Ich habe vor langer Zeit auf diesem Fluss die Gefühle eines Jungen verletzt. Wir waren gemeinsam auf der Highschool und spielten beide im Schulorchester Geige. Das Ende des Schuljahrs wurde immer festlich mit einem Ausflug zum Bear Mountain State Park begangen. Er hatte mich gebeten, an jenem Tag seine Partnerin zu sein. Ich hatte zugesagt, obwohl es mich insgeheim peinlich berührte, dass er so schüchtern und linkisch war.« Während ich das erzählte, wurde mir die Sache immer klarer. »Wahrscheinlich war es mir damals peinlich, wie schüchtern und unbeholfen ich selbst war«, fügte ich hinzu. »Ich habe nicht mehr viel von dem Tag in Erinnerung, aber ich weiß noch genau, wie ich auf der Suche nach einer Toilette das Schiffsdeck entlangging und an einer Gruppe von Eagle Scouts aus Des Moines vorbeikam, die einen Ferientag in New York verbrachten. Sie machten allerlei witzige Bemerkungen und flirteten mit mir, und ich ging darauf ein. Mir gefielen die Scout-Uniformen, und ich fand die Jungs cool. Alle rauchten Zigaretten. Auch das war toll. Ich hielt mich stundenlang bei ihnen auf, rauchte ebenfalls Zigaretten, lachte über ihre Scherze und machte das neckische Geplänkel mit, weil ich es schick fand. Das war's schon«, sagte ich abschließend. »Sonst ist nichts weiter passiert. Jetzt habe ich jedoch immer den Jungen mit dem traurigen Gesicht vor Augen, der mich am Abend jenes Tages nach Hause gebracht hat. Ich wünschte, ich könnte es wieder gutmachen.«

»Erinnerst du dich noch an seinen Namen?«, fragte Susan.

»Aber ja«, erwiderte ich, »nur ist es ein Name, den sicherlich mindestens zehn Fünfundsechzigjährige in jeder größeren Stadt an der Ostküste tragen. Wie sollte man da den Richtigen finden!«

»Du könntest es im Internet probieren«, empfahl Susan.

»Nein, das geht nicht«, sagte ich. »Was sollte ich denn schreiben? Etwa: ›Wenn du der Marvin Goldstein bist, den ich vor fünfzig Jahren bei der Schiffsfahrt unseres Schulorchesters nach Bear Mountain gedemütigt habe, sage ich dir hiermit, dass es mir Leid tut. Bitte vergib mir.‹ Vielleicht liest der Marvin Goldstein, den ich so vor den Kopf gestoßen habe, es wirklich, und dann fühlt er sich auch noch öffentlich gedemütigt. Und bei anderen Marvin Goldsteins, die unter Umständen einmal eine ähnliche Schlappe erlitten haben, würden womöglich ebenfalls schmerzliche Gefühle wach. Vielleicht hat der Marvin Goldstein, den ich gedemütigt zu haben *glaube*, gar nicht gemerkt, wie ich mich verhalten habe, und meine Erinnerungen an sein trauriges Gesicht sind falsch. Ohnehin taugt keine dieser Lösungen etwas«, setzte ich hinzu. »Mein Eingeständnis würde nur mir selbst einen Vorteil bringen, weil mir endlich vergeben würde. *Ihm* würde es nichts nützen. So ist das mit Geständnissen«, sagte ich. »Dem Geständigen fällt ein Stein vom Herzen – aber wenn das Gesagte, besonders etwas Schmerzhaftes, dem anderen keinen Nutzen bringt, verschlimmert es die Sache nur noch. Wenn der Zeitpunkt falsch gewählt ist und die Umstände nicht dazu geeignet sind, dem anderen dabei etwas Gutes zu tun, müssen wir im eigenen Herzen Abbitte leisten.«

Eine Zeit lang herrschte Schweigen. Dann fragte Susan: »Woran denkst du?«

»Ich sende gerade Marvin Goldstein lauter gute Wünsche mit meinen Gebeten«, sagte ich, »wo immer er sein mag. Mehr kann ich jetzt nicht tun. Ich hoffe, es geht ihm gut. Außerdem überlege ich, welche anderen schmerzlichen Erinnerungen noch wie Federn in mir schlummern. Ich hoffe zwar, dass sie mir nicht alle auf einmal wieder einfallen, aber nach und nach Inventur zu halten wäre gar nicht so schlecht. Wenn ich merke, dass sich ein Kreis schließt – Erinnerung, Gewissensbisse, Reue, aufrichtige, gute Wünsche und schließlich Selbstvergebung –, wird es mir viel leichter ums Herz.«

Am nächsten Tag erzählte ich diese Geschichte in Boston. Ich wollte damit veranschaulichen, dass die Verpflichtung zur Sittlichkeit der tiefen Erkenntnis entspringt, wie schlecht es uns geht, wenn wir spüren, dass wir jemanden verletzt haben, und wie lange dieses ungute Gefühl insgeheim in uns schlummert. Ich sagte: »Wenn ich daran denke, welche Wirkung meine Unfreundlichkeit möglicherweise auf den Jungen hatte, mit dem ich zusammen war und der ohnehin schon schüchtern und linkisch war, und wenn ich weiter überlege, was sonst noch alles unentdeckt in mir schlummern mag, bin ich mehr denn je gewillt, achtsam zu sein.«

»Es war doch nur ein Nachmittag vor langer, langer Zeit«, sagte jemand. »Vielleicht war es für ihn gar nicht so bedeutsam. Vielleicht hat es keine Rolle gespielt.«

»Und überhaupt: Niemand ist vollkommen, oder meinst du, dass du eine Ausnahme bist?«, sagte jemand anders.

»Nein«, sagte ich, »ich bin bestimmt nicht vollkommen. Aber ich kann achtsam sein, damit ich nicht noch unvollkommener bin. Außerdem glaube ich«, fügte ich hinzu, »dass *alles* eine Rolle spielt.«

Ich erinnerte die Kursteilnehmer an das Bild vom flatternden Schmetterling, der in den USA die Flügel regt und damit eine der Ursachen – nicht die einzige, aber doch eine merkliche – für einen Taifun wird, der sechs Monate später die Küsten Indonesiens heimsucht. Der flatternde Schmetterling ist ungewollt eine Ursache, ebenso wie ein Taifun ein unpersönliches Naturereignis ist, dessen Gewalt Erdrutsche auslöst und Verwüstungen anrichtet. Gedankenlos.

Ich sagte, dass es ebenso gedankenlos sei, einen schüchternen, unbeholfenen jungen Mann so links liegen zu lassen, dass er sich schämt. Bei Schmetterlingen und Taifunen sei allerdings kein Wille im Spiel, während Menschen willentlich handelten. Mir täte es jedenfalls Leid, so gedankenlos gehandelt zu haben, und ich hoffte, es sei keine schwer wiegende

Sache gewesen. »Trotzdem«, sagte ich, »als ich gestern den Hudson sah und mich an den längst vergangenen Tag erinnerte, dachte ich: ›Ebenso wie ein Schmetterling die Flügel regt...‹ und: ›Ebenso wie ein schüchterner Junge allen Mut zusammennimmt und ein Mädchen, das er nett findet, bittet, seine Partnerin zu sein...‹«

Mehrere Kursteilnehmer meldeten sich mit erhobener Hand zu Wort.

»Letzte Woche hat mich ein Obdachloser um Geld für ein Busticket nach Worcester gebeten, und ich habe ihm nur drei Dollar gegeben. Ich dachte, er hätte mich angeschwindelt. Die ganze Woche lang hat mich das bedrückt. Ich wünschte, ich hätte ihm den ganzen Fahrpreis spendiert.«

»Vor 23 Jahren habe ich meine Mutter angelogen, und sie wusste, dass ich gelogen hatte. Jetzt hat sie Alzheimer und würde es nicht mehr mitbekommen, wenn ich es ihr erklärte.«

»Meine Schwägerin hat herausgekriegt, dass ich meinem Bruder eine Gemeinheit über sie erzählt habe. Sie hat schon seit Jahren nicht mehr mit mir gesprochen. Ich hätte es nicht sagen sollen. Und ich hätte mich richtig entschuldigen sollen. Ich habe mich zwar einmal entschuldigt, aber da hat sie noch verletzt reagiert und mich gleich wieder wütend gemacht. Ich hätte es weiter versuchen sollen. Jetzt sind die Gefühle innerhalb der Familie so zerrüttet, dass ich nicht weiß, ob wir noch etwas daran ändern können. Ich fühle mich schrecklich. Es war alles meine Schuld.«

So ging es eine lange Zeit weiter. Sittlichkeit scheint uns sehr am Herzen zu liegen, und einer moralischen Bestandsaufnahme sind offensichtlich keine Grenzen gesetzt. Während die Leute einander zuhörten, fiel jedem etwas ein, das er erzählen wollte. Und während ich zuhörte, wurde mir klar, dass wir dadurch, dass wir anderen von den Fehlern erzählen, die wir einmal gemacht haben und jetzt bereuen, mit dem Guten in uns selbst in Berührung kommen, mit dem Teil von uns, der wünscht, wir hätten es anders gemacht.

Jemand sagte: »Das ist erstaunlich. Als wir anfingen, darüber zu reden, dachte ich, es würde uns demoralisieren, sodass wir uns schließlich gegenseitig niederziehen würden. Aber jetzt bin ich richtig froh. Und erleichtert.«

Zufluchtnahmen und Gelübde

Überall auf der Welt bekennen sich Leute, deren spirituelle Übung auf den Lehren Buddhas aufbaut, zu ihrer eigenen Gemeinschaft und zu einer buddhistischen Gesamtausrichtung, indem sie wie folgt »Zuflucht nehmen«:

Ich nehme Zuflucht zum Buddha.
Ich nehme Zuflucht zum Dharma (Lehre Buddhas).
Ich nehme Zuflucht zur Sangha (Gemeinde).

Und sie erinnern sich an die sittlichen Richtlinien für Übende, indem sie die Fünf Gelübde sprechen:

Ich gelobe, keinem Wesen Schaden zuzufügen.
Ich gelobe, nichts zu nehmen,
was mir nicht gegeben wurde.
Ich gelobe, keine sexuellen Verfehlungen zu begehen.
Ich gelobe, mich unrechter Rede zu enthalten.
Ich gelobe, keine berauschenden Mittel zu mir zu nehmen,
die unachtsam machen.

Im Spirit-Rock-Meditationszentrum sprechen wir Zufluchtnahmen und Gelübde alle gemeinsam zu Beginn eines jeden
Retreats. Normalerweise rezitieren wir die Gelübde zuerst
auf Pali, in der Sprache Buddhas, um die lange Linie buddhistischer Lehrer zu ehren, durch die die Achtsamkeitsübung überliefert worden ist. Dann sprechen wir sie ein zweites Mal auf Englisch.

Ich stelle die Zufluchtnahmen und Gelübde in den Rahmen der Sittlichkeitsübung und erkläre sie folgendermaßen:
»Wenn ich sage ›Ich nehme Zuflucht zum Buddha‹, denke ich
daran, dass Buddha, ein Mensch wie ich, die Entstehung des
Leidens und die Aufhebung des Leidens einzusehen vermochte und dadurch Befreiung erlangte; das bestärkt mich in
meiner eigenen Übung. ›Ich nehme Zuflucht zum Dharma‹
ist für mich ein Ausdruck meines Vertrauens in den Übungsweg des Achtfachen Pfades und seine Gültigkeit sowie Ausdruck meines Glaubens, dass mein Streben nach Herzensgüte durch die Lehre wirksam unterstützt wird. Und ›Ich
nehme Zuflucht zur Sangha‹ stellt die Verbindung zwischen
mir und den anderen Übenden her, meinen Weggenossen im
Dharma, zu allen, deren Übungspraxis mich in meiner eigenen bestärkt.

Das erste Gelübde »Ich gelobe, keinem Wesen Schaden
zuzufügen«, ist in meinen Augen die Summe aller übrigen.
Die nächsten drei Gelübde sind gewissermaßen spezielle Er-
mahnungen mit dem Hinweis, dass wir Schaden anrichten,
wenn wir nicht aufmerksam sind. Unter Umständen begehen
wir, von Gier, Wut und Angst geblendet, Diebstahl oder sexuellen Missbrauch, oder wir reden auf eine ungute Weise. Im
fünften Gelübde, der Verpflichtung zur geistigen Nüchtern-
heit, sehe ich den festen Vorsatz, der das erste Gelübde ver-

vollständigt: Indem ich gelobe, keinem Wesen Schaden zuzufügen, entschließe ich mich, darauf zu achten, dass ich mich
selbst nicht verwirre.

Als ich meine Lehrtätigkeit aufnahm, machte ich die Zufluchtnahmen und Gelübde zwar zu einer Pflichtübung für
alle Teilnehmer, mit der wir uns auf ein Retreat oder einen
eintägigen Kurs einstimmten, zögerte jedoch, sie auch bei anderen Gelegenheiten anzuwenden. Ich hatte das Gefühl, mit
der Aufforderung: »Und jetzt wollen wir die Gelübde sprechen...« uns allen zu unterstellen, dass wir uns in unserem
Alltagsleben nicht sittlich verhalten oder dass wir uns anders
verhalten, sobald ein Retreat vorüber ist. Deshalb sagte ich
lieber: »Natürlich leben wir auch in unserem Alltag schon
dementsprechend. Hier sagen wir die Gelübde auf, um uns
gegenseitig an das zu erinnern, was uns wichtig ist. Und wir
tun es einfach in dieser überlieferten Form.«

Inzwischen mache ich es anders. Ich sage: »In dieser Form
liegt eine erstaunliche Kraft. Wenn wir jetzt gemeinsam die
Gelübde sprechen, hoffe ich, dass auch ihr merkt, welch eine
Bestärkung es ist, mit vielen anderen zusammen zu sein und
gemeinsam etwas in der Art zu sagen wie: ›Ich verpflichte
mich zur Güte.‹ Tut es mit offenen Augen. Schaut euch um.
Ob wir uns schon kennen oder nicht, sagen wir damit einander: ›Entspann dich, du kannst mir vertrauen.‹« Ich höre mich
manchmal aufatmen – glaube mitunter sogar ein kollektives
Aufatmen zu hören –, wenn sich die Leute dann umschauen
und das erfahren, was ich selbst als Geschenk empfinde: sich
sicher fühlen zu können.

Ich fordere die Teilnehmer auch auf, auf den Klang dessen
zu lauschen, was wir aufsagen oder rezitieren, und das Wohlgefühl in Körper und Geist wahrzunehmen, das die Rezitation

vertrauter, herzerquickender Sätze auslöst. Ich selbst spüre, wie mein Geist bei jeder Wiederholung ruhiger und ausgeglichener wird. Es ist ein Gegengewicht zu meiner übertriebenen Gewissenhaftigkeit: »Habe ich das auch wirklich richtig gemacht?«, die den Pegel meiner geistigen Wachsamkeit hoch, den der Ruhe jedoch niedrig hält. Wenn mein Geist entspannt ist, kann ich auf meine Sittlichkeit bauen und mich vertrauensvoll darauf verlassen, dass ich in lauterer Absicht handle.

Google im Kopf

Nach meiner Erfahrung hat ein entspannter, aufmerksamer Geist, der von *Sati* (Achtsamkeit) erfüllt ist, die gleichen Möglichkeiten wie Google, die Internet-Suchmaschine, die überall nach allem sucht. Er ist intuitiv. Er findet Wege zu Winkeln, die dem linearen Denken verschlossen sind. Vor kurzem habe ich mit einem Freund darüber gesprochen, dass der Begriff der Achtsamkeit auch in die Sprache nichtbuddhistischer religiöser Traditionen Einzug gehalten hat, und gesagt: »Es gibt ein wunderbares Buch von einem Jesuitenpater, der vor nicht allzu langer Zeit gestorben ist, einem Schüler S. N. Goenkas, aber ich habe sowohl den Namen des Paters als auch den Titel des Buches vergessen.« Eine Stunde später, als ich mit etwas ganz anderem beschäftigt war, fiel es mir wieder ein: »Er hieß Anthony Mello, und sein Buch trug den Titel *Meditieren mit Leib und Seele*.« Zugleich überkam mich das deutliche, angenehme Gefühl, dass irgendein Teil meiner mentalen Fähigkeiten es übernommen hatte, irgendwo im Archiv meiner Erinnerungen danach zu suchen, und fündig geworden war.

Darüber hinaus habe ich die Erfahrung gemacht, dass die

gleiche mentale Fähigkeit, die tief vergrabene Informationen aufzuspüren vermag – Wie hieß nochmal der Jesuitenpater? Wer war eigentlich mein Lehrer in der Grundschule? Wo habe ich bloß meine Autoschlüssel gelassen? –, ungenutzte Zeit damit verbringt, sich routinemäßig der »*Karma*-Klärung« zu widmen. Sie legt unaufgefordert und ganz von selbst moralische Verzeichnisse an.

Das habe ich zum ersten Mal mitten in einem Retreat deutlich erfahren, als ich mich sehr angestrengt hatte, so aufmerksam wie möglich zu sein, und plötzlich merkte, dass es mir wunderbar ging. Ich war entspannt. Ich war wach. Das bisher mühevolle Üben fiel mir auf einmal leicht. Ich erinnere mich noch, dass ich mit mir selbst zufrieden war, erleichtert und unglaublich glücklich. Bald darauf standen mir jedoch alle Fehler, die ich erst kürzlich oder auch schon vor längerer Zeit begangen hatte, vor meinem geistigen Auge. »Wo kommen *die* denn her?«, dachte ich und war froh, dass ich an dem Tag zu einem Gespräch mit meiner Lehrerin angemeldet war.

»Ich habe etwas falsch gemacht!«, sagte ich.

»Nein, hast du nicht«, erwiderte sie. »Du hast etwas richtig gemacht. Vergiss nicht, dass diese Übung nicht umsonst die ›Läuterung des Herzens‹ genannt wird. Das geschieht nun.«

Wahrhaftig. Das geschieht. Wenn ich mit Freunden und Kollegen spreche, die sich ebenso wie ich in Achtsamkeit üben, höre ich ähnliche Geschichten. »Ich wollte es nicht für möglich halten!«, sagte eine Freundin. »Ein ganzes Retreat lang! Als stände ich vor Gericht. Die zwanzig schrecklichsten Dinge, die ich in meinem Leben getan habe. Und dabei hatte ich das Gefühl, ein guter Mensch zu sein! *Ich*, ein guter Mensch! Es war demütigend.«

Das soll es auch sein. Demütigend, aber nicht vernichtend.

Vielmehr werden wir daran erinnert, dass wir oft nicht so viel wissen, wie nötig wäre, um uns weise entscheiden zu können. Eine spontane moralische Bestandsaufnahme des aufmerksamen Geistes führt uns mahnend vor Augen, dass wir uns allen guten Vorsätzen zum Trotz leicht vom Weg abbringen lassen. Sie erinnert uns daran, dass durch Unachtsamkeit Leiden verursacht werden und dass die Wirkungen, die von einer Handlung ausgehen, unendlich weit reichen können.

Jeden zweiten Mittwoch im Monat findet im Spirit-Rock-Meditation-Center frühmorgens eine spezielle Meditation statt, deren Grundlage die Gelübde sind. Gemeinsam sitzen wir eine halbe Stunde still, dann spreche ich die Gelübde, eins nach dem anderen, wobei ich lange Pausen von mehreren Minuten einlege. Teilnehmern, die zum ersten Mal dabei sind, erkläre ich: »Hört einfach zu, wenn ich die Gelübde aufsage. Ihr braucht nichts zu *tun*. Sie sind ein Programm, auf das euer Geist zurückgreifen kann, während er seine Dateien durchforstet, um euch das zu vermitteln, was ihr wissen müsst.«

Nach der Meditationssitzung fordere ich die Leute auf, über ihre Erfahrungen zu sprechen. Oft wird dann etwas in dieser Art angeführt: »Ich hatte erwartet, die stärksten Erfahrungen mit dem Gelübde von der unrechten Rede zu machen, denn ich habe meinem Partner ein paar schlimme Sachen an den Kopf geworfen und war danach ziemlich bedrückt. Aber was mir schließlich wirklich unter die Haut ging, war das Gelübde, nichts zu nehmen, was einem nicht gegeben wird. Worüber ich mich bei meinem Partner aufgeregt habe, war die alte Geschichte: ›Du erfüllst überhaupt nicht meine Bedürfnisse‹, und mir wurde klar, dass ich etwas gefordert hatte, was nicht freiwillig gegeben wurde. Ich hätte es besser machen können. Ich hätte bitten können.«

Jeder macht natürlich ganz eigene Erfahrungen, aber viele kommen zu der gleichen Erkenntnis: »Ich dachte, es wäre dies, dabei war es das. Jetzt verstehe ich erst richtig, was los ist. Da ist etwas, das ich vorher nicht gesehen hatte. Ich glaube, jetzt kann ich mich anders verhalten.« Nach meiner eigenen Erfahrung und nach dem zu urteilen, was andere mir erzählt haben, spielt es keine Rolle, welches Gelübde die Aufmerksamkeit fesselt. Alle Gelübde wollen auf unterschiedliche Art nur zum Ausdruck bringen: »Ich will nichts und niemandem schaden.« Worauf es ankommt, ist eine neue Sicht der Dinge. Als ich vor vielen Jahren mit den Meditationskursen über die Gelübde begann, hatte ich die Vorstellung, dass wir einander in unseren jeweiligen Bemühungen um Verhaltensänderungen unterstützen würden, wenn wir in Gesellschaft mitfühlender Freunde, die sich ebenfalls der Selbstvervollkommnung widmen, über unsere Fehler nachsinnen. Jetzt fasse ich es weiter. Ich glaube, dass wir durch die Gelübde in unserem Bemühen bestärkt werden, unsere geistige Grundeinstellung zu verändern. Ich glaube, bei der Übung der Gelübde, die durch *Achtsamkeit* noch verstärkt wird, sucht der Geist nach Informationen, die wir übersehen haben, nach Einsichten, die uns glücklich machen können.

Gelübde am Morgen: die tägliche Sittlichkeitsübung

Ein Dankgebet, das derzeit an den Schwarzen Brettern der Meditationszentren oft zu finden ist, lautet: »Ich bin dankbar, dass ich noch keine unfreundlichen Gedanken hatte, nichts Böses gesagt und nichts getan habe, das ich bereuen müsste.

Aber jetzt muss ich aus dem Bett, und dann wird es vermutlich schwieriger.« Ich schlage es gern als Einleitung vor, wenn ich die Leute bitte, sich morgens vor Beginn ihres Arbeitsalltags die Fünf Gelübde laut vorzusprechen. Ich sage: »Vielleicht können wir auf folgende Weise von der Einleitung zu den Fünf Gelübden kommen: »Da es mit Sicherheit schwieriger wird, ich den Tag jedoch auch voll Dankbarkeit abschließen will, möchte ich

niemandem Schaden zufügen,
nichts nehmen, was mir nicht gegeben wurde,
mich der wahrheitsgetreuen, hilfreichen Rede befleißigen,
meine sexuelle Energie weise nutzen
und meinen Geist klar halten.«

Die Übung des Rezitierens bringt uns etwas, auch wenn wir dabei allein sind. Wir bezeugen damit laut unsere guten Vorsätze und zählen darauf, unsere Stimme während des Tages immer wieder im Ohr zu haben.

Ein Zettel mit den Fünf Gelübden klebt neben anderen wichtigen Tagesinformationen am Rahmen meines PC-Bildschirms, wo ich ihn oft sehen kann. Vor vielen Jahren hatten eine Künstlerfreundin und ich unseren Spaß an dem Gedanken, Tapeten mit wichtigen Dharma-Lehrsätzen zu entwerfen, die man auf diese Weise immer im Blick hätte, aber wir führten die Idee nie aus. Der Computer ist recht gut geeignet als Erinnerungshilfe. Ich könnte mir vorstellen, dass auch der Badezimmerspiegel ein guter Platz wäre. Überlegen Sie doch selbst mal, was für Sie infrage kommen könnte.

3

Entsagung

In tiefer Betrachtung des Lebens so,
wie es im Augenblick ist,
weilt der nach Erwachen Strebende
in Festigkeit und Freiheit.

Der Weise nennt den,
der in Achtsamkeit zu verweilen versteht,
»den, der die Vorzüge des Alleinseins kennt.«

BUDDHA

Entsagung

Übung von:	Führt zur Gewohnheit von:	Durch:	Und wird unterstützt durch:	Und manifestiert sich als:
Entsagung	Zurückhaltung	die Erkenntnis, dass durch unersättliche Gier Leiden entsteht (Zweite Edle Wahrheit)	die Feststellung, dass alles vergeht, selbst unangenehme Begierden (Einsicht in die Vergänglichkeit)	Mäßigung

Um uns vom unaufhörlichen Kreislauf unseres Kampfes gegen die Begierden zu befreien, den Buddha in der Zweiten Edlen Wahrheit die Wurzel der Entstehung des Leidens nannte, müssen wir immer wieder die Entdeckung machen, dass der Kampf schmerzhafter ist als die Begierde selbst. Indem wir die Gewohnheit der Entsagung entwickeln, erleben wir eine spürbare Erleichterung und Freude darüber, dass die Begierden abklingen, und wir erinnern uns, dass nicht sie das eigentliche Problem sind. Von ihnen herumkommandiert zu werden ist das Problem. Natürlich werden wir weiterhin Wünsche und Begierden haben, da wir lebendig sind, aber sie werden sich bescheidener gestalten.

Entsagungsmeditation

Die Menschen haben die erstaunliche Fähigkeit, sich etwas zu versagen, was sie gerne tun würden. Das ist ein großer Vorzug des Menschseins. Ebenso wie das Leben strotzt auch der Geist von verführerischen Hinweisschildern wie denen aus

Alices Abenteuer im Wunderland: »Denk mich! Tu dies! Tu das!« Das wunderbare Geschenk der Entsagungsübung ist die Fähigkeit zur Enthaltung, die Fähigkeit, jedes Schild zu lesen, das in Sicht kommt, und zu entscheiden, ob man ihm folgen möchte oder nicht.

Hier eine Meditation zur Übung der Enthaltsamkeit. Widerstehen Sie zunächst einmal dem Impuls, weiter zu lesen als bis zum Ende dieses Absatzes. In dem Augenblick, in dem Sie diese Anweisung fertig gelesen haben, schließen Sie die Augen, atmen ein paarmal tief ein und aus und überlegen, worauf Sie Ihre Aufmerksamkeit ein paar Minuten lang richten wollen. Sie könnten zum Beispiel beschließen: »Ich will einfach fühlen, wie mein Atem zu meinen Nasenlöchern ein- und ausströmt« oder: »Ich will einfach fühlen, wie sich mein Brustkorb ausdehnt, und mich dann mit jedem Atemzug entspannen« oder: » Ich will einfach fühlen, wie sich mein Bauch beim Ein- und Ausatmen hebt und senkt.« Fassen Sie den Entschluss, Ihre Aufmerksamkeit voll und ganz auf das zu konzentrieren, wofür Sie sich entschieden haben. Achten Sie darauf, wie der Impuls in Ihrem Geist wächst, Ihre Aufmerksamkeit einem anderen Körperteil zuzuwenden oder Gedanken und Gefühle aufzugreifen. Wenn Sie Ihre Aufmerksamkeit auf das Ziel gerichtet halten, das Sie ausgewählt haben, statt dem Impuls zur Veränderung nachzugeben, ist das wie eine Ermahnung an den Geist: »Nicht abschweifen.« Schweifen Sie drei Minuten lang nicht ab.

Die Sprache der Verführung

In meinem E-Mail-Kasten taucht immer wieder Werbung auf, zum Beispiel: »Schnäppchen, denen Sie nicht widerstehen können!« »Doch, kann ich!«, sage ich dann zu meinem PC und den unsichtbaren Verkäufern, die mir diese Nachricht geschickt haben, und drücke »Löschen«. Ich schaue gar nicht erst rein. Es ist eine Sache des Prinzips. So habe ich keine Sorge, dass ich dazu verleitet werden könnte, etwas zu kaufen. Und obgleich ich gern denke, dass meine Weigerung, es mir überhaupt anzuschauen, weltweit als Protest gegen das Übergreifen des Marktes auf Privathaushalte registriert wird, wird sie im Cyberspace wohl nur als Löschvorgang wahrgenommen. Genauso verfahre ich mit Messages, die mir zwar in verlockender Form präsentiert werden, deren Informationsgehalt ich jedoch bereits kenne. Auch diese Entscheidung fällt sicher nicht ins Gewicht – außer für mich. Jedes Mal, wenn ich einer Versuchung widerstehe, sage ich: »Danke schön, aber ich habe alles, was ich brauche.« Das gehört zu meiner Übung. Und ist mir ein Vergnügen.

Vor 2500 Jahren waren in Indien Männer und Frauen so angetan von der Lehre Buddhas, den Geist dem unmittelbaren Einfluss von Gier und Zorn entziehen zu können, dass sie sich entschlossen, ihr Leben auf diese Möglichkeit auszurichten und Mönch oder Nonne zu werden. Das war die anerkannte, geachtete Lebensform für spirituell Strebende. Sie wurde von der Gesellschaft unterstützt. Und sie war für die Betreffenden von Nutzen. Ein strukturiertes, einfaches Leben im Zölibat gab Mönchen und Nonnen Gelegenheit zu erfahren, wie schmerzhaft persönliches Begehren und egoistischer Sinnengenuss sind, und zu erkennen, dass solche Begierden in Wahrheit flüchtig sind und vergehen, dass die Aufhebung des Leidens eine Realität ist. Der Welt zu entsagen – Mönch oder Nonne zu werden und ein Leben zu führen, dessen äußere Form der Beruhigung des Geistes dient – war damals eine bedeutende Übungsmöglichkeit und ist es heute noch.

Ich habe selbst nach einigen Jahren der Übung eingesehen, dass ich immer noch durch gewohnte Verhaltens- und Denkweisen aufgewühlt wurde und litt. Zugleich hatte ich genügend Augenblicke erlebt, in denen ich davon frei war, um überzeugt zu sein, dass ein friedvoller, mitfühlender, dankbarer Geist möglich ist. Damals habe ich auf manchen Retreats davon geträumt, das Nonnengewand anzulegen.Bei der Meditationsübung, der Gehübung oder beim Teetrinken kam mir plötzlich der Gedanke:»Alles ist gut so.« Dieser Gedanke stieg unabhängig davon auf, dass es im Meditationssaal sehr still, der Tag schön oder der Tee besonders aromatisch war. Meinem Geist ging es einfach gut. Er war ausgeglichen. Unbeschwert.

Dann pflegte ich mich zu prüfen, indem ich mir etwas Alarmierendes, Schreckliches vorstellte. Ich dachte zum Beispiel an meine Tochter, die gerade Ferien in Mexiko machte. »Wenn Emmy nun ihr Asthmamedikament vergessen hat?« Doch mein nächster Gedanke war: »Wahrscheinlich hat sie es nicht vergessen. Außerdem gibt es in Mexiko Apotheken. Und ich kann ohnehin nichts machen.« Also dachte ich lieber daran, wie sehr sie mir ans Herz gewachsen ist und wie sehr ich sie liebe; ich genoss das angenehme Gefühl meiner Zuneigung zu ihr, und das ohne jede Besorgnis. Oder ich dachte an das Leid auf dieser Welt, an Krieg, Armut und Krankheit und daran, dass die Hälfte der Weltbevölkerung hungrig zu Bett geht – nur um mich zu vergewissern, dass ich immer

noch Anteil nahm, dass das Gefühl, alles sei gut so, kein Anzeichen von Gleichgültigkeit war. Daran zu denken tat weh,
und dieser Schmerz pflegte mich so aufzurütteln, dass ich
dachte: »Das ist absolut nicht in Ordnung. Es muss etwas
dagegen getan werden.« Und wenig später: »Aber nichts ist
Zufall. Was immer auch geschieht, hat eine Ursache. Diese
Situationen haben Ursachen. Sie können also verändert werden. Und ich will dazu beitragen.« Die feste Entschlossenheit
– das, was Buddha ein klares Verständnis vom Ziel nannte –
befreit den Geist aus dem Würgegriff der Angst, die durch
das Bewusstsein entsteht: »Es muss anders werden.« Wenn
ich mein inneres Gleichgewicht wiedergefunden hatte, indem ich ruhig zu mir sagte: »Dies kann ich tun, und das tue
ich auch«, kam mir anschließend der Gedanke: »Ich sollte
immer im Retreat sein. Das würde meinen Geist daran hin-
dern, in die Irre zu gehen. Ich sollte wirklich Nonne werden.«

Als Nächstes pflegten sich erstaunliche Fantasien von einer
Einkleidungszeremonie einzustellen. Ich malte mir minuten-
lang genüsslich aus, wie mir das Haupt geschoren wurde, wie
ich die Nonnengelübde ablegte und das Nonnengewand über-
reicht bekam. Diese Bilder verflüchtigten sich jedoch gleich
bei dem Gedanken: »Das kann ich nicht. Das geht in meinem
Leben nicht, zumindest jetzt noch nicht.« Und dann dachte
ich weiter: »Ich muss Nonne sein, ohne dass man es sieht. Ich
muss im Herzen entsagen.«

Letztlich will ich durch mein Entsagen nur erreichen, nicht
töricht auf Gier und Wut zu reagieren. Gier und Wut, Begehren und Nichtbegehren wird es meines Erachtens immer für
mich geben, solange ich lebe. Sie gehören anscheinend zu den
natürlichen Reaktionsmustern meines Geistes und Körpers.
Entsagen will ich der Unachtsamkeit. Wenn ich im niederzie-

henden Sog meiner Impulsivität unter Druck oder in Verwirrung gerate, will ich mich daran erinnern können, dass Befreiung möglich ist.

Das Gelübde, der Unachtsamkeit zu entsagen, ist die Umkehrung der Verpflichtung zur Achtsamkeit. Folgenden Vers aus dem Lied einer buddhistischen Nonne aus alter Zeit habe ich an meinen Computer geklebt:

Ich, eine Nonne, geübt und gelassen,
  habe Achtsamkeit erworben und bin in den Frieden eingetreten
    wie ein Pfeil.
  Die Elemente des Geistes und Körpers sind beruhigt,
  und ich bin in die Glückseligkeit eingegangen.

Ich lese es jedes Mal, wenn marktschreierische oder verlockende E-Mail-Nachrichten bei mir ankommen. Zumindest wenn ich online bin, hilft es mir, daran zu denken, dass ich einen freien Willen habe. Ich stelle mir gern vor, dass es mich auch in meinem übrigen Leben, wenn ich nicht am Computer sitze, begleitet, betrachte es als mein Nonnengewand, mein Habit.

Über das Geloben

Eine erfahrene Achtsamkeitsübende, eine Frau, mit deren Übungsweg ich gut vertraut bin, hat während eines Retreats bei einem Gespräch einmal zu mir gesagt: »Ich will ganz ehrlich sein. Ich glaube zwar, dass ich viel aufmerksamer bin als je zuvor. Und ich sehe auch, dass ich zwischen einem aufsteigenden Gedanken und dessen Ausführung länger nachsinne. Außerdem glaube ich aufrichtig, weichherziger geworden zu sein. Aber ich habe gemerkt, dass mir absolut *alles* im Kopf herumgeht. Mein Denken ist außer Rand und Band. Es sind keineswegs Gedanken, die ich haben will. Ich schrecke zusammen, wenn ich sie denke. Ich wünschte, ich könnte sie weggeloben!«

Wir mussten beide über ihr »Geständnis« lachen, nicht zuletzt deshalb, weil es schön war, dass sie mir, die ich ihr sehr zugetan bin und sie sehr schätze, ein solches Vertrauen schenkte, und mir damit indirekt die Frage stellte: »Geht es dir auch so?«

Ich sagte: »Bei jedem ist das Denken außer Rand und Band. Ich glaube, dass sich mit zunehmender Übung, wenn die Fähigkeit gewachsen ist, aufmerksam zu sein, mehr von dem offenbart, was wirklich vor sich geht. Du denkst sicher nicht unkontrollierter als vorher. Du bist dir dessen nur stärker bewusst.« Ich erzählte ihr, was U Sivali, ein burmesischer Mönch und mein Lehrer bei einem Retreat vor vielen Jahren, mir auf die gleiche Frage geantwortet hatte: »Tu so, als handle es sich um einen Gedanken von jemand anderem. Er ist dir einfach nur durch den Sinn gegangen. Lass ihn in Ruhe. Er wird sich wieder verflüchtigen.«

Ich riet ihr, Gedanken, die sie störten, in den Mittelpunkt ihrer Achtsamkeitsübung zu stellen. »Betrachte sie mit der größten Güte, deren du fähig bist. Schließlich leidest du ja schon darunter, sie überhaupt gedacht zu haben. Vergrößere den Schmerz nicht noch, indem du vor ihnen zurückschreckst. Du kannst kein Gelübde ablegen, dass du sie nicht denken willst. Aber du kannst versuchen, nicht zu erschrecken. Das wäre das Gleiche wie ein Achtsamkeitsgelübde. Sage dir: ›Ein unedler Gedanke geht mir im Kopf herum und erschreckt mich. Ich leide darunter. Ich atme jetzt ruhig ein und richte meine Aufmerksamkeit auf diesen Atemzug und seine Beschaffenheit, sodass mein Geist zur Ruhe kommen kann.‹ Wir könnten es die Achtsamkeit bei unedlen Gedanken nennen. Vielleicht sollten wir diese Kategorie in den traditionellen Katalog der Achtsamkeitsübungen aufnehmen. Dann könnten wir einmal auf die Art von Achtsamkeit hinweisen, die Buddha lehrte – Achtsamkeit bei körperlichen Sinneswahrnehmungen, bei Emotionen, bei Stimmungen, bei der tiefsten Erfahrung der Wahrheit –, aber auch auf die Achtsamkeit bei unedlen Gedanken, die einer eigenen Kategorie angehören.« Wir mussten wieder lachen, waren jedoch einer Meinung, dass dies eine nützliche Kategorie wäre.

»Mach es«, sagte sie. »Es nützt bestimmt etwas.«

»Tue ich auch«, erwiderte ich, »sobald sich die Gelegenheit ergibt.«

Am selben Abend wurde ich in San Francisco aus größerer Nähe als je zuvor Zeugin eines Unfalls, als jemand beim Überqueren der Straße von einem Auto überfahren wurde. Es war entsetzlich. Ich war ein paar Häuser entfernt und hörte kreischende Bremsen und einen dumpfen Knall. Ich blieb stehen. Alle um mich herum blieben stehen. Mehrere Leute hatten sofort ihr Handy parat und wählten wahrscheinlich die Nummer der Polizei. Binnen weniger Minuten waren ein Rettungswagen und ein Feuerwehrlöschzug zur Stelle und Sanitäter am Werk, und ich wartete wie alle anderen, bis das Unfallopfer im Rettungswagen abtransportiert wurde.

Am nächsten Tag sprach ich darüber, Gedanken in den Mittelpunkt der Meditation zu stellen, besonders solche, die als unedel eingestuft wurden. Dabei gab ich das Gespräch einer

Familie mit zwei Söhnen von etwa acht und zwölf Jahren wieder, die am Vorabend neben mir gestanden und den Unfallhergang beobachtet hatten.

Der jüngere Sohn hatte gesagt: »Ich hab Angst. Ich will nach Hause.«

Der ältere Sohn hatte gesagt: »Sei froh, dass es nicht dir passiert ist.«

Der Vater hatte gesagt: »Deshalb ermahnen Mam und ich euch immer, nie blindlings die Straße zu überqueren, auch wenn ihr grünes Licht habt.«

Der jüngere Sohn hatte gesagt: »Ich hab solche Angst. Ich will nach Hause!«

Die Mutter hatte gesagt: »Wir gehen, sobald der Rettungswagen da ist. Ich habe zwei Leute mit Handys gesehen, die bestimmt Hilfe gerufen haben, aber wir wollen sehen, ob wirklich Hilfe kommt.«

Ich erzählte meiner Gruppe, dass mir selbst genau die gleichen Gedanken im Kopf herumgegangen waren wie der vierköpfigen Familie – mir ganz allein. »Ich habe Angst gehabt. Auch ich habe mir gewünscht, zu Hause zu sein. Und ich *war* froh, dass es nicht mich getroffen hatte. Ich habe gedacht: ›Fünf Sekunden später, und es hätte vielleicht mich erwischt.‹ Ich habe mir vorgenommen, künftig beim Überqueren einer Straße achtsamer zu sein. Und auch ich habe mich erst vergewissern wollen, dass Hilfe unterwegs war, und bin erst nach Eintreffen des Rettungswagens weitergegangen. Ich habe die Gedanken und Gefühle sowohl eines besorgten Erwachsenen als auch eines achtjährigen Kindes und wahrscheinlich aller Altersstufen dazwischen gehabt.«

Dann sagte ich: »Ich habe auch über unedle Gedanken nachgedacht. Froh gewesen zu sein, dass es nicht mich getroffen hatte, fällt wohl nicht in die Kategorie edler oder unedler Gedanken. Das war nur natürlich. Unedel war es, gleich darauf zu denken: ›Hmm. Das Gespräch, das ich hier mithöre, liefert mir genau das, was über das Spektrum von Gedanken zu sagen wäre, die einem durch den Kopf gehen können.‹ Ich bemerkte, wie mein Denken eine Sekunde nach dem Schrecken bereits wieder in seinen egozentrischen Modus zurückfiel.«

»Sonst war aber auch gar nichts zu machen, oder?« fragte jemand.

»Ich weiß nicht recht«, sagte ich. »Vermutlich wünsche ich, ich wäre zumindest ein bisschen länger auf die Bedürfnisse anderer eingegangen. Ich hätte mich als besserer Mensch gefühlt. Aber so geht es. Das ist die Wahrheit. Das Problem mit der Achtsamkeit ist, dass man sich nirgendwo verstecken kann.«

Eine Woche nach dem Anschlag auf das World Trade Center in New York im September 2001 las ich meiner Mittwochsgruppe einen Artikel aus *The New Yorker* vor. Darin beschrieb der Autor seine Reaktion auf die Berichterstattung im Fernsehen – sein Entsetzen und seine Trauer, aber auch seine Enttäuschung darüber, dass ihm der Tag nun verdorben war, seine Bewunderung für die Planung, die dem Terroranschlag vorausgegangen war, ja sogar ein gewisses Gefallen an der visuellen Dokumentation. An seine Leser gewandt, äußerte er, sich vorstellen zu können, dass vielen von ihnen ebensolche Gedanken durch den Kopf gegangen waren, »es sei denn, sie wären wirklich sehr gute Menschen«.

Ich sagte: »Der Zeitpunkt ist zu ernst und zu traurig, als dass ich jetzt fragen könnte, wer von euch hier ebensolche Gedanken hatte, aber ich glaube, dass der Artikel hilfreich ist.«

Eine Frau in der ersten Reihe sagte: »Ich hatte die gleichen Gedanken. Sie kamen mir einfach.«

Andere nickten.

Ich sagte: »Ich glaube, es hat etwas mit dem Gutseinwollen zu tun, mit dem Wunsch, ein wirklich guter Mensch sein zu wollen. Erst aus unserem Gutsein heraus werten wir diese Gedanken und sagen: ›O je! Wo kam *der* denn her?‹ Ich sehe bei mir selbst, dass mein Geist Ungeheuerliches denkt, dass er wahllos drauflosdenkt, dass er einfach *alles* denkt. Aber ich bin nicht mit meinen Gedanken identisch. Wenn ich jeder Urheberschaft daran entsage, steht es ihnen frei, sich zu verflüchtigen.«

Eine Erinnerungshilfe

Ich gehe zum Fitnesstraining in ein großes Zentrum in Sonoma County, Kalifornien. Es sind fröhliche, helle Räumlichkeiten, angefüllt mit den allermodernsten Übungsgeräten. Die neueste Errungenschaft auf der Herztrainingsetage ist ein riesiges Standfahrrad mit einer Art Videobildschirm am Lenker. Der Kunde steigt auf, wählt per Knopfdruck eine Strecke, die ihm genehm ist – zum Beispiel eine Südseeinselumrundung, den Pyrenäenabschnitt der Tour de France oder einen Gratweg im Gran Canyon –, schaltet mit einem weiteren Knopfdruck das entsprechende Video ein und fängt an zu strampeln. Sofort erscheint die gewählte Straße auf dem Bildschirm, windet sich bergauf, bergab um die Kurven, und ein kleiner virtueller Radfahrer, der mit dem Fitnessstrampler gekoppelt ist, saust die Straße entlang, fährt Schlangenlinien oder landet im Graben. Der Strampler auf

dem Übungsgerät braucht sich nur ein bisschen zu sehr in die
Kurve zu legen, schon verschwindet sein Konterfei auf dem
Bildschirm zwischen Alleebäumen oder stürzt über den Rand
eines Steilhangs und ist nicht mehr zu sehen.

Mir macht es Spaß zu beobachten, mit welcher Ernsthaftigkeit sich die Leute auf dem Videofahrrad abstrampeln, wie
wichtig es auf einmal zu sein scheint, auf der Straße zu bleiben, wie sehr sie sich anstrengen, ihre Aufmerksamkeit ihrer
Geschwindigkeit anzupassen. Ich mache es genauso, wenn
ich an der Reihe bin. Und selbst in der virtuellen Welt genie-
ße ich das Gefühl, dem Impuls zu widerstehen, mich ablenken zu lassen und aus dem Gleichgewicht zu kommen.

Mir kommen dabei immer die verschiedenen Entscheidungen in den Sinn, die ich bezüglich meines Lebensstils schon
getroffen habe, die Kriterien, nach denen ich beurteile, was ich
zu tun und zu lassen gedenke, die Wahlmöglichkeiten, vor denen ich im Laufe meines Lebensalltags immer wieder stehe
und die mich wie Leitplanken davon abhalten, vom richtigen
Weg abzukommen. Es sind Regeln wie: »Das mache ich als tägliche Morgenübung«, »Das esse ich (oder esse ich nicht)«, »In
meinen E-Mail-Kasten schaue ich erst, wenn ich dieses oder
jenes getan habe«, »Darüber werde ich im Auto nachdenken,
bevor ich den Zündschlüssel umdrehe.« Solche Regeln dienen
als Wegweiser für meine Achtsamkeit, sie bewahren mich davor, zu weit in die Wildnis abzuirren oder in die Abgründe der
Verwirrung zu stürzen. Der Inhalt der Regeln ist sekundär, pri-
mär ist ihre Stoppfunktion. Mit der Frage: »Habe ich das schon
getan?« will ich nicht prüfen, ob die Sache abgehakt werden
kann. Vielmehr hat sie die gleiche Wirkung wie ein Wecker.
»Bin ich dabei, etwas zu tun, was ich als unklug eingestuft
habe?« oder: »Bin ich auch aufmerksam?«

Ich kann nicht weit von den aufgestellten Regeln abweichen. Jeder Tag hat einen Morgen. Jeden Tag esse ich etwas. Ich fahre viel und führe eine rege E-Mail-Korrespondenz, aber an ein paar festgesetzten Tagen tue ich nichts von alledem, muss also immer wissen, welchen Tag wir gerade haben, um planen zu können. Mein Freund James befolgt in seiner Meditationspraxis die Regel, jeden Tag wenigstens einmal auf seinem *Zafu* (dem Meditationskissen) zu sitzen. Sein Zafu liegt im Schlafzimmer. Wenn er abends zu Bett gehen will und merkt, dass er noch gar nicht »gesessen« hat, holt er es nach. Seiner Meinung nach spielt es keine Rolle, wie lange er sitzt. Er sagt, dass der Anblick seines Kissens eine ähnliche Funktion ausübt wie die »Achtsamkeitsglocke«, die in den Gemeinschaftszentren des vietnamesischen Zen-Lehrers Thich Nhat Hanh über den Tag verteilt zu nicht festgesetzten Zeiten geläutet wird. Es ermahnt ihn, achtsam zu sein.

Ajahn Sumedho – ein Ajahn ist ein hochrangiger Mönch oder eine Nonne in der buddhistischen Theravada-Tradition – ist Abt des Amaravati-Klosters in der Nähe von London. Er ist im Süden Kaliforniens aufgewachsen und nach Abschluss seines Universitätsstudiums aus Abenteuerlust und Wissbegier nach Asien gereist. In einem Gespräch mit anderen Achtsamkeitslehrern, darunter einigen Mönchen und Nonnen und vielen Laien wie ich, in dem es um den Übungsweg im praktischen Leben ging, sagte er: »Vor 35 Jahren, als ich mich als Mönch ordinieren ließ, gedachte ich, es zwei Jahre lang zu bleiben. Dann stellte ich fest, dass mir dieses Leben gefiel. Außerdem brauche ich eine feste Form als Erinnerungshilfe.«

»Eine feste Form als Erinnerungshilfe«, dachte ich, während ich Ajahn Sumedho zuhörte, »das ist genau die richtige Umschreibung für ein Gelübde.« Jede Form setzt Grenzen. Sie

gebietet Einhalt. »Liegt das noch im Rahmen meines Gelüb-
des oder nicht?« Und sie verlangt uns ein öffentliches Versprechen ab. Wenn ein Treuegelöbnis oder eine Entsagungs-
formel ausgesprochen wird, als öffentliches Bekenntnis zu
einer Übung oder einem Partner, bin ich selbst dann zu Tränen
gerührt, wenn ich die betreffenden Leute gar nicht kenne. Ich
muss dabei immer an das Vertrauen denken, das nötig ist, um
ein Versprechen abzugeben oder zu glauben.

Ich habe meine Not mit der Selbstverpflichtung zum Üben.
Jahrelang habe ich auf die Frage: »Sitzt du jeden Tag?«, die
mir oft am Ende von Retreats gestellt wurde, geantwortet:
»Ich versuche es. Es geht aber nicht unbedingt ums Sitzen. Es
geht darum, im Leben immer und überall achtsam zu sein.
Das Sitzen tut mir gut, weil es meine Aufmerksamkeit festigt,
aber…« Nach vielen Jahren – wie lange es genau gedauert hat,
bis der Entschluss in mir reifte, weiß ich nicht mehr – habe ich
mich zu einer anderen Antwort durchgerungen. Jetzt sage ich
Ja. Ich habe mich entschlossen, es wie James zu machen. Mich
einfach – und sei es auch nur für kurze Zeit – hinzusetzen und
mich wirklich zu fragen: »Wo bin ich? Habe ich mich verirrt?
Bin ich noch in der richtigen Richtung unterwegs?«, tut mir
gut. Es bringt mir die Verheißung Buddhas wieder in Erinnerung: »Ich würde nicht von dir verlangen, diese Übung ein-
zuhalten, diesen Weg der Befreiung von den Gewohnheiten
des leidenden Geistes zu gehen, wenn es kein gangbarer Weg
wäre. Ich verspreche dir, dass er das ist.« Es erinnert mich daran, dass ich das glaube.

»Diese Entscheidung gilt nur für jetzt«: die tägliche Entsagungsübung

Das Wesentliche an den Entsagungsübungen ist, dass sie den Geist unablässig lehren, wie falsch der von ihm empfundene Imperativ – »Das *muss* ich jetzt haben«, »Ich *muss* es auf meine Art tun« – ist. Die Spannung, die das Verlangen im Geist auslöst, ist unangenehm, die Lektion ist immer die gleiche: Die aufgestellten Forderungen vergehen, aber nicht etwa, weil wir sie willentlich unterdrückt, uns ausgeredet oder versprochen hätten, ihnen später Gehör zu schenken, sondern weil sie einfach schwinden wie alles andere auch. Es ist fantastisch (ein etwas merkwürdiges Wort zur Beschreibung einer Entsagungsübung), sagen zu können: »Ich habe Begierden, aber ich bin ihnen nicht ausgeliefert.«

Ich halte mich seit langem an gewisse Regeln – dass ich einmal pro Woche den Sabbat feiere, dass ich bestimmte Nahrungsmittel nicht esse –, die inzwischen Routine geworden sind und mir keine Schwierigkeiten mehr bereiten. Deshalb stelle ich gelegentlich neue Regeln auf, die sich anbieten und mir hilfreich erscheinen. Vor zwei Jahren habe ich einer Sache, die ich unterstütze, eine Spende gewidmet, die höher ausfiel als das, was ich sonst ohne Einverständnis meines Mannes Seymour ausgebe. Ich beschloss, meine im Alleingang getroffene Entscheidung dadurch wettzumachen, dass ich ein Jahr lang freitagnachmittags keine frischen Blumen mehr kaufen würde, eine langjährige Gewohnheit, die vor allem mir selbst Freude machte. »Du kannst ruhig Blumen kaufen«, sagte Seymour, als ich ihm von meinem Vorhaben erzählte. »Die Spende ist mir recht. Du brauchst nichts wettzumachen.«

Es ist jedoch eine gute Übung geworden. Ich komme freitags beim Einkaufen immer an dem Blumenladen vorbei. Ich bleibe stehen und bewundere die Auslagen. Ich beobachte, wie das Blumenangebot mit den Jahreszeiten wechselt. Oft beschleicht mich das Gefühl, ich sollte doch einen Strauß kaufen. Ich höre förmlich, wie mein Verstand Gründe dafür anführt: »Das dauert jetzt schon länger als ein Jahr!« »Diese Sorte ist so hübsch!« »Tom und Mary kommen zum Abendessen!« »Ich müsste *eigentlich* die lokalen Blumenzüchter unterstützen.« Bisher habe ich den Impuls einfach abklingen lassen. Er ist mir nach wie vor eine Lehre, denn wenn ich ich ein gutes Stück weitergegangen bin, merke ich, dass der Stich, der mir vor dem Blumenladen durchs Herz ging, weg ist. Das Leben ist ohne Imperative leichter.

Außerhalb einer eingeschworenen Gemeinschaft mit gemeinsamen Regeln lebt jeder sein Leben anders, und so kann ich mir nicht vorstellen, dass dies auch für Sie eine nützliche Übung wäre. Aber vielleicht fällt Ihnen etwas ein, das Sie für längere Zeit aufgeben könnten, etwas, das Ihnen genügend am Herzen liegt, um Ihnen zu fehlen, ohne Ihrer Familie Unbehagen zu bereiten. Schauen Sie, was Sie dadurch lernen. Denken Sie daran, dass es nicht darum geht, eine stoische Gefühllosigkeit zu entwickeln. Vielmehr geht es darum, sich mit dem Wesen des Begehrens selbst vertraut zu machen. Das Verlangen scheint so stark an uns zu zerren, dass man sich am Ende wundert, wie leer es ist.

4
Weisheit

Da sind, ihr Mönche, die vier Herrlichkeiten.
Welche vier?
Die Herrlichkeit des Mondes, die Herrlichkeit der Sonne,
die Herrlichkeit des Feuers
und die Herrlichkeit der Weisheit.
Von diesen vier Herrlichkeiten ist diese die beste:
die Herrlichkeit der Weisheit.

Da sind, ihr Mönche, die vier strahlenden Lichter ...
die vier Lampen ... die vier Leuchter ...
die vier Quellen der Erleuchtung.
Von diesen vier Quellen der Erleuchtung ist diese die beste:
Erleuchtung durch Weisheit.

BUDDHA

Weisheit

Übung von:	Führt zur Gewohnheit von:	Durch:	Und wird unterstützt durch:	Und manifestiert sich als:
Weisheit	Unterscheidung	die Einsicht, dass der Geist zwar unablässig und unausweichlich von Begierden geplagt wird, dass aber dennoch die Möglichkeit besteht, Frieden zu finden (Erste, Zweite und Dritte Edle Wahrheit)	Übung der rechten Anstrengung, Sammlung und Achtsamkeit, der Geistesschulungsglieder des Achtfachen Pfades (Vierte Edle Wahrheit)	Klarheit

Wenn wir aufmerksam sind, erkennen wir, dass all unsere Erfahrungen – angenehme, unangenehme oder auch neutrale – Möglichkeiten darstellen, Trauer, Groll, Abneigung, Sorge oder Zweifel zu empfinden und uns damit Leiden zu verursachen. Wir sehen aber auch, dass in den gleichen Erfahrungen die Möglichkeit schlummert, sich durch positive Denkgewohnheiten (rechte Anstrengung), gesammelte Aufmerksamkeit (rechte Sammlung) und ruhige, klare Bewusstheit (rechte Achtsamkeit) einen friedvollen, zufriedenen Geist zu erhalten. Wir vertrauen darauf, dass unsere Fähigkeit wächst, zwischen den Möglichkeiten zum Leiden und den Möglichkeiten zum Glücklichsein, die sich uns in jedem Augenblick unseres Lebens eröffnen, zu unterscheiden, sodass wir klar denken und mit größerer Weisheit handeln können.

Weisheitsmeditation

Wenn ich über Weisheit spreche – über die Fähigkeit, tief innerlich zu wissen, wie die Dinge in Wahrheit sind –, habe ich oft die Worte wieder im Ohr, mit denen mich Psychologenfreunde vor Jahrzehnten zu begrüßen pflegten. Sie hatten seinerzeit begeistert das Vokabular der Gestaltpsychologie aufgegriffen und fragten mich immer: »Wie geht es dir?«, um nach meiner Antwort: »Mir geht es gut« gleich weiter zu fragen: »Und wie geht es dir *wirklich*?« Damals empfand ich das als Affront oder gar Unhöflichkeit und ärgerte mich. Jetzt begreife ich dieses Nachfragen als Aufforderung, nicht an der Oberfläche, beim Äußerlichen, zu bleiben, sondern tiefer zu blicken, und benutze eine etwas abgeänderte Version davon als Meditationsanweisung zur Kultivierung von Weisheit: »Was geschieht *wirklich*?«

In seiner Predigt über die Grundlagen der Achtsamkeit *garantiert* Buddha demjenigen befreiende Weisheit, der seine Aufmerksamkeit auf viererlei richtet: auf die physischen Sinneswahrnehmungen (angefangen beim Atem), auf die Gefühlswahrnehmung in jedem Augenblick einer Erfahrung (angenehm, unangenehm, neutral), auf die An- oder Abwesenheit spezifischer Geisteszustände (Geist voller Ärger und Zorn oder frei von Ärger und Zorn, Geist voller Ruhe oder ruhelos, Geist von besonderer oder ohne besondere Beschaffenheit) und auf die tiefste Wahrheit jeder Erfahrung. Nach der Lehre Buddhas ist der Schlüssel zur Erlangung eines friedfertigen, sanften und weisen Geistes die Erkenntnis, dass sich alles in ständiger Veränderung befindet, dass alles vielfache Ursachen hat, die sich meist jeglicher Kontrolle entziehen, und dass das Bemühen, etwas in einer bestimmten Art durchsetzen oder erhalten zu wollen, sowohl vergeblich als auch schmerzhaft ist.

Hier nun die praktische Anleitung. Sie können diese Meditation mit offenen Augen durchführen und dabei die Anweisung lesen, aber lesen Sie bitte langsam, damit Sie merken, was Sie gerade empfinden. Wahrscheinlich sitzen oder liegen Sie beim Lesen. Prüfen Sie also, ob die Empfindung des Sitzens oder Liegens angenehm, unangenehm oder neutral ist. Spüren Sie, wie Sie atmen. Beschreiben Sie sich im Geiste, was geschieht: »Der Atem strömt ein.« »Der Atem strömt aus.« »Das ist ein langer Atemzug.« »Das ist ein kurzer Atemzug.« »Diese Erfahrung des Atmens ist angenehm.« »Diese Erfahrung des Atmens ist neutral.« Oder auch: »Diese Erfahrung des Atmens ist unangenehm.« Indem Sie innerlich diese Art von Selbstgespräch halten, schärfen Sie Ihre Fähigkeit zur Einsicht, die ein Merkmal der Weisheit ist. Versuchen Sie es. Schließen Sie jetzt ein paar Minuten lang die Augen, um Körper und Atem zu fühlen, und üben Sie sich darin, im Stillen zu beschreiben, was jeweils geschieht. Öffnen Sie die Augen wieder, sobald Sie das Empfinden haben, dass es Zeit dafür ist, und lesen Sie weiter.

Bleiben Sie sich weiterhin Ihres Körpers und Ihres Atems bewusst und vergegenwärtigen Sie sich das, was in Ihrem Geist vorgeht: »Mein Geist ist randvoll mit Gedanken.« »Mein Geist ist voller Energie.« »Mein Geist ist energielos (schläfrig).« »Mein Geist ist zufrieden.« »Mein Geist ist unruhig.« »Mein Geist ist entzückt.« »Mein Geist ist verstört.« »Angenehm.« »Unangenehm.« »Neutral.« Zur Erlangung von Weisheit spielt es keine Rolle, *wie* Ihr Geist gerade beschaffen ist. Wesentlich ist nur, dass Sie es wissen.

Nachdem Sie sich einige Zeit in der Beschreibung dessen, was gerade geschieht, geübt haben, machen Sie sich als Nächstes klar, was es in Wahrheit mit alledem auf sich hat. (Hier ein Tipp: Alles verändert sich.) »Atemluft ist eingeströmt. Jetzt strömt Atemluft aus.« »Mir ging es körperlich gut, als ich mit dieser Meditation angefangen habe. Jetzt möchte ich mich strecken und bewegen. Aus ›angenehm‹ ist ›unangenehm‹ geworden.« »Ich hatte bezweifelt, meditieren zu können. Das war unangenehm. Jetzt glaube ich, dass ich es kann. Das ist angenehm.« »Alles verändert sich!«

Bevor der sterbende Buddha seiner Mönchsgemeinschaft mit seinen letzten Worten Mut zusprach, sagte er: »Alles, was entstanden ist, muss auch vergehen.« Das heißt, dass alles, was einen Anfang hat, auch ein Ende nimmt. Etwas Neues geschieht. Dieses Neue hängt von dem ab, was zuvor geschehen ist, und ist trotzdem neu. Das Wissen, dass alles in ständiger Veränderung begriffen ist, stärkt uns in schweren Zeiten das Herz, es erinnert uns daran, jeden Augenblick der Freude zu feiern, und hält den Geist wach, sodass wir aufmerksam bleiben.

Probieren Sie jetzt, mit offenen oder geschlossenen Augen ein wenig länger zu meditieren. Fragen Sie sich: »Was geschieht *wirklich?*«

Keine Klagen

1995 reisten wir, eine Delegation von 26 buddhistischen Lehrern aus dem Westen, zu einer einwöchigen Konferenz nach Dharamsala, wo an drei Tagen Begegnungen mit dem Dalai Lama in dessen Residenz vorgesehen waren. Drei Nichtbuddhisten begleiteten uns: zwei Videofilmexperten, die alle Begegnungen aufzeichnen sollten, und ein Journalist als Beobachter und Chronist der Ereignisse. Am ersten Tag wurden die drei »Außenseiter« der Gruppe vorgestellt, und wir kamen überein, dass sie bei allen Treffen dabei sein, sich jedoch in keine Diskussion einschalten sollten. Am letzten Tag, als zum Abschluss der Konferenz alle anwesenden Meditationslehrer noch einmal wiedergaben, was für sie am bedeutendsten gewesen war, fragten wir auch die Filmtechniker und den Journalisten nach ihren wichtigsten Eindrücken. Der Journalist sagte: »Dass niemand sich beklagt hat.«

Er hatte Recht. Ich wäre vorher gar nicht darauf gekommen, aber als er es sagte, kamen mir die vielen Unbequemlichkeiten der vergangenen Woche in den Sinn, ganz zu schweigen von den gewaltigen Anstrengungen, die nötig waren, um überhaupt nach Dharamsala zu gelangen – Langstreckenflüge, nächtliche Zugfahrten und haarsträubende, gefährliche Taxifahrten über holperige Straßen –, und mir wurde klar: Es gab nicht ein Wort der Klage. Niemand hatte sich beklagt. Mir stand besonders eine Szene vor Augen, als wir einmal vom Palast des Dalai Lama in strömendem Regen zum Mittagessen in unserem Hotel zurückgingen und das vom Berg herabschießende Wasser die Straße überspülte. Ich teilte mir einen Regenschirm mit Ajahn Sundara, der ranghöchsten Nonne vom Amaravati-Kloster, und wir wateten in Sandalen durch knöcheltiefes Wasser, wobei sie ihr Gewand hochraffte, um es halbwegs trocken zu halten. Niemand klagte. Darüber nicht und auch nicht über das Essen. Oder über die Programmänderungen. Oder über die massiven Sicherheitsvorkehrungen mit Leibesvisitation, die wir jedes Mal über uns ergehen lassen mussten, wenn wir uns der Residenz des Dalai Lama näherten. Über gar nichts.

Die Bemerkung des Journalisten gab mir richtig Auftrieb.

Ich hatte ein Gefühl, als hätten wir Zeugnisse für das *Buddha-dharma* (die Lehre Buddhas) bekommen und alle mit »Sehr Gut« abgeschnitten. Eine spezifische Examensfrage dabei wäre gewesen: »Wie lautet die Zweite Edle Wahrheit? Was ist laut Buddha die Ursache des Leidens?« Wir alle hatten durch unser klagloses Hinnehmen unter Beweis gestellt, dass wir wussten, wodurch Leiden entsteht: durch das Verlangen des Geistes, die Dinge anders haben zu wollen, als sie sind. Und indem wir uns klaglos mit den Gegebenheiten abfanden, bewiesen wir alle die Dritte Edle Wahrheit von der Aufhebung des Leidens. Es gibt nur zwei Möglichkeiten, auf eine Herausforderung zu reagieren – sie gelassen hinzunehmen oder erbitterten Widerstand zu leisten. Annehmen bedeutet Frieden, Widerstand Leiden. Das hatten wir alle gelernt.

Ich musste daran denken, wie viele Übungsstunden oder -jahre hier zusammenkamen, und war stolz auf uns. Ich war mir nicht sicher, ob nur die auf dem *Zafu*, dem Meditationskissen, verbrachten Stunden, dafür gesorgt hatten, dass wir auch unter Stress unseren Gleichmut bewahrten. Manche Leute sind aufgrund ihrer familiären Herkunft von Natur aus härter im Nehmen und kaum zu erschüttern, sie haben sicher einen Vorsprung auf dem Weg zur Weisheit. Doch ich baue darauf, dass einem die Einsicht allmählich auch in Fleisch und Blut übergeht, wenn man sich immer wieder davon überzeugt, dass die Dinge einfach so sind, wie sie sind. Wenn man das, was geschieht, weder als persönliche Belohnung noch als Strafe betrachtet, wird der gewohnheitsmäßigen Kampfbereitschaft des Geistes ein Ende gesetzt. Die Einsicht, dass Freiheit Annehmen heißt, erstickt alle Klagen. Einfach gesagt: Klagen sind unklug.

Der wunderbare Common Sense

Einer meiner ersten Meditationslehrer begann einmal einen Vortrag mit den Worten: »Heute Abend will ich euch von den Einsichten erzählen, die ihr euch von eurer Übung erhofft – Einsichten, die Buddha in seiner Lehre den Schlüssel zur Befreiung nannte.« Als ich das hörte, dachte ich: »O nein! Sag's nicht! Das ist unfair! Das ist genauso, als würde mir jemand den Schluss eines spannenden Romans erzählen, den ich gerade erst zu lesen begonnen habe. Der ganze Reiz ist dann weg. Und was ich nicht selbst erkenne, zählt womöglich nicht.« Der Lehrer fuhr jedoch fort und erklärte uns die so genannten Drei Merkmale der Erfahrung, die Buddha gelehrt hat.

1. Alles ist der Veränderung unterworfen (Einsicht in die Vergänglichkeit).
2. Leiden ist die zusätzliche Anspannung, die der Geist durch seinen Widerstand erzeugt (Einsicht in das Leiden).
3. Nichts besitzt eine unabhängige Wirklichkeit oder Existenz, alles steht infolge komplexer Ursachen in einem Kausalzusammenhang, der auch die Umstände späterer Erfahrungen bestimmt (Einsicht in die wechselseitige Bedingtheit).

Ich weiß noch, dass ich mich nach dem Vortrag gefragt habe, inwiefern es einen Unterschied macht, ob man diese Einsichten durch Meditation entdeckt oder durch Denken verifiziert. Schließlich war das alles nichts Neues. In meinen Ohren klang es – zumindest teilweise – nach Allerweltsweisheit, nach Common Sense, nach etwas, das ich bereits zu wissen glaubte. Trotzdem war ich doch auch gespannt, als hörte ich eine wunderbare Neuigkeit zum ersten Mal. Etwas von der Zufriedenheit, Zuversicht und dem Mut meiner Lehrer teilte sich mir mit. Als von der Befreiung die Rede war, die sich laut Buddha durch tiefste Einsicht einstellen soll, dachte ich: »Was ich auch bereits wissen mag, ich könnte mehr in die Tiefe gehen!« Und ich begeisterte mich für die Meditation. Es spielte keine Rolle, dass ich die Einsichten schon im Voraus zu kennen glaubte. Ich vertraute darauf, dass diese Einsichten – Einsichten mit transformierender Wirkung, die mich befreien konnten – als Offenbarungen in mir aufsteigen würden, auf bisher noch unvorstellbare, wunderbare Weise.

Ich bin froh, dass ich dieses Vertrauen hatte. Heute verstehe ich besser, was ich schon vorher wusste, und die Momente der Einsicht geschehen häufiger. Mir ist immer klarer geworden, dass ich mich zwar nach Kräften und mit größtmöglicher Zuversicht bemühen kann, letztlich jedoch von anderen Faktoren abhängig bin. Alles verändert sich permanent, und infolgedessen kann nichts auf Dauer befriedigen. Ich weiß mit absoluter Gewissheit, dass unser Grollen und Sträuben gegen die Härten des Lebens unser Leid nur steigern. Das Leben entfaltet sich nach Gesetzen, es beruht auf Bedingungen, die viel zu komplex sind, als dass wir sie verstehen könnten, und die weit jenseits unserer Kontrollmöglichkeiten liegen. Die Einsichten erschienen mir richtig, als ich sie das erste Mal von meinen Lehrern hörte, aber das Hören allein reichte nicht aus, um meine Denkgewohnheiten, das Aufbegehren und den Widerstand zu brechen. Ich musste meditieren. Ich musste achtsam sein. Meine Leidensmuster – Trauer, Ärger, Auflehnung – veränderten sich, sowie ich zu spüren begann, dass sich in meinem Geist von einem Augenblick auf den anderen der Knoten schmerzvollen Aufbegehrens löste. Immer wieder löste sich in einem Augenblick der Klarheit ein weiterer Knoten: »So geschieht es. Anders kann es gar nicht sein. Dagegen ankämpfen ist vergebliche Mühe. Auflehnung bringt Leid.« Jeder gelöste Knoten macht den Geist wieder für neue Weisheit empfänglich, sodass es schließlich doch Erfolg versprechend erscheint, nach beständiger Klarheit zu streben, auch wenn es zunächst so schwierig erscheint wie der Versuch, die Fluten des Mississippi zu bändigen, indem man eimerweise Sand aus dem Flussbett schaufelt.

Der Vergleich mit dem Mississippi stärkt mich immer, wenn mein Geist übervoll ist und ich so vom Gang der Ereignisse mitgerissen werde, dass ich alle Weisheit, die ich fest in mir verankert glaubte, fahren lasse – und wenn ich dadurch leide. Dann warte ich, bis die Fluten zurückgegangen sind, die Verwirrung sich von selbst gelegt hat und mein Geist wieder klar geworden ist. Ich rufe mir in Erinnerung zurück, dass die Einsichten mir schon bekannt sind. Dass sie meinen Lehrern, die ich liebe, bekannt sind. Dass sie dem Buddha und Weisen aus anderen großen spirituellen Traditionen bekannt waren. Dass sie uns allen in unseren besten Momenten bekannt sind. Wenn wir entspannt und einigermaßen zufrieden sind, sind wir von Natur aus weise. Wir akzeptieren, dass das Leben unvorhersehbar und unberechenbar ist. Wir sagen scherzhaft oder philosophisch: »Erstens kommt es anders und zweitens, als man denkt« und: »Der Mensch denkt, Gott lenkt« und meinen damit, dass wir nie vor Überraschungen sicher sind, wie gründlich wir auch vorausgeplant haben mögen. Wir sind verblüfft. Wir fassen uns wieder. Wir sind enttäuscht. Wir fügen uns. Wenn wir weise sind, kommen wir meist irgendwie zurecht. Doch wenn wir ernstlich herausgefordert werden, weil etwas geschieht, das wir um keinen Preis wollten, das wir nicht ertragen können, vergessen wir unsere philosophische Einsicht. Weg ist die Weisheit, und wir fragen uns: »Wieso ich?« oder: »Warum gerade jetzt?« Die Schmerzen, die wir leiden, werden durch unsere Bitterkeit, gegen die wir oft gar nicht ankommen, noch stärker, und wir leiden noch mehr. Aber kaum sind wir einen lichten Moment lang einsichtig »Ich, ja. Und gerade jetzt, ja. Sicher tut das weh. Aber es wird nur so lange wehtun, wie es dauert, und dann wird es anders« –, ist unser Leiden zu Ende. Mitgefühl mit uns und anderen regt sich von selbst in unserem Herzen, spendet uns Trost und lindert den Schmerz.

Heutzutage halte ich in Retreats mehr oder weniger die gleichen Dharma-Vorträge, so werden die Weisheitslehren nach buddhistischer Tradition genannt, die ich von meinen eigenen Lehrern kenne. Ich spreche genau wie sie von den Einsichten. Manchmal teile ich mir die Leitung eines Retreats mit anderen, dann muntern wir Lehrer uns vor Beginn des Retreats gegenseitig auf, indem wir sagen »Hör mal, wenn du über die Vier Edlen Wahrheiten sprichst, dann erzähl auf jeden Fall die Geschichte, die du immer erzählst«, oder wir necken uns ausgelassen: »Erzähl bloß nicht wieder die gleiche Geschichte. Lass dir mal eine andere einfallen! Die hast du schon viel zu oft erzählt!« Für gewöhnlich beginne ich einen Lehrvortrag, indem ich das Thema und den jeweiligen Titel nenne, etwa »Die Drei Merkmale der Erfahrung«, »Die Vier Edlen Wahrheiten«, »Die Fünf Hemmnisse«, je nachdem, in welchen Bezugsrahmen ich das stellen will, was ich im Hinblick auf die Weisheit lehren möchte. Dann sage ich: »Aber letzten Endes geht es immer nur um die Beantwortung der einen grundlegenden Frage: ›Wie können wir dieses Leben mit seinen unausweichlichen Herausforderungen voller Anmut, Güte und Mitgefühl leben?‹«

Ich selbst halte die gleichen Vorträge immer wieder ebenso gern, wie ich sie höre. Zwar führen meine Freunde und ich
ab und zu neue Geschichten ein, um etwas zu verdeutlichen,
aber eine gute Story hält sich oft sehr lange. Ich freue mich
meist, eine vertraute Geschichte wieder zu hören, weil ich
dann schon weiß, auf welchen Punkt hingewiesen werden soll,
und dass die Geschichte mir Mut machen wird. Ich finde darin wieder, was ich als wahr erkannt habe, und dann bin ich –
ganz unabhängig von den jeweiligen Umständen – getröstet.
Das Lehren macht mir viel Freude, weil es mir immer wieder die Gelegenheit verschafft, *mir selbst* die Wahrheit zu sagen. Und ich denke oft, dass ich jeden, dem ich begegne, dazu
bringe, mir unabsichtlich genau diese Wahrheit entgegenzu-
halten, damit ich sie nicht vergesse.

Als ich einmal an einem Sonntag mitten im Winter aus meiner Wohnung in einem Mietshaus in Upper Manhattan ins
Freie trat, waren die Straßen wie leer gefegt, und ich dachte,
jeder in New York würde sich wohl gerade das Spiel der Giants
gegen die Vikings im Fernsehen anschauen. Das erste Taxi,
das angefahren kam, hielt gleich, und der Fahrer hörte sich
das Spiel im Radio an.

»Sind Sie Football-Fan?«, fragte er, als ich mich auf der
Rückbank niederließ.

»Bin ich«, sagte ich.

»Darf ich dann das Radio anlassen?«

»Aber ja.«

Wir fuhren eine Zeit lang. Die Giants lagen mit 23 zu 0
Punkten vorn, und das zweite Viertel fing an.

»Es macht keinen richtigen Spaß, wenn ein Team so weit
vorn liegt«, wagte ich zu sagen. »Im Grunde ist das Spiel dann
schon vorbei.«

»Nein, nicht unbedingt«, sagte der Fahrer. »Man kann nie wissen. Alles verändert sich ständig.«

Der viele Schnee von der vorigen Woche war geräumt worden, und bei dem geringen Verkehr ging die Fahrt ruhig und glatt. Ich fragte den Fahrer, wie das Fahren während des Schneesturms gewesen sei.

»Schwierig«, sagte er. »Waren Sie auch hier?«

»Nein. Ich lebe in Kalifornien.«

»Clever«, sagte er. Und dann: »Können Sie aus der Hand lesen?«

Ich glaubte nicht recht gehört zu haben. »Bitte?«

»Sind Sie Handleserin?«, fragte er erneut. »Oder Astrologin? Ein Medium?«

»Das nicht.« Ich lachte. »Warum fragen Sie? Sehe ich so aus?«

»Nein«, sagte er, »Sie sehen ganz normal aus. Aber in Kalifornien sind alle ein bisschen von der Art, verstehen Sie?«

Ich dachte eine Weile nach. »Nun ja, mein Job ist vielleicht wirklich etwas ungewöhnlich. Ich bin Meditationslehrerin.«

»Aha! Ich *wusste* es!« Er lachte und spendete sich selbst Beifall, indem er auf das Lenkrad klatschte. Dann sagte er: »Welche Art von Meditation lehren Sie denn?«

»Es geht darum, achtsam zu werden«, sagte ich. »Wir üben uns darin, nicht nur ab und zu, sondern immer aufmerksam zu sein. Dazu braucht man weder allein zu sein noch die Augen zu schließen. Man ist einfach still und aufmerksam. Ich bin zum Beispiel gerade von Ihrer Aufmerksamkeit beim Fahren abhängig.«

»Ich passe immer auf«, sagte er. »Und wie heißt Ihre Meditation?«

»Achtsamkeitsmeditation.«

»Gehört sie einer bestimmten Tradition an?«

»Ja«, sagte ich, »sie kommt aus Asien. Von Buddha.«

»Sie sind Buddhistin?«

»Ja«, erwiderte ich.

»Ich bin auch Buddhist«, sagte er. »Sind Sie als Nonne ordiniert?«

»Nein«, antwortete ich. »Und wer ist Ihr Lehrer?«

»Ein Mönch. Er hat einen langen Namen. Sein Zentrum liegt in meiner Nachbarschaft. Ich gehe alle paar Monate dorthin, um ihn zu hören. Er sagt ein paar gute Sachen. Sonst lese ich meist buddhistische Bücher.«

»Ich habe ein paar geschrieben«, sagte ich.

»Wie heißen Sie denn?«

»Sylvia Boorstein.«

»Nein. Habe ich nie gehört. So, Penn Station, wir sind da.«

Ich kramte meine Geldbörse hervor, um den Fahrpreis zu bezahlen, und hörte noch einmal den Punktestand im Radio. Die Giants lagen noch weiter vorn. »Meinen Sie nicht, dass das Spiel jetzt so ziemlich vorbei ist?«, fragte ich.

Er drehte sich zu mir um, weil er sehen wollte, ob ich Spaß machte. Tat ich. Er lächelte. »Man weiß ja *nie*«, sagte er und betonte das nie. Dann lachte er. »*Alles* verändert sich ständig.«

Ich bezahlte, und als ich ausstieg, sagte ich ernst: »Ich wünsche Ihnen alles Gute für Ihre Übung.«

Er sagte ebenso ernst: »Ich Ihnen auch.« Und lachte wieder. »Wenn ich *das* meiner Frau erzähle! Man weiß eben nie.«

Das Leben ist eine Herausforderung

In der Ersten Edlen Wahrheit wird mit dem Pali-Wort *Dukkha* die Grundeigenschaft des Daseins beschrieben: unsere Schwierigkeit, uns unser körperliches und geistiges Wohlbefinden zu erhalten, obwohl alles ständiger Veränderung unterworfen ist. Oft wird es mit »leidhaft« oder »unbefriedigend« übersetzt. Nun hat das Wort »leidhaft« den Beiklang von »elend« oder »schrecklich«, was Buddha kaum gemeint haben dürfte, und »unbefriedigend« klingt nach einer schlechten Zeugnisnote. »Herausfordernd« oder »problematisch« kommt unseren Erfahrungen schon näher. Wir lassen uns leicht aufschrecken und ängstigen. Und wir unternehmen oft heroische Anstrengungen, um uns nicht gegenseitig in Angst zu versetzen und zu demoralisieren.

1957 war das Fliegen eine Neuheit, und ich weiß noch, wie die alten Eltern unseres Nachbarn Jerry Jacobson mit ihrem ersten Flug von New York nach Kansas zu Besuch kamen. Sie berichteten voller Stolz von ihrem heldenhaften Erlebnis.

»Wir wollten nebeneinander sitzen«, erzählte Jerrys Mutter, »aber sie hatten keine Plätze nebeneinander mehr, und so saßen wir zwar in einer Reihe, aber zu beiden Seiten des Ganges.«

»Die Stewardess sagte: ›Das sind gute Plätze‹«, berichtete Jerrys Vater weiter. »Sie liegen genau über den Tragflächen, gleich hinter den Propellern. Das sind die sichersten Sitzplätze.«

Jerrys Mutter fuhr fort: »Wir wussten nicht, dass die laufenden Motoren rötlich glühende Abgase ausstoßen. Kurz nachdem das Flugzeug abgehoben hatte, fragte ich Dad: ›Alles in Ordnung?‹

Er erwiderte: ›Alles in Ordnung. Und bei dir?‹

›Bei mir auch.‹ Dabei sahen wir beide den Gluthauch hinter den Motoren.«

»Wir flogen weiter. Ich sah, dass Dad aus seinem Fenster schaute. Ich blickte ebenfalls auf meiner Seite hinaus.«

»›Immer noch alles okay?‹, fragte ich prüfend.«

»›Alles okay‹, sagte Dad.«

»Schließlich hielt er es nicht mehr aus und sagte: ›Hör mal, wenn du mir nicht sagst, dass dein Motor Feuer gefangen hat, sage ich dir auch nicht, dass meiner brennt.‹«

Normalerweise wird gelacht, wenn ich das erzähle, nicht zuletzt, weil es eine so nette Geschichte von einem alten Paar ist, das sich gegenseitig zu beruhigen sucht. Aber ich glaube, es gibt noch einen anderen, universelleren Grund für das Lachen: Wir erkennen uns selbst in der Geschichte wieder. Meist gehen wir durch den Tag und benehmen uns so, als sei alles okay, wir pflegen uns, unsere Beziehungen und unsere beruflichen Vorhaben, als gäbe es keinen Motorenbrand und als sei alles in bester Ordnung. Vielleicht finden wir es peinlich, Fremden gegenüber zu erwähnen, oder beängstigend, uns selbst einzugestehen, dass uns das Leben nicht verschont. Es scheint uns zu entgehen, dass die Schwierigkeiten, in die wir geraten, kein persönlicher Makel sind, dass es schlicht unmöglich ist, alles richtig zu machen und richtig zu erhalten, kurz: dass das Leben aus einer Kette von Herausforderungen und Problemen besteht.

Ich kam einmal zu einer Zeit, als wir beide über traurige Ereignisse in unseren Familien bekümmert waren, im Spirit-Rock-Zentrum mit meiner Kursleiterkollegin Julie Wester ins Gespräch. Wir befanden einhellig, dass es in unserer Situation das Beste war, uns gegenseitig das Herz auszuschütten, die Wahrheit zu erzählen und einander zuzuhören. Wir hatten beide Angst. Wir litten beide. Ich glaube, das respektvolle Zuhören stellte das Leiden ins rechte Licht. Wir brauchten uns nicht »darüber zu erheben«, und wir hatten auch nicht das Gefühl, uns dessen schämen zu müssen.

Julie sagte: »Sylvia, du erinnerst dich doch daran, dass Buddha gesagt hat: ›Alles, was uns lieb ist, verursacht uns auch Schmerzen?‹ Wie Recht er hatte!« Wir mussten beide lachen. Buddha hatte Recht. Gerade weil uns die Dinge so ans Herz wachsen, werden wir unweigerlich unter Veränderungen, Enttäuschungen und Verlusten zu leiden haben. Und es entbehrt nicht einer gewissen Komik, dass ausgerechnet zwei Achtsamkeitslehrerinnen, die regelmäßig über die Buddha-weisheit von den grundlegenden Herausforderungen des Menschseins referieren, in dem sowohl der Körper als auch alle Beziehungen dem Wandel unterworfen sind, sich gegenseitig daran erinnern müssen, als wüssten sie es nicht. Natürlich wissen wir es.

Jeder weiß es. Jeder, der auch nur ein bisschen aufmerksam ist und Enttäuschungen kennt, weiß, dass Zuneigung verletzlich macht. Trotzdem machen wir so weiter und knüpfen Kontakte an. Es ist ein Wesensmerkmal des Menschen – und wir sind froh darüber –, sein Herz an etwas zu hängen, Anteil zu nehmen. Wenn wir endlich gemerkt haben, dass uns die Zuneigung auch leiden lässt, ist es zu spät, und wir können nur noch Mitgefühl zeigen, präsent sein und die Betreffenden daran erinnern oder uns von ihnen daran erinnern lassen, dass das Leben nun einmal so ist: jenseits unserer Kontrolle, aber gesetzmäßig, oft schwierig, aber trotzdem ganz passabel und erträglich.

Als Julie und ich, nachdem wir uns gegenseitig an die Wahr-

heit vom Leiden erinnert hatten, lachten, merkten wir beide
am Klang unserer Stimmen, dass wir von neuer Energie erfüllt
waren. Sich dem Leiden nicht zu entziehen, ist eine Erleichterung. Die Situation ist eben einfach schmerzlich, und weiter
nichts. Jetzt kann sich der Geist, vom Würgegriff seines Wider-
standes befreit, wieder daran erinnern, dass alles dem Wandel
unterworfen ist, und hat die Chance, sich zu beruhigen. Vielleicht haben Julie und ich uns auch gegenseitig daran erinnert – oder hätten uns zumindest daran erinnern können –,
dass Buddha außerdem gesagt hat, das Dharma benötige wie
ein Vogel zwei Flügel, um fliegen zu können, und der Flügel,
der das Gegengewicht zur Weisheit bilde, sei das Mitgefühl.

Endstation Sehnsucht

In den Sieben-Uhr-Nachrichten von CBS hörte ich einen Bericht, dass im Kilauea-Nationalpark auf Hawaii ein Tourist bei
der Jagd nach seiner Baseballmütze, die ihm der Bergwind
vom Kopf geblasen hatte, in den Krater eines Vulkans gestürzt
sei. Wäre sein Sturz nicht von einem Baum aufgehalten worden, der zwanzig Meter tiefer aus der Kraterwand wuchs, und
hätten die Rettungsaktion des Helikopterpiloten und der Sanitäter keinen Erfolg gehabt, wäre der Tourist auf der Jagd
nach seiner Mütze umgekommen. Die Headline des Berichts
lautete: »Was ist eine Baseballmütze wert?« Als ich die Einzelheiten hörte, dachte ich: »Vielleicht war es eine Joe-DiMaggio-
oder Mickey-Mantle-Mütze.« Im selben Moment wurde mir
bewusst, wie lächerlich dieser Gedanke war. Keine Mütze ist
ein Menschenleben wert, und dem armen Mann war bestimmt
nicht seine Mütze wichtiger gewesen als sein Leben. Er hatte

bloß nicht aufgepasst, wohin er lief. Trotzdem macht die Geschichte anschaulich, welchen Gefahren man sich möglicherweise aussetzt, wenn man zu sehr an etwas hängt.

Tanha, ein Begriff, den Buddha in der Zweiten Edlen Wahrheit verwendet, um die Entstehung des Leidens zu definieren, wird im Allgemeinen mit »Begehren« übersetzt. Ich kenne es selbst als sehnliches Verlangen in mir – nach etwas, das ich nicht besitze, oder nach etwas, das zwar in meinem Besitz ist, an dem ich jedoch so hänge, dass ich es nicht verlieren will –, sodass mein Geist nicht zur Ruhe kommt. Das Haben oder Nichthaben beschäftigt mich so, dass mein Denken in seiner unbändigen Gier oder Abneigung nur noch darum kreist und ich leide. Eine klare Sicht ist nicht mehr möglich. Alle Versuche, mir mein Habenwollen auszureden, scheitern. Sie verstricken mich nur noch tiefer in Schuldgefühle und verzweifelte Gedanken. Um zur Ruhe zu kommen, muss der Geist zur Vernunft kommen. Von unstillbarem Verlangen ergriffen, ist er hysterisch.

Durch die Erkenntnis, dass man leidet, wenn man etwas sehnlichst wünscht, und die Wahrnehmung des Schmerzes, den sowohl körperliches als auch geistiges Sehnen verursachen, lösen sich die Knoten allmählich. Wir sind schließlich so angelegt, mitfühlend zu sein. Kinder, die beim Versteckspiel hinfallen, die stolpern und sich verletzen, weil sie unbedingt jemanden finden oder sich vor jemandem verstecken wollen, nehmen wir auf den Arm und trösten sie. Wir schimpfen sie nicht aus. Wir wissen, dass sie gestürzt sind, weil das Spiel für sie Wirklichkeit und in dem betreffenden Augenblick das Allerwichtigste war. Bei uns Erwachsenen ist es nicht viel anders. Mitten im Spiel von Begierde und Abneigung ist die wirkliche Welt – die einzige, die uns eine liebevolle Beziehung ermöglicht – auf einmal verschwunden.

Kaum hören wir mit dem Spielen auf, weil uns klar wird, wie brutal es ist und wie schwer wir uns verletzen, wenn wir weitermachen, sind wir wieder in der Wirklichkeit.

Buddha soll gesagt haben: »Ich bin gekommen, um euch einen Punkt, einen einzigen Punkt, klar zu machen: das Leiden und die Aufhebung des Leidens.« Die Zweite Edle Wahrheit, dass unstillbares Begehren die Ursache des Leidens ist, verweist in einem einzigen Satz sowohl auf die Entstehung des Leidens als auch auf die Möglichkeit zu dessen Aufhebung. Diese Wahrheit ist unendlich kostbar. Sie ist der Kern der Lehre Buddhas, die Essenz seiner Weisheit. Und sie kommt vor der Dritten Edlen Wahrheit, der befreienden frohen Botschaft: »Es ist möglich, Frieden zu erlangen!« Man stelle sich einmal vor, wie es in unserer gegenwärtigen Welt aussähe, wenn jemand den positiven Beweis dafür erbrächte, dass jeder in seinem Leben Frieden – und damit Glückseligkeit – finden kann, ganz gleich, wie es um seinen Körper oder seine Umstände bestellt sein mag. Das wäre zweifellos die wichtigste Tagesinformation, über die CBS in den Sieben-Uhr-Nachrichten berichten würde. Vielleicht sollten wir mit der Geschichte über den Touristen im Kilauea-Nationalpark nur ermahnt werden, unser Leben nicht für eine Mütze aufs Spiel zu setzen.

Ein ruhiges Gemüt

Ich mag Gospels. Ich habe eine Kassette der Gospelsängerin Loretta Lynn im Auto, die ich gern abspiele, um dann laut mitzusingen. Ich finde die Musik beruhigend und schön, voller gutem Dharma. Mein Lieblingslied auf dieser Kassette trägt den Titel »A Satisfied Mind« (ein ruhiges Gemüt). Der Text beschreibt den unschätzbaren Wert (»kostbarer als Silber und Gold«) und die Beständigkeit eines ruhigen Gemüts (beständig im Vergleich zu »Reichtum, der sich in nichts auflösen kann«). In der letzten Zeile des Liedes heißt es erstaunlich zuversichtlich: »Eins ist gewiss… Ich werde diese alte Welt ruhigen Gemüts verlassen!«

Ich würde auch gern diese Welt ruhigen Gemüts verlassen, und noch lieber hätte ich ein – für meine Verhältnisse – ruhiges Gemüt, während ich noch auf ihr weile. Die Dritte Edle Wahrheit, das Versprechen Buddhas, dass wir in ebendiesem Leben einen friedvollen, unbeschwerten, widerstandslosen, ruhigen Geist erlangen können, ist unmissverständlich und einfach. Die Übungsanweisungen zur Schulung eines solchen Geisteszustands, die Vier Edlen Wahrheiten und der Achtfache Pfad, sind klar verständlich und praktikabel, aber auch anspruchsvoll, denn bei *allem*, ob Denken, Handeln, Neigung oder Absicht, ist Achtsamkeit geboten. Also rund um die Uhr. Ich frage mich allerdings: »Gibt es überhaupt eine Alternative?« Chögyam Trungpa Rimpoche, der Begründer des Naropa-Instituts, eines bedeutenden buddhistischen Zentrums in Boulder, Colorado, soll den ersten Tag eines Retreats, wenn Neulinge meist müde und verwirrt sind, oft mit den Worten abgeschlossen haben: »Ich könnte mir vorstellen, dass viele von euch jetzt am liebsten wieder nach Hause fahren würden«, um nach einer kurzen Pause hinzuzufügen: »Zu spät.« Ich vermute, dass Trungpa Rimpoche meinte, wenn man erst einmal von der Möglichkeit erfahren hätte, im Frieden leben zu können, sei es – ob im Retreat oder außerhalb – zu spät, um sich noch abzuwenden und nicht zu lernen, wie man das macht.

Wahrscheinlich war es in pädagogischer Hinsicht klug von Buddha, das Übungspensum in acht verschiedene Teile mit jeweils spezifischen Anweisungen zu gliedern, rechte Erkenntnis, rechte Entschlossenheit, rechte Rede, rechtes Handeln, rechter Lebenserwerb, rechte Anstrengung, rechte Sammlung, rechte Achtsamkeit. Vielleicht ist der Entschluss: »Ich will erst einmal die Schriften studieren und beten, um mich allmählich für die Meditation zu begeistern«, oder: »Ich will mit Meditation beginnen und meine Konzentration verbessern, mal sehen, was dann passiert« nicht so entmutigend wie der Vorsatz: »Ich will mein ganzes Leben als Übung betrachten.« In Wahrheit ist jedes der acht Übungsglieder ein eigenes Tor zur Fülle des Lebens. Jedes einzelne ist eine eigene Form des Achtsamkeitsbewusstseins. Alle sind so angelegt, dass sie den Geist darin unterstützen, seine Neigung zum Widerstand aufzugeben und sich an friedvolles Verhalten zu gewöhnen. Sie alle wiederholen jeweils die eine grundlegende Anweisung: »Sei aufmerksam.« Wenn wir nicht achtsam sind, lassen wir uns leicht in die Irre führen.

Ein Oberschüler und Freund meines Enkels Collin fragte mich einmal: »Woran *merke* ich, dass ich nicht aufmerksam bin? Ich *glaube* oft, dass ich in der Schule aufgepasst habe, um später festzustellen, dass mir eine Menge entgangen ist.« Ich weiß nicht mehr, was ich ihm geantwortet habe. Ich hatte seine Frage durchaus verstanden, aber einige Zeit später auf einer Flugreise kam mir die Sache plötzlich wieder in den Sinn, und ich dachte: »*Das* ist die Antwort.« Vermutlich hatte ich damals auf seine Frage keine so klare Antwort parat wie im Flugzeug.

Ich befand mich nach mehreren Achtsamkeitsretreats, die zusammen einige Wochen gedauert hatten, auf dem Heimflug von Boston nach Kalifornien. In meiner Tasche unter dem Sitz vor mir hatte ich eine Ausgabe der *New York* Times und eine Strickarbeit für meine Enkelin Grace, merkte jedoch nach dem Abheben, dass ich weder zum Lesen noch zum Stricken noch zu etwas anderem Lust hatte. »Ich bin ganz schön alle«, dachte ich, »wie ein Computer, dessen begrenzte Speicherkapazität verbraucht ist.« Dann machte ich mir – ein bisschen schuldbewusst, weil der Gedanke vollkommen abwegig war – klar, dass mein Geist wieder einmal, wie schon so oft, aus nichts ein Problem gemacht hatte.

Ich schaute mir die Mitreisenden in meiner Nähe an. Mein Nachbar hämmerte eifrig auf seinem Laptop herum, die weit offenen Augen fest auf den Bildschirm gerichtet. Neben ihm lehnte jemand, in eine Decke gewickelt, die auch den Kopf verhüllte, am Fenster und schlief. Ich fühlte mich den beiden Fremden, die sich mit mir diesen engen Raum in über 10 000 Meter Höhe teilten, plötzlich sehr verbunden. Ich zog im Geiste Rahmen um die beiden, stellte mir vor, sie illustrierten einen Dharmavortrag über die Fünf Hemmnisse (störende Emotionen, die den Geist trüben), und versah die Bilder mit Legenden im Stil eines Karikaturisten: 1. Rastloser Mensch mit unruhegefülltem Geist; 2. Abgeschlaffter Mensch mit energieentleertem Geist.

Die Flugbegleiter teilten das Mittagessen aus. Aus der Decke schälte sich eine Frau, öffnete die Speisenbehälter und begann zu essen. Ich fing ebenfalls zu essen an. Niemand sagte etwas. Ich warf einen Blick über den Gang nach links. Ein Mann, den ich auf Ende zwanzig schätzte, aß sein Mittagessen und schaute sich dabei den Bordfilm auf dem kleinen Bildschirm vor seiner Nase an. Mir fiel auf, dass seine Kopfhörer merkwürdig aussahen, und dann merkte ich, dass er sich, während er den Film anschaute, gleichzeitig eine CD anhörte. In der rechten Hand hatte er seine Gabel, in der linken ein aufgeklapptes Taschenbuch. Er hielt es so hoch, dass er ohne Probleme zwischen Bildschirm und Buch hin und her schauen konnte. Mein innerer Zeichner rahmte auch ihn ein und betitelte das Bild: Genusssüchtiger Mensch mit hochexplosivem Geist.

Ich musste laut lachen und war selbst überrascht von diesem Gefühlsausbruch. Gleich darauf kam mir wieder mein Nachbar in den Sinn, und ich fragte mich: »Was mag er jetzt von mir denken, wenn ich so ohne ersichtlichen Grund plötzlich laut loslache?« Dann fiel mir mein Alter ein, und ich dachte: »Wahrscheinlich denkt er: ›Die Alte spinnt.‹« Der Gedanke war mir peinlich. Ich setzte mich gerade, holte tief Luft, schaute mir noch einmal den jungen Mann auf der anderen Seite des Ganges an und spürte deutlich, dass er Angst hatte.

Dann merkte ich, dass auch ich gewisse Ängste hatte. Gerade eben hatte ich mir noch besorgt ausgemalt, dass mein Nachbar mich sicher für eine Spinnerin hielt. Und zuvor hatte ich mir Sorgen gemacht –, immerhin groß genug, um es zu merken –, dass mein Desinteresse an Zeitung und Strickzeug vielleicht ein Zeichen von geistiger Überanstrengung war oder, noch schlimmer, von schwindender und mit der Zeit immer stärker nachlassender Kraft. Schließlich hielt ich mir die tiefere Wahrheit vor Augen: »Ich fliege einfach nicht gern. Es ist zwar *okay*, es ist kein großes *Problem*, aber ich tue es nicht gern.«

Ich schaute wieder zu dem jungen Mann hinüber, über den ich gerade gelacht hatte, und es rührte mich, wie hektisch er sich beschäftigte, um sich einigermaßen wohl in seiner

Haut zu fühlen. »Mögest du glücklich sein«, wünschte ich ihm. »Mögest du Frieden finden.« Das Gleiche wünschte ich auch meinem jungen Sitznachbarn und der Frau neben ihm. Mein wiedergewonnenes Wohlwollen tat mir wohl. Ich wünschte auch mir Gutes. Vielleicht war das der Augenblick, in dem mir die Antwort auf die Frage von Collins Freund einfiel: »Ich weiß, dass ich unaufmerksam bin, wenn ich kein Wohlwollen in mir verspüre.«

Von da an verlief die Reise angenehmer. Ich verhielt mich weise. Ich achtete darauf, meinen Geist klar zu halten. Ich ermahnte mich: »Du bist müde, aber nicht unwiderruflich. Du *musst* ja nichts tun. Es genügt, für alle zu beten.« Und war zufrieden.

Bessere Fragen stellen

Buddha lebte über achtzig Jahre. Die fünf Asketen, die er auf der Straße nach Benares belehrte, waren die ersten Menschen, die ihn als Lehrer akzeptierten. Sie baten ihn, »Zuflucht« zu ihm nehmen zu dürfen, das heißt eine Mönchsgemeinschaft unter seiner Leitung zu bilden. Während Buddha umherwanderte und lehrte, traten noch viele andere in diese Mönchsgemeinschaft ein. Als Frauen darum baten, ihre Zuflucht zu ihm nehmen zu dürfen, wurde ein Nonnenorden gegründet. Als sich die Kunde von der Weisheit seiner Lehre, der Friedfertigkeit seiner Lebensführung und der Tiefe seines Mitgefühls verbreitete, begannen die Leute Buddha wie einen Gott zu verehren. Einer Legende zufolge fragte ihn einmal ehrfurchtsvoll ein Mann: »Bist du ein Gott?«

»Nein«, erwiderte Buddha.

»Bist du ein anderes himmlisches Wesen?«

»Nein«, erwiderte Buddha wieder.

»Bist du ein normaler Mensch?«

»Nein«, erwiderte Buddha zum dritten Mal.

»Was bist du *dann*?«, fragte der Mann.

Buddha sagte: »Ich bin erwacht.«

Diese Geschichte erzähle ich gern bei meinen Vorträgen, um die Leute zur Achtsamkeit anzuhalten und sie an das Ziel der Übung zu erinnern. Ich sage: »Buddha hat gelehrt: Man soll so hellwach sein, dass man beim Aufwachen weiß, ob man einatmend oder ausatmend erwacht ist und ob man beim Einschlafen einatmend oder ausatmend eingeschlafen ist.« Darüber sind die Leute meist sehr erstaunt, und viele bezweifeln, dass das möglich ist. Das wären höchst unwahrscheinliche Zeitpunkte, um voll bewusst wahrzunehmen, was geschieht, sagen sie. Ich nutze die Gelegenheit, um auszuführen, dass sich die Anweisung meines Erachtens nicht bloß auf die Zeit am Morgen und am Abend bezieht, die wir im Allgemeinen mit dem Aufwachen und Einschlafen verbinden. Ich selbst habe die Erfahrung gemacht, dass ich den ganzen Tag über, während ich Routinearbeiten verrichte, »einschlafen« beziehungsweise »abschalten« kann, selbst bei der relativ komplizierten und potenziell gefährlichen Routine des Autofahrens. Oder im Gespräch mit anderen. Ich habe zwar noch nie jemandem mit meiner Fahrweise geschadet, aber ich habe schon Gefühle tief verletzt, weil ich unaufmerksam war. Ich glaube, Buddhas Anweisung lautet: »Sei immer achtsam!«

Um das Übungsziel zu veranschaulichen, greife ich die Geschichte von dem ehrfurchtsvollen Fragenden noch einmal auf und sage: »Ich wünschte, er hätte noch eine zweite Frage gestellt. Er hätte fragen können: ›Was siehst du, der du erwacht bist, was ich *nicht* sehe?‹ Und ich könnte mir vorstellen, dass Buddha geantwortet hätte: ›Ich sehe, wie viel Leiden in der Welt ist, und ich sehe, dass das Heilmittel dagegen Mitgefühl ist.‹«

Manchmal erzähle ich auch davon, wie ich einmal sehr früh morgens in einem Kleinbus saß, der mich und andere von einem Retreat-Zentrum in Santa Barbara zum Flughafen von Los Angeles bringen sollte. Alle Plätze hinten im Bus waren von schweigenden, schläfrig dreinblickenden Fahrgästen belegt, und so setzte ich mich vorn neben den Fahrer. Ich erkannte ihn wieder. Vor einer Woche war ich mit ihm im leeren Bus von Los Angeles nach Santa Barbara gefahren, und wir hatten uns die ganze Zeit unterhalten. Ich wusste, dass er Mohammed hieß, dass er vor einigen Jahren aus Bombay nach Los Angeles gekommen war, dass seine Frau, seine Mutter, zwei Schwestern und zwei Brüder noch in Indien waren und auf ihre Visa warteten, dass das Restaurant, das er mit einem Cousin zusammen in Ventura eröffnet hatte, pleite gegangen war und dass er hoffte, dass das Busfahren nur eine Zwischenlösung sei. Er lächelte, um mir zu zeigen, dass auch er mich wiedererkannte. Da es noch dunkel war, die hinteren Fahrgäste inzwischen schon schliefen und ich keinen rechten Gesprächsstoff hatte, blieb ich einfach still. Nach einer Stunde, wir hatten etwa die halbe Strecke zurückgelegt, beugte er sich zu mir und flüsterte: »Meinen Sie, es wäre in Ordnung, wenn ich am nächsten Autobahnrastplatz kurz anhalte und eine Tasse Kaffee trinke? Mir fallen allmählich die Augen zu.«

Ich sagte: »Das ist sicher in Ordnung. Soll ich bis dorthin weiterfahren?«

Er sagte: »Nein, es wird schon gehen. In fünf bis zehn Minuten müsste ein Rastplatz kommen.«

Ich beschloss, ihn in eine Unterhaltung zu ziehen, damit er wach blieb, wandte mich zu ihm, überlegte, worüber man sprechen könnte, und sagte dann: »Mohammed, ich nehme mal an, dass Sie Muslim sind. Richtig?«

Er sagte: »Ja, das stimmt.«

»Beten Sie?«, fragte ich.

»Natürlich.«

»Fünfmal am Tag?«

»Ja, natürlich.«

Ich fragte weiter: »Und was sagen Sie, wenn Sie beten?«

Er zuckte die Achseln. »Auf Englisch kann ich das nicht sagen.«

»Dann sagen Sie es nicht auf Englisch, sondern in Ihrer Sprache«, sagte ich.

Er sagte: »Na gut, ich sage ...« Und er sprach eine Zeit lang Arabisch.

»Muss sich zum Gebet eine bestimmte Anzahl von Leuten versammeln?«, fragte ich, als er verstummte.

»Nein, jede Zahl ist okay«, erwiderte er. »Man kann ganz für sich allein oder auch mit vielen anderen zusammen beten.«

»Wie lange dauert das Gebet?«

»Es kann lang sein oder kurz. Wenn man nur wenig Zeit hat, kann man kurz beten. Länger ist wahrscheinlich besser.« Er machte eine Pause, als denke er nach. Dann fuhr er fort: »Wissen Sie, eigentlich ist es egal, wie lange man betet. Manche Leute beten den ganzen Tag, aber das zählt nicht unbedingt, weil sie nicht mit dem Herzen dabei sind.«

Ich sagte: »Ach ja? Und wie stellen Sie es an, dass Sie mit dem Herzen dabei sind?«

»Das kann man nicht so einfach sagen. Man ist mit dem

Herzen dabei, wenn man weiß, in welcher Situation man gerade ist.« Er machte eine Armbewegung, mit der er die Welt draußen einschloss. »So ähnlich, als wären wir alle mitten ins Meer geworfen worden und könnten nicht schwimmen. Wir sind dem Ertrinken nahe. Die Verzweiflung packt uns alle. Das sehen wir, und schon sind wir mit dem Herzen dabei.«

In diesem Augenblick tauchte eine Raststätte vor uns auf, und ich sagte: »Mohammed, da kommt ein Wendy's. Wollen Sie rausfahren und einen Kaffee trinken?«

»Nein, jetzt bin ich hellwach«, sagte er.

»Sie finden es toll, wenn ich ein Buddha bin«: die tägliche Weisheitsübung

Ich halte oft eintägige Retreats ab. Zu Beginn fasse ich unsere Vorsätze für die gemeinsame Übung in Worte: dass wir uns als Übungsgemeinschaft begreifen, die Gelübde mehrfach wiederholen, uns, wie auf Retreats üblich, an das Schweigegebot halten und nur an Gruppengesprächen, bei denen auch Fragen gestellt werden können, teilnehmen, untereinander jedoch keine Kontakte knüpfen. Mittags, wenn jeder allein und schweigend sein mitgebrachtes Essen verzehrt (bei gutem Wetter im Freien), sage ich meist: »Hier ein kurzer Tipp, keine ausführliche Unterweisung in achtsamem Essen, sondern einfach ein Rat, der für alles gilt, was wir heute tun: Nehmt euer Mahl wie ein Buddha ein. Macht nach Möglichkeit danach einen Spaziergang. Kommt zurück, sobald ihr die Glocke hört. Am Nachmittag wollen wir gemeinsam weiterüben.«

Jeder scheint diese Anweisung zu verstehen. Niemand hat jemals gefragt: »Wie ist das gemeint? Wie soll das gehen? Wie könnte ich das? Ich bin doch kein Buddha!« Ich glaube, die Aufforderung findet einen Weg in unser Inneres, ohne vom Radar des rationalen Denkens erfasst zu werden, und spricht den Teil in uns an, der *weiß*. Wahrscheinlich würde sie keine Wirkung haben, wenn ich sagte: »Esst weise« oder: »Geht umher wie ein Weiser.« Dann wären wir alle gehemmt.

Hier nun die Übung für den Tag: Tun Sie alles, was Sie tun, wie ein Buddha. Die Leute, denen Sie begegnen, werden bestimmt angenehm von Ihnen überrascht sein. Und Sie selbst werden sich auch wohl fühlen. Sie brauchen niemandem zu sagen, was Sie machen. Vor zehn oder zwanzig Jahren, als der Buddhismus in den Vereinigten Staaten noch weitgehend unbekannt war, sagten die Teilnehmer eines Achtsamkeitsretreats oft: »Meiner Familie ist das, was ich hier mache, nicht geheuer. Der Gedanke, dass ich Buddhist bin, bereitet ihnen Sorgen, aber sie finden es toll, wenn ich ein Buddha bin.«

5
Energie

Dies ist die Art und Weise, in der wir uns üben müssen:
Befreiung des Selbst durch liebende Güte.
Wir werden liebende Güte entwickeln,
wir werden sie üben,
wir werden sie zum Weg wie auch zur Basis machen,
festen Stand darauf beziehen,
sie ansammeln
und vehement in Gang setzen.

BUDDHA

Energie

Übung von:	Führt zur Gewohnheit von:	Durch:	Und wird unterstützt durch:	Und manifestiert sich als:
Energie	Strebsamkeit	die Erkenntnis, dass keine andere Zeit exis-tiert als das Jetzt (Einsicht in die wechselseitige Verbundenheit)	Konzentration auf die gewaltige Aufgabe der Aufhebung des Leidens und Sich-Erinnern, dass Frieden möglich ist (Erste und Dritte Edle Wahrheit)	Unermüdlichkeit

Jedes Mal, wenn uns klar wird, dass das *Jetzt* die einzige Zeit ist, in der etwas geschieht, und dass *jedes* Jetzt, das ebenso schnell wieder verfliegt, wie es gekommen ist, durch eine Gewohnheit geschaffen und geprägt worden ist und bei all seiner Flüchtigkeit wiederum Gewohnheiten schafft und prägt, spüren wir eine deutliche Steigerung unserer Energie – unseres Bestrebens, *hier und jetzt zu sein.* Wir wissen, dass unsere Erfahrung eines friedvollen, glücklichen Geistes davon abhängt, entsprechend förderliche Gewohnheiten zu entwickeln. Da Gewohnheiten per Definition tief eingeprägte Muster sind und jeder Augenblick im Nu wieder verflogen ist, müssen wir jeden Augenblick bitten, uns etwas über die Entstehung des Leidens und die Aufhebung des Leidens zu lehren. Die Erkenntnis, keinen Augenblick verlieren zu dürfen, erhält unseren Energiepegel auf einem hohen Stand.

Energiemeditation

In der Hollywood-Komödie *Miss Undercover*, in der es um Schönheitswettbewerbe geht, geben alle Teilnehmerinnen bis auf eine auf die Frage: »Was wünschen Sie sich am sehnlichsten?« die gleiche Antwort: »Den Weltfrieden.« Die aus der Reihe tanzende Teilnehmerin wünscht sich etwas Persönliches zu ihrem eigenen Glück, fügt jedoch angesichts des lähmenden Schweigens im Saal hastig hinzu: »*Und* den Weltfrieden.« Wir lachen über diese Szene wie überhaupt über den ganzen Film, in dem uns die Hohlheit hinter allem Glamour vorgeführt wird und die gewaltige Energie, die dazu eingesetzt wird, einen Wettbewerb zu gewinnen, in dem Schönheit ebenso kunstvoll wie künstlich ist, ins Höchste gesteigert und dennoch zur Vergänglichkeit verurteilt. Wir sehen mit Vergnügen, dass der schöne Schein – all das Aufpolieren und Ausstaffieren, all die einstudierten Antworten, die im Grunde niemand glaubt – reines Theater sind. Vielleicht lachen wir auch über die Witze, weil sie uns ein wenig beunruhigen, wie eine gute Satire es tun sollte, und wir nervös werden. Was wünschen *wir* uns denn am sehnlichsten? Was bringt unsere Energien in Wallung? Was ist, wenn »Weltfrieden« zwar die Antwort ist, die gewinnt, wir im tiefsten Herzen jedoch wissen, dass wir uns eigentlich am sehnlichsten unseren eigenen Frieden wünschen?

Hier etwas Tröstliches und die passende Meditation dazu. Unser eigener Schmerz und unser eigener Wunsch, davon frei zu werden, sind es, die uns die Augen für das Leid der Welt öffnen. Es ist unsere ganz persönliche Erkenntnis, dass Schmerz angenommen oder sogar liebevoll umarmt werden kann, die uns in die Lage versetzt, den Schmerz um uns herum unerschrocken ins Auge zu fassen und zu spüren, wie unser Mitgefühl wach wird. Wir müssen bei uns selbst beginnen.

Lesen Sie diese Anweisung bitte möglichst langsam bis zum Ende durch, bevor Sie anfangen, damit Sie dann mit geschlossenen Augen meditieren können. Nehmen Sie sich vor, Ihre Aufmerksamkeit in den ersten zwei oder drei Meditationsminuten einzig auf das Ein- und Ausströmen Ihres Atems zu richten, sodass Ihr Atemrhythmus leicht und natürlich wird und Sie sich körperlich entspannen. Stellen Sie sich dann folgende Fragen: »Was wünsche ich mir am sehnlichsten? Was würde ich gern von ganzem Herzen anders haben wollen, als es jetzt ist? Was bereitet mir den größten Schmerz?« Vergegenwärtigen Sie sich, was in Ihrem Körper und Geist geschieht, während Sie sich diese Fragen beantworten. Sie werden sie höchstwahrscheinlich in gewohnter, vertrauter Weise beantworten. Denken Sie sich nach Möglichkeit keine Antworten aus. Versuchen Sie vielmehr, die Antworten zu *fühlen*. Vergessen Sie nicht, Ihrem Atem zu folgen, und benutzen Sie die Regelmäßigkeit Ihrer Atemzüge dazu, Ihre unmittelbare Einsicht in das Leiden zu festigen. Setzen Sie sich so bequem wie möglich hin. Atmen Sie. Ruhen Sie in sich. Bleiben Sie lange genug so sitzen, dass sich Körper und Geist wieder entspannen können.

Wenn Sie die Übung ausgeführt haben, müssten Sie eine Menge gelernt haben. Sie müssten entdeckt haben, dass es möglich ist, unmittelbar zum Kern der Wahrheit vorzustoßen, auch wenn diese unangenehm ist. Sie haben einfach im Bewusstsein dessen, was Ihnen den größten Schmerz bereitet, gesessen. Selbst wenn Sie sich ein bisschen anstrengen mussten und Ihr Geist und Körper etwas angespannt waren, konn-

ten Sie doch in dem Maße, wie Sie sich zu entspannen ver-
mochten, lernen, dass Leiden durch Widerstand entsteht und
dass es möglich ist, diesen Widerstand aufzugeben. Und da
Sie – durch Ihr Tun, nicht durch Nachdenken – erkannt haben, dass widerstandsloses Annehmen das Leiden beendet,
wissen Sie inzwischen auch, dass *jetzt* der einzige Zeitpunkt
ist, in dem sich die Leid auslösenden Gewohnheiten ablegen
lassen. Bei mir erzeugt das Bewusstsein, dass mir nur das
Jetzt und nur eine begrenzte Anzahl von Augenblicken zur
Verfügung stehen, ein Gefühl der Dringlichkeit, das mich dazu
anregt, mich noch eifriger zu bemühen. Es gibt mir neue
Energie.

Freizeit

Beim ersten der inzwischen regelmäßig stattfindenden Treffen
von Dharma-Lehrern aus dem Westen mit dem Dalai Lama,
bei denen Fragen wie zum Beispiel die Auslegung buddhistischer Texte in unserer Kultur erörtert werden, sagte einer der
Lehrer:»Ich habe ein Problem. Mittlerweile interessieren sich
so viele Menschen für den Buddhismus, dass ich unentwegt
Kurse geben muss. Ich habe überhaupt keine Freizeit mehr.«
Der Dalai Lama spricht gut Englisch, kannte aber das Wort
»time off« (Freizeit) nicht. Er beugte sich zu seinem Dolmetscher, und zwischen beiden entspann sich eine längere Diskussion, da der Übersetzer offenbar mehrmals neu ansetzen
musste, um die Bedeutung sinngemäß und verständlich zu for-
mulieren. Dann fing der Dalai Lama plötzlich an zu lachen –
ein herzhaftes, fröhliches, spitzbübisches Lachen – und wandte
sich wieder demjenigen zu, der die Frage gestellt hatte.

»Haben Bodhisattvas Freizeit?«, fragte er.

Alles lachte. Der Dalai Lama ist bekannt für sein äußerst intensives Reise- und Lehrprogramm, seinen unermüdlichen Einsatz für die Befreiung aller Menschen. Und er macht gerne einen Scherz. Ich dachte: »*Er* ruht nicht, aber sein Geist. Er hat Freizeit vom Leiden. Deshalb hat er eine solche Energie.«

Ich überlege, inwiefern der Geist neue Energie erhält, wenn man sich voll und ganz dem Leid der Welt stellt und den Entschluss fasst, es aufzuheben. Vielleicht ist es die Aufmerksamkeit, die Leidenschaftlichkeit weckt und uns erst wahrhaft lebendig werden lässt in unserem Leben, solange es währen mag. Vielleicht verlängert es sogar unser Leben.

Kalu Rimpoche, ein hoch geachteter Lehrer der Kagyü-Linie des tibetischen Buddhismus, hat 1984 in der Unitarian Church in San Francisco mehrere Hundert Leute dazu bewogen, das Bodhisattva-Gelübde abzulegen: »Das Leiden ist grenzenlos; ich gelobe, es zu beenden. Die Lebewesen sind zahllos; ich gelobe, sie alle zu retten.«

Kalu Rimpoche war damals schon über neunzig. Er war in seiner Art zugleich königlich und unkompliziert. Obwohl er nur Tibetisch sprach und einen Übersetzer benötigte, schlug er uns alle so in seinen Bann, dass das Sprachproblem kaum auffiel.

»Ihr braucht euch keine Sorgen um dieses Gelübde zu machen«, sagte er, »denn ein Gelübde, das man einem Guru gibt, gilt nur für die Lebenszeit des Gurus, und ich bin schon alt. Ich werde bald sterben, und dann ist das Gelübde aufgehoben.«

»Es macht auch nichts«, fuhr er fort, »wenn ihr euch zu einer anderen Religion bekennt. Sich des Leidens anzunehmen ist nicht bloß Buddhisten vorbehalten. Jeder will Leid beenden. Und sollte dieser Eid wie ein Widerspruch in sich klingen, auch gut. Das ist ganz in Ordnung.«

Was mir besonders gefiel, war seine beruhigende Erklärung für den Fall, dass man sein Gelübde bricht. »Keine Angst vor Fehlern. Ihr werdet bestimmt welche machen. Aber es wird euch nichts Schlimmes widerfahren. Worauf es ankommt, ist der Vorsatz, allen Wesen zu helfen, der Entschluss, die Befreiung zu erlangen.«

Ich weiß noch, wie tief mich der Eifer und die Ernsthaftigkeit aller in der Kirche Versammelten berührt hat. Die Leute standen sogar auf den Gängen und entlang der Wände. Ich erinnere mich, dass ich gedacht habe, der Buddhismus in Amerika ginge offenbar allmählich von der Subkultur auf den Mainstream über. Noch vor zehn Jahren schien jeder, den ich auf einem Retreat kennen lernte, eine Generation jünger zu sein als ich, und war hippiehafter. Die Leute in der Kirche sahen inzwischen so aus wie ich.

Kalu Rimpoche rezitierte die Bodhisattva-Gelübde. Wir saßen, erhoben uns und setzten uns wieder, wenn Leute, die sich niederwerfen wollten – das heißt, sich aus Ehrerbietung und Hingabe der Länge nach auf dem Boden ausstrecken wollten –, sich in den Bankreihen vorbeidrängten, um auf die Gänge zu gelangen und ihre Verbeugungen zu machen, bevor die nächste Rezitation anfing. Der enge Raum zwischen den Bänken und die große Zahl derer, die sich in beiden Richtungen durchzwängen mussten, war etwas problematisch. Ich hätte mir vorstellen können, dass bei einer anderen Gelegenheit, wo das Ziel der Übung nicht so klar gesteckt war, das Hin und Her und Gedränge Belustigung ausgelöst hätte. Hier jedoch herrschte ein tiefer Ernst. Trotz der Sprachbarriere und

der riesigen kulturellen Unterschiede waren wir alle miteinander verbunden im intensiven Bewusstsein des Leidens, in
dem Verlangen, es aufheben zu wollen, und in der Energie
der gemeinsamen, hingebungsvollen Entschlossenheit.

»Es ist euer Leben, verpasst es nicht!«

Bis vor kurzem hat niemand je aufbegehrt, wenn ich Buddhas
Hinweis zitiert habe: »Wir sollten üben, als ob unsere Haare
in Flammen stünden.« Ich fand dieses Bild gut zur Veran-
schaulichung des Energiepegels, der nötig ist, um sich ein
Leben lang der Herausforderung zu stellen, den Geist klar
zu erhalten, sich an das zu erinnern, was wichtig ist, und die
Fähigkeit des Herzens zur Güte zu vertiefen. Dann kam jedoch bei einem eintägigen Workshop über die Achtsamkeit
um die Mittagszeit eine junge Frau zu mir. Sie sagte: »Das
ist ein schrecklicher Vergleich. Es ist zum Verzweifeln.« Sie
wies mich darauf hin, dass Thich Nhat Hanh einmal gesagt
hat: »Das Leben ist kurz; wir sollten alle langsamer sein.«

Am Nachmittag kam ich erneut auf das Bild von den bren-
nenden Haaren zu sprechen und gab meiner Überzeugung
Ausdruck, dass es die Dringlichkeit veranschaulichen, aber
nicht verängstigen soll. Ich erzählte der Gruppe, welch ein
Ansporn es für mich gewesen sei, als einer meiner Lehrer,
nachdem er uns darauf hingewiesen hatte, wie leicht wir an
Zukunftsvisionen oder Bildern aus der Vergangenheit fest-
haften, gesagt hatte: »Es ist euer Leben. Verpasst es nicht!« Da
ich außerdem anschaulich machen wollte, was es heißt, für die
gegenwärtige Erfahrung wach zu sein, erzählte ich anschließend eine bekannte Geschichte aus der Zen-Tradition:

Ein Tiger jagte hinter einem Mönch her, der friedlich am Rand eines tiefen Abgrunds wandelte. Der Mönch rannte um sein Leben, hatte jedoch keine andere Wahl, als in den Abgrund zu springen, wenn er nicht aufgefressen werden wollte. Er sprang und bekam gerade noch eine Ranke zu fassen, die über die Steilkante hing, und da baumelte er nun, über sich den brüllenden Tiger und unter sich einen gähnenden Abgrund voller Felsblöcke. Da bemerkte er eine Maus, die an der Ranke knabberte. Gleichzeitig fiel sein Blick auf eine Erdbeerpflanze, die in einer Felsspalte direkt vor seinen Augen wuchs und eine reife Frucht trug. Er aß die Beere und sagte: »Welch wunderbare Erdbeere!«

Die dramatische Situation dieses Mönchs ist mit jedermanns Lage vergleichbar. Wir alle hängen in der Mitte zwischen dem, was bereits geschehen und nur noch Erinnerung ist, und dem, was geschehen könnte und nur in der Vorstellung existiert. Dabei ist das Jetzt der einzige Zeitpunkt, zu dem alles geschieht. Wenn wir in unserem Leben wach sind, wissen wir, was geschieht. Wenn wir schlafen, sehen wir nicht einmal, was direkt vor unserer Nase ist.

Mein Mann und ich sind ein Jahr nach unserer Hochzeit nach Kansas gezogen. Für unsere in New York und New Jersey lebenden Verwandten war Kansas unerreichbar fern. So machten wir es uns zur Gewohnheit – eine Gewohnheit, die wir über alle Umzüge und viele Jahre hinweg beibehalten haben –, unseren Neujahrswünschen stets ein neueres Foto von uns beizulegen, um unseren Verwandten das Gefühl zu geben, dass wir mit ihnen in Berührung bleiben. Unsere Familie wuchs, und auf dem Foto, das anfänglich nur uns zwei zeigte, waren schließlich drei, vier, fünf und zum Schluss sogar sechs Personen zu sehen. Danach blieb die Anzahl der fotografierten Familienmitglieder jahrelang konstant, nur dass die Kinder immer größer und wir alle immer älter wurden. Nach und nach, als unsere Söhne und Töchter selbst Lebenspartnerschaften eingingen, kamen wieder mehr Menschen hinzu. Unsere Kinder hatten selbst Kinder, und die Gruppe auf dem Foto wuchs erneut. Im Lauf der Jahre, als immer mehr Personen zum Familienkreis gehörten, wurde das Projekt »Familienfoto«, für das wir zu Anfang einfach im Sommer kurz in den Garten hinausgetreten waren, eine aufwändige Sache. Es erforderte eine Menge Vorausplanung, um alle zum gleichen Termin zu versammeln.

Vor einigen Jahren schafften wir den Fototermin gerade noch rechtzeitig für die Aussendung der Grußkarten. Gleich früh am nächsten Morgen brachte ich den Film zum Fotoladen, ging, während der Film entwickelt und erste Abzüge gemacht wurden, eine Stunde lang auf eine Radtour und fuhr dann zum Laden zurück, um das beste Bild auszuwählen und weitere Kopien zu bestellen.

Die Fotos waren großartig. Auf etlichen lächelten wir fast alle. Ich suchte das Foto aus, das ich für das Beste hielt.

»Wie viele Abzüge brauchen Sie denn?«, fragte mich die Verkäuferin.

Da erst wurde mir bewusst, dass ich *gar keine* brauchte. Alle, denen wir bisher Fotogrüße geschickt hatten – Eltern, Onkel und Tanten – waren inzwischen verstorben. Ich war aufrichtig erstaunt, und es war mir ein bisschen peinlich. Ich hatte der Verkäuferin zuvor erklärt, dass ich die Abzüge umgehend brauchte, um meine Grußkarten rechtzeitig losschicken zu können.

Ich überlegte, wem sonst ich eine Karte schicken konnte. Ich habe zwei Vettern, und mein Mann hat ebenfalls ein paar

Vettern und Cousinen. Bei unseren Freunden gehen die Meinungen auseinander, ob man die Sitte unserer Kultur, aus religiösen Feiertagen kommerziellen Profit zu schlagen, überhaupt unterstützen sollte, und sie verschicken deshalb meist gar keine Karten. An die angeheiratete Verwandtschaft unserer Kinder? Das könnte eine gute Idee sein. Die würden sich vielleicht über Bilder von der ganzen Familie freuen.

Erst jetzt ging mir auf, dass ich die ganze Zeit versuchte, einer Situation, die gar nicht mehr existierte, noch etwas abzugewinnen. Dabei war das Ganze eigentlich aufreibend, denn es bedurfte jedes Jahr größerer Anstrengungen, um alle Familienmitglieder zu einem fröhlichen Fototermin zusammenzutrommeln.

»Ich brauche eigentlich gar keine weiteren Abzüge mehr«, sagte ich mit Blick auf die stattliche Anzahl von Familienfotos vor mir auf der Ladentheke. »Diese reichen. Damit habe ich genug für alle.«

Ich ging über den Parkplatz zu meinem Wagen und war bestürzt über den Wirbel, den ich in meinem Enthusiasmus, ein Projekt weiterzuverfolgen, für das kein Grund mehr vorlag, verursacht hatte. Ich dachte: »Wieso habe ich nicht schon eher bemerkt, dass die Liste der Empfänger auf null geschrumpft ist? Die Leute sind ja nicht alle letztes Jahr erst gestorben.« Eine Stunde zuvor, als ich meine Radtour machte, war ich noch voller Energie und Lebenslust gewesen, und jetzt fühlte ich mich plötzlich alt. Ich war so traurig, dass ich mir einzureden begann, wie müde ich von meiner vielen Arbeit sei, bis mir bewusst wurde: »Nein, das bin ich gar nicht. Es stimmt nicht. Ich bin nicht müde. Es irritiert mich nur, dass so vieles in meinem Leben geschehen ist, dass all meine alten Verwandten gestorben sind und dass ich, wenn alles normal läuft, in dieser Familie wahrscheinlich die Nächste bin, die sterben wird. Aber jetzt noch nicht. Noch lebe ich.« Ich musste lachen, als ich merkte, dass ich beinahe meiner eigenen Bestürzung und Verbitterung, die beide dem Geist Energie entziehen, auf den Leim gegangen wäre und meine Chance verpasst hätte. Ich machte kehrt, ging in das Fotogeschäft zurück und wandte mich an die gleiche Verkäuferin.

»Ich komme wieder her«, sagte ich, »weil ich von dem Bild, das mir am besten gefällt, nun doch eine Vergrößerung im Format 18 mal 24 haben will.«

Während sie die Bestellung aufschrieb, blickte sie kurz hoch und sagte: »Also 18 mal 24?«

Ich erwiderte: »Nein, ich hab's mir anders überlegt. 24 mal 30.«

Sie lächelte. »Bestimmt?«

Ich sagte: »Ja. Es ist ein sehr schönes Foto.«

Die bestmögliche Inkarnation

In der Welt, in die Buddha hineingeboren wurde, gab es eine Kosmologie, die eine Hierarchie von verschiedenen Inkarnationsstufen beinhaltete und dem allgemeinen Glauben an einen Kreislauf der Wiedergeburten Rechnung trug. Nach dieser Vorstellung befindet sich die Ebene der Menschen in der Mitte unter den Engeln und Gottheiten und über den Tieren und »all jenen in den jammervollen Welten«. Buddha lehrte, dass die Wahrscheinlichkeit, als Mensch geboren zu werden, ebenso gering sei wie die, dass eine Riesenschildkröte, die in einem Weltalter nur ein einziges Mal aus dem

Meer aufzutauchen pflegt, dabei den Kopf durch den einzigen Ring streckt (ich stelle mir darunter immer einen Rettungsring vor), der auf den Ozeanen der Erde treibt. So selten kommt es vor. Er hat ferner gesagt, dass ein Menschenleben – einschließlich der Fähigkeit, sowohl Glück als auch Leid zu empfinden – die kostbarste aller Lebensformen ist. Die Wahrheit von der Entstehung des Leidens und die Möglichkeit der Aufhebung des Leidens zu erkennen motiviert uns dazu, so Buddha, einander trotz aller Schwierigkeiten im Leben verbunden zu bleiben und die Herzensgüte zu vervollkommnen. Die Einsicht, welche Seltenheit ein Menschenleben hat und wie schnell es vorbei ist, weckt die Energie, jeden Augenblick davon gut zu nutzen.

Vor nicht allzu langer Zeit fing ich auf dem Flughafen von Newburgh, New York, ein Gespräch mit einer Frau an, indem ich sagte: »Wollen Sie jemanden besuchen oder sind Sie auf der Heimreise?« Ich selbst wartete auf meinen Flug nach Chicago. Die Frau war aus Chicago gekommen und wartete auf ihren Anschlussflug nach West Virginia. Der junge Mann, der sie begleitete, hatte ihr auf den Sitz neben mir geholfen und gesagt: »Bleib hier, Grandma, ich hol dir schnell eine Pepsi.« Von da an hatte sie einfach nur dagesessen, ohne zu lesen, ohne umherzuschauen, ohne in ihrer Handtasche herumzuwühlen. Sie hatte nichts von alledem getan, was Menschen in Abflughallen sonst tun.

»Ich bin auf dem Weg nach Hause«, antwortete sie, »und es ist erst das zweite Mal, dass ich fliege. Der Flug vorgestern hierher war das erste Mal.« Sie hatte mir das Gesicht halb zugewandt und sprach leise, schien jedoch froh zu sein, mit jemandem reden zu können – offenbar war sie eher scheu als nervös.

»Und warum haben Sie diese Reise unternommen?«, fragte ich sie.

»;Meine Enkelin hat geheiratet, da musste ich wohl hin.« Wir unterhielten uns eine Weile über die Hochzeit. Ich fragte nach der Kirche, dem Gottesdienst, dem Pfarrer, dem Braut-kleid und der Hochzeitstorte, und jedes Mal lächelte sie, das Gesicht immer noch halb von mir abgewandt, und erzählte es mir in allen Einzelheiten, woran ich merkte, dass ihr das Ge-spräch Freude bereitete.

Dann fragte ich: »Ist diese Enkelin das Kind Ihres Sohnes oder Ihrer Tochter?«

»Das Kind meiner Tochter«, sagte sie leise, immer noch etwas von mir weggewandt, jedoch ohne zu lächeln. »Meine Tochter ist aber vor zehn Jahren gestorben. An Magenkrebs.«

Ich wartete einen Augenblick, dann holte ich tief Luft und fragte: »War das das Schlimmste, was Ihnen je widerfahren ist?«

Sie dachte eine Weile nach und sagte schließlich: »Nein. Ich glaube, der Tod meines ersten Mannes war das Schlimmste, was mir je passiert ist.«

Ich schwieg erneut und fragte mich, was sie als Nächstes er-zählen würde, ein bisschen betreten, weniger wegen des Leids, das sie in ihrem Leben schon erfahren hatte, sondern weil sie die Schwere ihres Leids so abgeklärt einzustufen vermochte. Das Gespräch floss dann weiter, wie von allein. Ihr zweiter Mann war ebenfalls gestorben. Ihr erstes Kind, ein Sohn, war eine Totgeburt. Ein zweiter Sohn war nach dem Vietnam-krieg gestorben, es hätte wohl etwas mit Agent Orange zu tun gehabt. Eine Tochter lebte noch. Sie hatte drei Enkelkin-der in West Virginia. Sie sprach mit gedämpfter Stimme, aber sehr aufrichtig. Dass sie laut Erinnerungen an die schwersten

Schicksalsschläge ihres Lebens Revue passieren ließ, fünf Minuten lang, vor einer Fremden, und das in aller Selbstverständlichkeit, war bemerkenswert.

Ich fragte: »Sind Sie religiös?«

Sie blickte auf, wandte mir zum ersten Mal ihr Gesicht ganz zu und lächelte. »So gut es geht«, sagte sie.

»Gibt Ihre Kirche Ihnen Halt?«, fragte ich.

»Ja. Aber wissen Sie was? Ich habe sehr gute Nachbarn. Ich rede immer mit meinen Nachbarn.«

Der Enkel kehrte zurück, entschuldigte sich, dass die Schlange am Kiosk so lang gewesen sei, und sagte ihr, dass sie jetzt an Bord ihres Flugzeugs gehen könnte. Ich sah ihnen nach, als sie gingen, und dachte angesichts des ständigen Kommens und Gehens in der Wartehalle darüber nach, wie heroisch die Menschen doch sind, jeder mitten in seinem Leben voller Freud und Leid, alle bemüht, klarzukommen, so gut es geht. Ich dachte daran, wie gut Menschen sein können und wie freundlich es war, dass eine völlig Fremde, die kurz neben mir gesessen hatte, mir ihre Lebensgeschichte erzählte, um danach einfach aufzustehen und sich wieder auf den Weg zu machen – für mich eine Lehre, dass wir genügend Energie und auch das Herz dazu haben, die ganze Reise durchzustehen.

»Du kannst den heutigen Tag nicht wiederholen«: die tägliche Energieübung

Der einzige Tadel, den ich je von meiner Mutter zu hören bekam, hat sich mir tief eingeprägt. Ich war damals 14 Jahre alt. An jenem Tag war ich, aus welchen Gründen auch immer

– wahrscheinlich aus hormonellen, wie ich mir gern einrede –
schlecht gelaunt und ließ meine Familie auf mancherlei Art
wissen, dass ich unglücklich war, etwa, indem ich die Türen
hinter mir zuknallte, wenn ich durchs Haus ging. Ich weiß
noch ganz genau, welche Tür ich gerade zugeschlagen hatte,
als meine Mutter von ihrer Arbeit aufblickte und sagte: »Weißt
du, Sylvia, du kannst den heutigen Tag nicht wiederholen.«
Pffff!, war die Luft raus, und mir war plötzlich nicht mehr zum
Türenknallen. Ich weiß, dass ich vor allem eins empfand: Ver-
blüffung. Nicht wegen des Tadels, der ja sehr milde ausge-
fallen war. Die mir völlig neue Botschaft verblüffte mich. Tatsächlich konnte nur dieser Tag dieser Tag sein.

Dreißig Jahre später erteilte mir mein Lehrer Joseph Goldstein während eines Retreat-Gesprächs, bei dem ich ihm
über meine spirituelle Praxis Bericht erstattete, den einzigen
»Tadel« in unserer langjährigen Beziehung. (Ich weiß nicht
mehr, was ich gemacht hatte. Wahrscheinlich hatte ich mich
philosophischen Betrachtungen oder Spekulationen hinge-
geben.) Joseph sagte: »Mach das nicht, Sylvia. Du hast angestrengt geübt. Deine Aufmerksamkeit ist gut. Benutze sie
dazu, *noch* aufmerksamer zu werden. Du hast eine Menge
Energie. Verschwende sie nicht!«

Die Dringlichkeit der Aufgabe – es ist schmerzhaft, zu leiden, und die Zeit reicht kaum, um die Gewohnheiten eines Lebens oder gar mehrerer Leben abzulegen – ist ein zwingender
Grund, unablässig achtsam zu sein und sich nicht vom Geist
zum Tagträumen verführen zu lassen. Hier ein paar Fragen,
die Sie sich tagsüber im Bus, bei der Arbeit oder zu Hause,
während sie aus dem Fenster schauen, einmal stellen sollten:
»Was geht dort vor, das ich nicht sehe?«, »Was entgeht mir?«,
»Was *könnte* ich sehen, damit mir das Herz aufgeht und leicht

wird?« Sie könnten sie als Kontemplationsübung betrachten, bei der Sie mit der Erwartung, etwas Neues zu lernen, über den gegenwärtigen Augenblick nachsinnen. Die Erwartungshaltung schärft die Aufmerksamkeit.

6

Geduld

Buddha wurde einmal in einer früheren Inkarnation als Wasserbüffel arg von einem boshaften Affen geplagt, blieb aber unerschütterlich in seiner Geduld. Ein Waldkobold schalt ihn deswegen und drängte ihn, dem Affen mit seiner beträchtlichen Stärke einen Schrecken einzujagen. Der Wasserbüffel, dem das widerstrebte, sagte: »Es würde mir nur selbst das Herz schwer machen.« Er erklärte dem Kobold, dass ein Wesen mit einem hitzigeren Temperament, das auf die Neckereien verärgert reagiert hätte, den Affen unter Umständen verletzt hätte. Und er sagte, dass der Affe vielleicht keinen Freund hätte.

Der Affe hatte die besorgten Äußerungen des Wasserbüffels mit angehört; er kam aus seinem Versteck in den Baumwipfeln hervor und dankte dem Büffel für seine Freundschaft.

Affe und Waldkobold gelobten beide, sich fortan an die Zauberformel der Geduld zu halten.

JATAKA-LEGENDE

Geduld

Übung von:	Führt zur Gewohnheit von:	Durch:	Und wird unterstützt durch:	Und manifestiert sich als:
Geduld	Demut	die Erkenntnis, dass alles der Veränderung unterworfen ist und dass es nicht anders sein kann (Einsicht in Vergänglichkeit und Karma)	die Kultivierung von Seelenruhe durch Übung der rechten Sammlung, des Aspektes geistiger Stetigkeit auf dem Achtfachen Pfad (Vierte Edle Wahrheit)	Toleranz

Geduld wird normalerweise in Reaktion auf eine Stresssituation geübt. Sie wird geschult, wenn man sich mitten in einem Spannungsfeld zu Hause fühlen und entspannt abwarten kann, bis der Stress abgeklungen ist. Geduld bleibt so lange erhalten, wie sich der Geist erinnert, dass alles einmal ein Ende nimmt (»dieser Ärger wird irgendwann vorüber sein«), wenn die auslösende Ursache aufgehoben ist (»es liegt nicht in meiner Macht«). Rechte Sammlung erhält den Geist ruhig und den Körper entspannt, sodass sich die Geduld nicht erschöpfen kann.

Geduldsmeditation

In einem Cartoon, der im *New Yorker* erschien, sitzen Männer in der Robe von Zen-Mönchen in klassischer Meditationshaltung mit gekreuzten Beinen in einer Reihe, jeder bis auf einen aufrecht und mit halb geschlossenen Augen, die

Hände im Schoß verschränkt. Der eine hingegen sitzt leicht vornübergebeugt und spricht hinter vorgehaltener Hand verschwörerisch in sein Handy. Er sagt: »Nichts hier scheint mir auch nur im Geringsten gut zu tun.«

Ich glaube, es ist das Handy, durch das der Cartoon witzig ist. Wir lachen, weil wir die Ungeduld des Mannes nachempfinden können. Wenn die gleiche Aussage in einer Sprechblase über seinem Kopf schwebte, wäre sie ein gutes Beispiel für die legitime Frage: »Was nützt Meditation eigentlich?« Dass der Meditierende mitten in einem Meditationssesshin öffentlich statt in privater Abgeschiedenheit telefoniert, zeigt, dass die Situation ihn sehr beunruhigt, dass er nicht abwarten kann und dabei sogar den nötigen Anstand vermissen lässt.

Wenn Sie jetzt diese Zeilen lesen und schon ahnen, dass ich sagen werde: »Bitte legen Sie das Buch weg und schließen Sie die Augen«, wird Ihnen womöglich auch gleich der Gedanke durch den Kopf schießen: »Wozu soll es gut sein, fünf oder auch zehn Minuten die Augen zu schließen und nichts zu tun?« Hier ein Tipp: Denken Sie nicht, dass Sie in der Meditation *nichts* tun. Betrachten Sie das Meditieren lieber als Schulung, im Augenblick zu verweilen und sich in Geduld zu üben. Betrachten Sie es als eine Zeitspanne, in der Sie entdecken können, dass jeder neue Erfahrungsmoment einen Bezug zum vorherigen hat, dass er durch ihn bedingt und trotzdem anders ist. Fassen Sie es als Gelegenheit auf, die Zweite Edle Wahrheit zu überprüfen: »Etwas anderes zu ersehnen als das, was gerade geschieht, verursacht Leiden.« Sehen Sie darin einen Beweis für die Dritte Edle Wahrheit: »Es besteht die Möglichkeit, jetzt, in diesem Augenblick, Frieden zu finden, wie immer die Umstände auch sein mögen.« Betrachten Sie es

als Lektion darin, wie sich Erfahrungen ganz von selbst entfalten, wenn alles, was vorher geschehen musste, geschehen ist.
Ihr hundertster Atemzug jetzt kann nur geschehen, wenn Sie
bereits 99 Atemzüge gemacht haben. Die fünfte Minute bricht
erst nach Ablauf der vierten an. Aber Atemzüge und Zeit werden nach gegebener Frist abgelaufen sein, ebenso wie unser
Leben. Wir können den Entschluss fassen, uns nicht zu beeilen, keinen Augenblick zu überspringen, unser Leben nicht zu
verpassen. Wir können verweilen.

Bitte schließen Sie jetzt die Augen und vergegenwärtigen
Sie sich voll Freude jeden Atemzug als Leben spendendes
Geschenk dieses Augenblicks. Sitzen Sie fünf Minuten still.
Vielleicht sogar zehn.

Warte, denk noch einmal nach

1993 hielt der Dalai Lama im Sheraton Hotel in Tucson, Ari-
zona, ein einwöchiges Seminar zum Thema »Geduld« ab. Der
Text, auf den er sich die ganze Woche lang bezog, war »Geduld«, das sechste Kapitel aus dem *Eintritt in das Leben
zur Erleuchtung*, einem Werk des buddhistischen Kommen-
tators Shantideva aus dem 7. oder 8. Jahrhundert. Es besteht
aus 134 Strophen. Der Dalai Lama las die Strophen eine nach
der anderen auf Tibetisch vor und kommentierte sie dann auf
Tibetisch. Ein Dolmetscher übersetzte alles ins Englische.
Der ganze Saal übte sich unentwegt in Geduld.

1200 Teilnehmer hatten sich im Voraus für das Seminar angemeldet, das Sheraton war voll. Die hohen Sicherheitsvorkehrungen, die bei einem Besuch des Dalai Lama als Staats-
oberhaupt notwendigerweise getroffen werden, machten es

erforderlich, dass jeder ein Ausweisschildchen mit Foto trug und vor jeder Sitzung Schlange stehen musste, bis er an den Türwächtern vorbei in den Saal gehen konnte. Da jeder einen festen Sitzplatz hatte, dauerte es immer lange, bis alle den ihnen zugewiesenen Platz gefunden hatten. Niemand murrte über die Organisation. Die Vorträge, einer am Vormittag und einer am Nachmittag, dauerten jeweils zwei Stunden. Sobald der Dalai Lama anwesend war, durfte niemand, der den Saal verließ, ihn danach wieder betreten. Ich habe nie jemanden hinausgehen sehen. Niemand sprach. Es war wie ein gigantisches Retreat. Alle schienen jedes Wort in sich aufzusaugen, selbst die langen Abhandlungen auf Tibetisch.

In Kapitel 6 des Textes von Shantideva wird eine Reihe von Situationen beschrieben, in denen der Geist ungeduldig wird, sich ärgert über das, was geschieht, und geneigt ist, Widerstand zu leisten. Auf jede hypothetische Frage – »Was wäre, wenn das und das geschähe?« –, folgen Anweisungen, wie die betreffende Situation neu interpretiert werden kann, sodass das, was eben noch als Angriff oder Bedrohung empfunden wurde, zum Anlass wird, Weisheit zu kultivieren, sich in Geduld zu üben und Gleichmut zu bewahren. Es ist erstaunlich. Zum Katalog der Fragen »Was wäre, wenn ….?« gehören auch die folgenden: »Was wäre, wenn jemand dich mit einer Waffe bedroht?«, »Was wäre, wenn jemand dir Übles nachredet, wenn er Unwahrheiten verbreitet, die möglicherweise deinen Ruf schädigen?« oder: »Was wäre, wenn du für einen Verwandten sorgen müsstest, der viele Bedürfnisse hat und eigentlich selbst für seinen Lebensunterhalt sorgen könnte?« Die Frage der Rufschädigung ist meine Lieblingsfrage. Dabei kann ich förmlich hören, wie ich im Geiste protestiere: »Aber das stimmt doch gar nicht! Aber… Aber…«

Ich werde drei Situationen auswählen, um Shantidevas Anweisungen, Gleichmut zu bewahren oder sich sogar wohlwollend zu verhalten und Geduld zu üben, zu veranschaulichen. Die Worte: »Warten Sie. Denken Sie noch einmal nach« habe ich selbst zu Shantidevas Text hinzugefügt.

Was wäre, wenn jemand Sie mit der Waffe bedroht? Warten Sie. Denken Sie noch einmal nach. Wahrscheinlich sind Sie wütend. Das ist ganz normal. Aber war es nicht der Knüppel, der Ihnen wehgetan hat, als er Sie traf? Können Sie denn auf einen Knüppel wütend sein? Natürlich nicht. Sollten Sie auf den Knüppelschläger wütend sein? Wäre es nicht vernünftiger, auf den Hass im Geist des Knüppelschlägers wütend zu sein? Bei genauerem Nachdenken wünschen Sie sich doch im Grunde am sehnlichsten, dass der Hass in der Welt enden möge. Warum wollen Sie ihn dann noch vermehren, indem Sie Ihrer Wut Nahrung geben? Sie wird am Ende ganz von selbst verfliegen, wenn Sie sie in Ruhe lassen, vor allem, wenn Sie ihr mit Mitgefühl begegnen.

Was wäre, wenn Sie für einen Verwandten sorgen müssten, der eigentlich selbst für seinen Lebensunterhalt sorgen kann? Sie könnten denken, sagt Shantideva, dass Sie zu Unrecht ausgebeutet werden, und wütend sein. Aber warten Sie. Denken Sie noch einmal nach. Ist nicht Ihr sehnlichster Wunsch das Erwachen aller Lebewesen? Wenn Sie allen Wesen wirklich von Herzen diese ungeheure Gnade wünschen, werden Sie ihnen bestimmt die viel geringere Gefälligkeit nicht versagen, für ihre täglichen Bedürfnisse sorgen zu dürfen. Und überhaupt, wollen Sie wirklich solche neidischen Gedanken hegen wie: »Für sie wird alles getan, während ich so schwer arbeiten muss«? Glauben Sie, dass das Ihrem eigenen Erwachen zuträglich ist?

Jetzt kommt meine Lieblingsfrage. Was wäre, wenn Ihnen jemand etwas Übles nachredet? Dann sind Sie bestimmt empört. Aber warten Sie. Denken Sie noch einmal nach. Ist Ihnen bei Ihrer Empörung wohl? Nein. Trübt sie Ihnen den Geist? Ja. Und was wäre, wenn das, was die betreffende Person über Sie gesagt hat, wahr wäre? Könnten Sie dann nicht etwas Wichtiges über sich selbst lernen, etwas, von dem Sie froh sein könnten, es zu erfahren, um es dann ändern zu können? Wäre die betreffende Person nicht letztlich Ihr Wohltäter? Und einmal angenommen, das, was der oder die Betreffende gesagt hat, wäre nicht wahr. Wenn es nicht wahr wäre, könnten Sie es doch einfach auf sich beruhen lassen. Es sind ja nur Worte.

Wunderbar, nicht wahr? Es macht so viel Sinn. Halt. Warte mal. Denk noch einmal nach. Es muss doch irgendeine Möglichkeit geben, nicht noch mehr Zwietracht in der Welt zu säen, den Herzensfrieden nicht zu stören!

Eine ganze Woche lang las der Dalai Lama in Tucson die Verse Shantidevas vor und kommentierte sie, während wir lauschten. Am letzten Tag, als er bei der letzten Strophe angekommen war, beugte er sich auf einmal vor und nahm den Kopf in beide Hände. Niemand rührte sich. Es war vollkommen still. Mir kam auf einmal der alarmierende Gedanke: »Vielleicht ist ihm nicht gut!« Nach langen Minuten, in denen wir alle still sitzen blieben, hob der Dalai Lama den Kopf wieder. Er weinte. Offenbar hatte ihn die gewaltige Kraft der Anweisung überwältigt, sich um ein friedvolles Herz voller Güte zu bemühen. Der Text selbst ist nicht auf einen Höhepunkt hin angelegt. Er ist vielmehr ein einziger langer Aufruf zur Geduld. Der letzte Vers ist der gleiche wie der erste. Lass dich nicht zur Ungeduld hinreißen. Das ist nicht gut für dich. Es hilft niemandem.

Bestimmt hatte der Dalai Lama Shantidevas Text über die Geduld nicht zum ersten Mal gelesen. Sicher hatte er diese Worte – »Lass dich nicht zur Ungeduld hinreißen« – schon viele, viele Male gelesen. Die Lehre hatte offensichtlich nichts von ihrer Kraft verloren. Mir selbst teilte sich die Kraft der Botschaft durch die gesammelte, geduldige Aufmerksamkeit der 1200 Menschen im Saal mit, vor allem jedoch durch den Vortrag des Dalai Lama und ganz besonders durch seine Tränen.

Noch einmal lange nachdenken

Einmal habe ich zehn Jahre lang gegrollt. Ein Bekannter, ein Kollege, hatte mir als »Feedback« einen Brief geschrieben, in dem er eine Entscheidung von mir kritisierte. Ich hatte ihn nicht um seine Meinung gebeten. Ich empfand den Brief als Affront. Ich war außer mir. Da ich von Natur aus eher sanftmütig bin, gerate ich kaum jemals in Wut, und so traf mich dieses Gefühl mit doppelter Wucht. Ich war wütend, derart verleumdet zu werden, auch wenn es in einem persönlichen Brief geschah. Und ich war wütend, weil ich mich tief getroffen fühlte. Ich versuchte, nicht weiter an die Beleidigung zu denken, aber sie lag mir im Sinn. Ich schaute mir den Brief kein zweites Mal an, und doch behielt ich jedes Wort. Immer, wenn er mir wieder einfiel, dachte ich: »Wie konnte er nur so etwas über mich sagen?«

Ich erzählte niemandem von dem Brief, und mit der Zeit verebbte mein Groll. Er befiel mich jedoch immer dann wieder, wenn ich wusste, dass ich diesem Kollegen auf einer Konferenz oder am Rednerpult unweigerlich begegnen würde.

Dann dachte ich: »Wie konnte er nur so etwas über mich sagen?« und ärgerte mich von neuem.

Ich erinnere mich, dass ich es einmal einer guten Freundin erzählte. Wir hatten uns über die buddhistische Übung der Herzensgüte unterhalten, über das universelle Wirken zum Wohle aller Wesen, und dabei besonders über die vier Kategorien gesprochen, in die wir unsere Bekannten einzuteilen pflegten – in Menschen, die uns besonders lieb sind, gute Freunde, neutrale Leute und Feinde. Wir stellten uns diese Kategorien als konzentrische Kreise vor, in deren Mittelpunkt wir selbst standen. »Feinde«, also Menschen, auf die wir wütend waren, teilten wir dem Kreis zu, der am weitesten von unserem Herzen entfernt war. Wir sprachen auch von unserer Hoffnung, dass einmal alle Kreise verschwinden würden und uns jeder Mensch gleichermaßen ans Herz wachsen würde.

»Hast du Feinde?«, fragte mich meine Freundin. »Jemanden, der keinen Platz in deinem Herzen hat?«

»Nur einen«, erwiderte ich und erzählte ihr von dem Brief. Ich weiß noch, dass ich bemerkte: »Es ist nicht zu glauben, dass er das über mich gesagt hat.«

»Wenn nur der eine Name auf der Liste deiner Feinde steht«, sagte meine Freundin, »wäre es dir dann nicht lieber, dass er daraus verschwindet?«

»Natürlich wär mir das lieber«, sagte ich. »Zumindest glaube ich es. Mir ist es jetzt sogar ein bisschen peinlich, dass ich dir davon erzählt habe. Es kommt mir so albern vor. Es war ja nur ein Brief. Und es ist ewig lange her. Aber noch hat es mich nicht losgelassen. Ich bin immer noch aufgebracht, wenn ich daran denke. Es schmerzt mich. Vielleicht kann ich eines Tages ...«

Eines Abends fuhr ich zu einer Tagung, auf der ich zu den

Vortragenden gehörte. Ich war entspannt und unbeschwert und freute mich auf das Ereignis, bis mir einfiel, dass auch mein »Feind« auf dem Programm stand. Gleich dachte ich wieder: »Wie hat er nur so etwas über mich sagen können?« Und dann dachte ich: »Weil es *stimmt!*«

Auf der Tagung grüßten wir uns. Das hatten wir inzwischen schon viele Male gemacht. Schließlich sind wir beide gut erzogen. Bei einer Gelegenheit sagte ich dann: »Ich freue mich wirklich, dich wiederzusehen.«

Er sagte: »Ganz meinerseits.«

Als die Veranstaltung beendet war, sagte er: »Wollen wir nicht mal mittags zusammen essen gehen?«

»Ja, gern«, sagte ich.

Danach trafen wir uns ein paar Monate lang einmal alle vier Wochen zum Mittagessen. Wir unterhielten uns über die spirituelle Praxis. Nach jedem Essen sagten wir: »Wie schön, dass wir uns auf diese Weise treffen«, aber keiner von uns brachte die zehnjährige Unterbrechung unserer Freundschaft zur Sprache. Schließlich fasste ich mir ein Herz.

»Ich will dir endlich mal erzählen, was dein Brief bei mir angerichtet hat«, sagte ich und erzählte ihm die ganze Geschichte, wie ich sie hier wiedergegeben habe, und zum Schluss sagte ich: »Als ich dich an jenem Abend so herzlich begrüßt habe, fühlte ich mich wunderbar, denn es war eine Riesenerleichterung, mich nicht mehr vor mir selbst verstecken zu müssen. Als ich mich damals gefragt hatte: ›Wie hat er nur so etwas über mich sagen können?‹, war mir klar geworden, dass es der Wahrheit entsprach.«

Daraufhin sagte er: »Nein, das tat es nicht.«

Und er erzählte mir nun seine Version, besonders, wie peinlich es ihm gewesen sei, mir so impulsiv geschrieben zu haben.

Er erzählte mir Begebenheiten aus seinem Leben, die erklärten, warum diese impulsive Handlung ihm so Leid getan hatte. Wir konnten beide einer des anderen Schmerz nachempfinden.

»Du hattest trotzdem Recht mit dem, was du über mich gesagt hast«, sagte ich. »Die Entscheidung, die du kritisiert hast, war falsch. Ich habe diese Tatsache jedoch kaschiert, damit ich sie mir nicht eingestehen musste, sie nicht zugeben und mich nicht mit ihr auseinander setzen musste. Dein Brief hat mich in die Lage versetzt, zehn Jahre lang nicht daran zu rühren. Ich konnte mich einfach über deine rüden Worte aufregen und über meine eigene Rolle dabei hinwegsehen. Mir ist schon vor Jahren bewusst geworden, dass meine damalige Entscheidung falsch war, und ich habe sie längst revidiert. Ich glaube, ich habe nicht wahr haben wollen, dass ich mich die ganze Zeit über geschämt habe und auf mich selbst wütend war, nicht auf dich. Es tut mir Leid, dass ich so lange gewartet habe. Danke, dass du gewartet hast.«

»Gleichfalls«, sagte er. »Danke fürs Warten.«

Das ist nun schon einige Jahre her, und unsere Freundschaft blüht weiterhin. Ab und zu erzähle ich die Geschichte sogar, während er im Publikum sitzt. Niemand weiß, wer sich hinter dem »er« – manchmal mache ich auch eine »sie« daraus – verbirgt, denn ich bin darauf bedacht, seine Privatsphäre zu schützen. Manchmal werde ich gefragt: »Wieso habt ihr denn beide so lange gewartet?« Oder auch: »Könnt ihr nicht beide viel besser kommunizieren als andere?« Oder: »Tun euch die zehn Jahre nicht Leid?« Dann erwidere ich: »Sich zu grämen über eine Zeit, die längst vergangen ist, bedeutet zusätzliches Leid. Jetzt bin ich glücklich.« Oder: »Wir können besser miteinander kommunizieren, als die Geschichte vermuten lässt.

Schon damals. Wir haben es bloß nicht realisiert. Wir waren beide zu sehr mit unserem jeweiligen Schmerz beschäftigt.« Oder: »Wir sind geduldige Menschen. Es hat einfach so lange gedauert, bis unser Geist wieder klar war.«

Ich weiß nicht, warum alles an dem betreffenden Tag anders wurde. Wenn ich mit der Grollgeschichte erklären wollte, wie die Wechselbeziehung von Ursache und Wirkung sich als Karma niederschlägt, könnte ich sagen: »Die für eine Veränderung notwendigen Bedingungen waren endlich erfüllt.« In unserem Fall war die Vorbedingung, wie ich glaube, die Geduld, die sehr lange Geduld, die ich brauchte, um nachzuforschen, was mich *wirklich* wütend machte.

Diskreter Mut

Meine Freundin Mary bezeichnet Geduld als »diskreten Mut«. Geduld wird meist nur wahrgenommen, wenn sie fehlt. Sie hat nichts Heroisches wie etwa der freiwillige Einsatz in Gefahrensituationen, obwohl in beiden Fällen das Gefühl vorherrscht, dass »etwas geschehen muss«. Sie ist auch nicht unbedingt mit der Treuherzigkeit zu vergleichen, die der Bilderbuch-Elefant Horton von Dr. Seuss an den Tag legt, der »meint, was er sagt, und sagt, was er meint«, der hundertprozentig loyal ist und auf einem Nest sitzt, um für einen nichtswürdigen Vogel ein Ei auszubrüten. Horton, der auch bei Hagelstürmen sitzen bleibt, wirkt auf mich eher leidgeprüft als geduldig. Er knirscht mit den Zähnen. Geduld zeigt sich dagegen als stille Anpassung an unangenehme Umstände, Augenblick für Augenblick, in der Erkenntnis, dass es anders nicht geht. Sie zeigt sich als Weisheit.

Geduld ist von der Einsicht abhängig, dass alles in ständiger Veränderung begriffen ist und dass sich das gegenwärtige, unausweichliche Problem von selbst auflösen wird. Kinder, die eine lange Autoreise mitmachen, fragen oft: »Sind wir schon da?«, obwohl sie wissen, dass das Ziel noch fern ist, und wenig später schon wieder: »Wie lange noch?«, obwohl das nicht viel nützt. Denn wenn die Antwort auf die erste Frage lautete: »Nein, noch fünfzig Minuten« und bis zur zweiten Frage erst fünf Minuten vergangen sind, ist die Fahrt nach wie vor sehr lang. Ich glaube, beruhigend ist hier die Feststellung, dass überhaupt Zeit vergeht.

In jedem Alter ist die Fähigkeit, geduldig zu warten, davon abhängig, wie begehrt das ist, worauf wir warten, und wie lange wir die Unbequemlichkeit des Wartens in Kauf nehmen wollen. Mir für mein Teil fällt es schwerer, Geduld für eine halbe Stunde Wartezeit in der Kfz-Zulassungsstelle aufzubringen als für das gesamte letzte Vierteljahr einer Schwangerschaft. Eine Frau, die voller Freude der Geburt eines gesunden Kindes entgegensieht, *will* nicht zu früh entbinden. Wenn sie und ihr Kind bei guter Gesundheit sind, watschelt sie die letzten Wochen vor der Niederkunft herum und macht Witze über ihre Unbeholfenheit. Diese gute Stimmung ist jedoch nur schwer aufrechtzuerhalten, wenn sich die Geburt des Kindes auch nur kurze Zeit hinauszögert: »Es hätte doch schon vor vier *Tagen* kommen müssen!« Natürlich kommt das Kind erst auf die Welt, wenn die Zeit dafür reif ist, aber wenn man nur geduldig war, weil man sich im Geiste auf einen bestimmten Zeitpunkt konzentriert hatte, empfindet man die zusätzliche Warterei als ermüdend und »unnötig«.

Meine Freundin Meg, die an Krebs litt und nach elfjährigem hartem Kampf ihrem Leiden erlag, ertrug zwei Operationen und insgesamt 34 Runden Chemotherapie, nach denen es ihr stets fünf Tage lang furchtbar schlecht ging. Aber sie konzentrierte ihre Aufmerksamkeit jedes Mal voll und ganz auf die Zeit, in der sie ihr Leben mit ihrem Partner, ihrer Malerei und ihrer Dichtkunst wieder aufnehmen würde. Sie fühlte sich überhaupt nicht als Heldin. »Ich hatte entsetzliche Angst«, sagte sie, »wenn ich zur Chemo ins Krankenhaus ging. Es ist abartig, sich voll bewusst und freiwillig Gift in seinen Körper pumpen zu lassen. Und genau zu wissen, wie hundeelend man sich fünf Tage lang fühlen wird. Aber habe ich eine andere Wahl? Ich will leben. Ich habe einen Aufschub bekommen. Ich bekomme vielleicht noch mal einen Aufschub. Zwischendurch ist das Leben schön.«

Auch im Sterben hat Meg Geduld bewiesen. Von dem Augenblick an, als ihr von ärztlicher Seite erklärt wurde: »Es wirkt nichts mehr. Wir müssen aufhören. Sie werden jetzt einfach immer schwächer werden im natürlichen Rhythmus Ihres Körpers«, bis zu dem Zeitpunkt, an dem sie still zu Hause einschlief, vergingen fünf Monate. Die Ärzte hatten angenommen, dass es schneller gehen würde. Meg wurde immer schwächer. Nachdem sie noch einmal mit Freunden zusammen in ihrem Lieblingsrestaurant den Geburtstag ihres Partners gefeiert hatte, blieb sie zu Hause. »Ich werde es wie ein Retreat durchstehen«, sagte sie. »Es wird vorbei sein, wenn es vorbei ist.«

Ihre Schmerzen wurden stärker. Sie nahm Morphium. »Ich will nicht mehr nehmen, als nötig ist«, sagte sie. »Ich will nicht wie benebelt sein, wenn es nicht unbedingt sein muss. Aber die Heldin brauche ich auch nicht zu spielen. Wenn ich Schmerzen leide, werde ich es nehmen. Ich glaube nicht, dass man fürs Leiden einen Bonus kriegt.«

In den Tagen kurz vor ihrem Tod schlief sie viel. Als ich sie zum letzten Mal besuchte, sagte sie: »Ich schlafe sehr tief. Wenn ich aufwache, habe ich ein Gefühl, als sei ich ewig lange weg gewesen. Ich weiß nicht, wie lange ich geschlafen habe – vielleicht nur ein paar Minuten, aber meinem Gefühl nach habe ich eine Riesenstrecke bewältigt, um hier wieder aufzuwachen. Der Tod ist so geheimnisvoll.«

»Wie meinst du das, geheimnisvoll?«, fragte ich.

»Oh«, sagte Meg und lächelte mich an, »hast du gedacht, geheimnisvoll wie in den Geschichten, in denen man dann auf der anderen Seite Licht oder Menschen sieht?«

»Wahrscheinlich«, sagte ich. »Siehst du denn irgendwas, wenn du so weit weg bist?«

»Nein«, erwiderte Meg. »Ich sehe absolut nichts. Ich schlafe einfach nur tief. Ich meinte geheimnisvoll, weil es so lange dauert. Ich bin immer etwas verwundert, wieder zu mir zu kommen. Ich nehme mal an, es wird einfach passieren, wenn es passiert.«

Der Geduldsfaden

Wir benutzen merkwürdige Ausdrücke, wenn wir von Geduld reden, sodass es klingt, als wäre sie eine messbare, lagerfähige Handelsware wie Olivenöl, Benzin oder Geld auf der Bank: »Meine Geduld nimmt ab.« »Bald reißt mir der Geduldsfaden.« »Ich bin mit meiner Geduld am Ende.« Und: »Ich habe die Geduld verloren.«

Ich glaube nicht, dass wir einen inneren Speicher haben, in dem wir Geduld ansammeln können für einen Zeitpunkt, an dem wir sie brauchen. Wahrscheinlich funktioniert sie eher wie ein Durchlauferhitzer und nicht wie ein Boiler, in dem heißes Wasser vorrätig gehalten wird. Der Durchlauferhitzer stellt sich ein, wenn man den Heißwasserhahn aufdreht, und dann wird das kalte Wasser beim Durchlaufen des Geräts erhitzt und kommt heiß aus der Dusche. Das Wasser wird nur während des Gebrauchs aufgeheizt, danach stellt sich das Gerät automatisch wieder aus.

Mitten in der Nacht, wenn ich schlafe, brauche ich kein heißes Wasser, ebenso wenig, wie ich dann Geduld brauche.

Geduld brauche ich, wenn die Anforderungen des Augenblicks meine Fähigkeit übersteigen, entspannt mit ihnen umzugehen. Wenn ich über einen längeren Zeitraum körperliche oder geistige Schmerzen leide, wenn ich dauernd müde, beunruhigt, traurig oder konfus bin, bekomme ich Angst und warte ungeduldig darauf, dass sich die Situation ändert. Wenn ich mich ermahne: »Es geht vorüber. Ich kann nichts dagegen machen. Ich fühle mich zwar hundsmiserabel, aber ich sollte gerade in dieser misslichen Lage gütig mit mir umgehen«, ist mir gleich wohler. Ich werde lockerer. Meine Geduld ist wiederhergestellt. Der Geduldsfaden, der gerissen schien, existiert bloß in der Vorstellung. Die Güte ist jedoch keine bloße Vorstellung. Sie beruhigt den Geist. Und in Augenblicken erhöhter Wachsamkeit – wie sie in den Augenblicken besteht, in denen man ungeduldig wird –, gibt es die Möglichkeit, etwas Neues zu lernen, sofern der Geist ausgeglichen ist.

Ich hatte Art George, einen Leiter von Fahrsicherheitstrainings in Marin County, Kalifornien, zum Tee eingeladen, weil eine meiner Freundinnen, die einen Kurs bei ihm belegt hatte, um von zahllosen Bußgeldbescheiden wegen überhöhter Geschwindigkeit loszukommen, gesagt hatte: »Du wirst ihn mögen, Sylvia. Er lehrt Achtsamkeit.« Das Spirit-Rock-Zentrum, in dem ich Achtsamkeitskurse leite, liegt ebenfalls in Marin County, und Art lachte, als ich ihn anrief und ihn mit der Begründung einlud, dass mich die Bemerkung meiner Freundin neugierig gemacht hätte. Als wir uns trafen, fragte ich: »Wie hat sie das gemeint?«

Er erwiderte: »Ich erzähle zu Beginn meiner Kurse fast immer die gleiche Geschichte. Am besten erzähle ich sie auch Ihnen:«

»Ich fuhr auf dem Highway 101 Richtung Norden, hatte zehn Minuten zuvor die Golden Gate Bridge passiert und war auf dem Weg zur Richmond Bridge in San Rafael. Ich wollte die Bay überqueren und von dort weiter nördlich nach Antioch fahren, wo ich eine wichtige geschäftliche Verabredung hatte. Obwohl es Mittag war, kam es plötzlich zu einem Verkehrsstau. Ich wurde unruhig bei dem Gedanken, möglicherweise meinen Termin in Antioch zu verpassen. Ich. Ich fing an, mich über Autofahrer vor mir zu ärgern, die ständig die Spur wechselten. Als Nächstes ärgerte ich mich über die Leute, die sich von den Auffahrten einfach zwischen die bereits dicht an dicht fahrenden Fahrzeuge auf den Highway drängten. Es sah immer weniger so aus, als könnte ich meinen Termin einhalten. Ich merkte, wie ich mich körperlich immer mehr anspannte und das Lenkrad umklammerte. Dann schaute ich aus meinem Seitenfenster und sah Mount Tamalpais. Ich schaute aus dem Beifahrerfenster und sah die Richardson Bay. Da dachte ich: ›Hier bin ich jetzt zwischen zwei berühmten Touristenattraktionen. Leute aus der ganzen Welt kommen hierher, um genau von da, wo ich jetzt bin, diesen

Blick zu genießen.‹ Und ich lehnte mich zurück und bewunderte die Aussicht. Mein Griff ums Lenkrad lockerte sich. Mein Körper entspannte sich. Mein Geist entspannte sich. Und dann kam es wie eine Offenbarung über mich.«

Art hielt in seiner Erzählung inne, dann beugte er sich vor und erzählte weiter:

»Mir ging Folgendes auf: ›Ich komme in Antioch an, wenn ich in Antioch ankomme. Vielleicht heute. Vielleicht auch nicht. Vielleicht komme ich noch rechtzeitig zu meinem Termin. Oder ich komme nicht mehr rechtzeitig zu dem Termin. Was auch immer. Wütend zu werden ändert nichts an der Situation. Dadurch wird es nur noch schlimmer.«

Ich applaudierte und sagte: »Sie sind wirklich ein Achtsamkeitslehrer.«

Er sagte: »Ich bin noch nicht fertig. Das Nächste ist speziell für meine Kursteilnehmer relevant: Ich drehte nicht etwa auf, als der Verkehr wieder floss, denn ich wollte weder mich noch die anderen Highwayfahrer gefährden. Das ist ein wichtiger Punkt. Ich sage meinen Schülern immer: ›Ihr müsst den jeweiligen Augenblick mit anderen Augen sehen lernen.‹«

»Vielleicht fragen Sie sich jetzt, was ich wohl gemacht hätte, wenn ich nicht gerade zwischen Mount Tamalpais und der Richardson Bay gewesen wäre. Ich hätte ja auch auf dem Pulaski Skyway bei New York im Stau stecken bleiben können, in einer extrem schmutzigen Gegend mit ungeheuer dichtem Verkehr. Auf diese Frage gebe ich stets die Antwort, dasss man überall aus dem Fenster schauen kann. Auf dem Pulaski Skyway könnte man sich zum Beispiel sagen: ›Sieh einer an, was die vor hundert Jahren noch für wunderbare Eisenkonstruktionen gemacht haben. So etwas gibt es heute gar nicht mehr.‹ Und wenn sich die Laune angesichts der bewundernswerten Eisenkonstruktionen etwas gebessert hat, findet man vielleicht den Mut, die Umweltverschmutzung auf der Hochstraße ins Auge zu fassen und zu sagen: ›Ist ja wirklich dreckig hier. Ich frage mich, welche Technologien im 21. Jahrhundert noch entwickelt werden mögen, damit es hier wieder sauber wird. Ob ich etwas dazu beitragen könnte? Vielleicht kann ich jemanden im Kongress anrufen, vielleicht kann ich helfen, jemanden zu wählen, der sich dafür einsetzen wird.‹«

»Ich sage den Leuten immer«, fuhr Art fort, »dass es für einen Fahrer und seine Sicherheit das Wichtigste ist, auf andere Rücksicht zu nehmen. Nicht nur auf der Straße, sondern immer und überall.«

»Wirklich immer?«: die tägliche Geduldsübung

Niemand muss absichtlich Situationen heraufbeschwören, in denen er viel Geduld braucht. Sie entstehen ganz von selbst. Der Bus hat Verspätung. Er ist voll besetzt. Jemand, der vor Ihnen einsteigt, hat kein passendes Wechselgeld. Sie wollen schnell ins Büro, weil Sie eine dringende E-Mail erwarten. Der Bus fährt extrem langsam. Das normale tägliche Leben, so unspektakulär es auch sein mag, erfordert ständige Aufmerksamkeit, wenn sich keine Ungeduld einstellen soll.

Ich nehme bei meinen Geduldsübungen oft den Humor zuhilfe. Ich beschwichtige zum Beispiel mein Gemüt, indem ich Randnotizen zu meinen Gedanken erfinde. »Dieser Bus kommt *immer* zu spät.« »Wirklich *immer*?« »Er ist zu voll.« »Zu voll für was?« »Diese Person hätte das passende Kleingeld zur Hand haben sollen.« »Warum?« »Die E-Mail wird in einer Million Jahren noch nicht da sein!« »In einer Million Jahren *wird* sie da sein. Wahrscheinlich heute Nachmittag.« Wenn ich gut drauf bin, lache ich über mich selbst, weil ich so durch mein Leben hetze und Zeitpläne mache, zu deren Einhaltung ich mich dann verpflichtet fühle, wobei ich vergesse, dass die ganze übrige Welt mit im Rennen ist und vollkommen eigene Zeitpläne hat. Schon entspanne ich mich, bin geduldig und schaue mir unter Umständen sogar die Leute an, die mit mir in der gleichen Situation sind.

Die tägliche Geduldsübung besteht also in der Aufheiterung des Gemüts. Die Methode bleibt ganz Ihnen selbst überlassen. Vielleicht singen Sie vor sich hin oder sagen lange Gedichte auf, die Sie auswendig können. Wieder bei Laune, erinnert sich der Geist schließlich daran, dass er sich nur deshalb über den unerwünschten Gang der Dinge beunruhigt, weil sie angeblich nicht »rechtzeitig« geschehen, und dass das gegenwärtige Ungemach nie ein Ende nehmen wird. Dann fällt ihm ein, dass »rechtzeitig« relativ ist, dass dieser Zeitbegriff nur kalendarischen Zwecken dient und dass das Ungemach doch ein Ende nehmen wird. Alles hat ein Ende.

7

Wahrhaftigkeit

Ein Weiser, der zur Erkenntnis der Wahrheit kommt,
ist wie ein See,
klar, tief und still.
Such dir Freunde, die die Wahrheit lieben.

BUDDHA

Wahrhaftigkeit

Übung von:	Führt zur Gewohnheit von:	Durch:	Und wird unterstützt durch:	Und manifestiert sich als:
Wahrhaftigkeit	Offenheit	die Erkenntnis dessen, was wahr ist, und das ehrliche, hilf-reiche Sprechen (durch Übung der rechten Rede und Achtsamkeit, der das Denken und Sprechen läu-ternden Aspekte der Vierten Edlen Wahrheit)	die Erfahrung unerfreulicher Isolation durch Lüge (Trennung vom Selbst und von anderen) und der inneren Ruhe (des Friedens) durch Offenheit (Dritte Edle Wahrheit)	Vertrautheit

Um unsere Wahrhaftigkeit zu vervollkommnen, müssen wir fähig sein, alles, was wir sind, und alles, was geschieht, klar zu sehen. Wir brauchen uns weder zu schämen noch zu ängstigen. Wenn wir ruhig, stetig und aufmerksam sind, wird unser Geist aufrichtig sein und uns seine Geheimnisse auf ehrliche, hilfreiche Weise offenbaren. Er wird uns nicht bedrängen. Die Freude, die wir erfahren, wenn wir uns nicht mehr vor uns selbst verstecken, wird uns ein Ansporn sein, mit jedem Menschen vorurteilsfrei und mit rücksichtsvoller Offenheit in vertrauten Kontakt zu treten.

Wahrhaftigkeitsmeditation

Sergeant Joe Friday, der Kommissar des uralten Fernsehkrimis *Polizeibericht*, pflegte Zeugen mitten im Satz zu unterbrechen, wenn er glaubte, dass sie nur ihre Meinung äußerten. »*Just the facts, ma'am* – nur die Fakten, Madam«, sagte er immer. »Ich will nur die Fakten.« Sergeant Fridays berühmter Satz wurde zu einem viel gebrauchten Bonmot im Sinne von: »Komm bitte zur Sache. Worum geht es? Was willst du sagen? Was verbirgst du vor mir oder vor dir selbst hinter dieser Nebelwand von Ausschmückungen? Das ist eine gute Story! Aber was ist *wahr*?« Joe Friday wäre ein guter Achtsamkeitslehrer gewesen.

Buddha hat gelehrt, dass die reine Aufmerksamkeit ein unparteiisches, aufrichtiges Interesse ohne zusätzliche Kommentierung, durch die die Dinge so wahrgenommen werden, wie sie sind, den Geist zu der befreienden Einsicht bringt: »Nichts und niemand ist von der unaufhaltsamen, bemerkenswert gesetzmäßigen, von gegenseitiger Abhängigkeit geprägten Entfaltung des Lebens getrennt.«

Er erkannte, dass es die zusätzliche persönliche Kommentierung ist »Warum ich?«, »Warum nicht ich?«, »Ich armes Ding!«, die fortwährend ein »Ich« erschafft, dem das Leben etwas antut, ein »Ich«, das zum Leiden verurteilt ist.

In seiner Lehrrede über die Grundlagen der Achtsamkeit gibt Buddha Meditationsanweisungen für das wahrhaftige Sehen der Dinge so, wie sie sind. Er empfiehlt, sich mit gekreuzten Beinen und gerade aufgerichtetem Rücken im Wald an den Fuß eines Baumes oder in einen leeren Raum zu setzen und sich »fest in der Achtsamkeit zu gründen«. »Beim Einatmen bin ich mir bewusst, dass ich einatme. Beim Ausatmen bin ich mir bewusst, dass ich ausatme. Atme ich lang ein, weiß ich, dass ich lang einatme. Atme ich lang aus, weiß ich, dass ich lang ausatme. Atme ich kurz ein, weiß ich, dass ich kurz einatme. Atme ich kurz aus, weiß ich, dass ich kurz ausatme.«

Ich verstehe diese Instruktionen so: Wenn man klar genug sieht, um die Dinge beim Namen nennen zu können, lässt man sich nicht von Illusionen verwirren. Hier nun die Anweisungen Buddhas, wie man die Dinge so wahrnimmt, wie sie sind, und nichts als die Wahrheit sagt: Setzen Sie sich in einer Haltung hin, die sowohl würdevoll als auch entspannt ist, sodass sie sich wohl fühlen und wachsam sind, und richten Sie Ihre Aufmerksamkeit auf Ihre körperlichen Sinneswahrnehmungen. Benennen Sie das, was geschieht. Bleiben Sie bei der Wahrheit, was Ihren Körper, Ihren Atem, Ihre Stimmung oder Ihre Gedanken betrifft. »Gerade geschieht dieses.« »Jetzt geschieht jenes.« »Nun geschieht das.«

Wenn Sie diese Meditation der Wahrheitsliebe, wie beschrieben, im Sitzen ausführen, können Sie die Augen schließen. Wenn Sie dabei lieber gehen, halten Sie sie natürlich offen. Die Anweisung, alles zu benennen und aufzuzählen, was geschieht, gilt auch dabei. Sagen Sie die Wahrheit. Und denken Sie daran: keine Storys. Nur Fakten.

Wahrhaftig und hilfreich

Buddha nannte fünf Kriterien der rechten Rede: Sie soll wahrheitsgetreu sein, zum rechten Zeitpunkt erfolgen, von Güte motiviert, sanft und hilfreich sein. Meines Erachtens lassen sich die fünf Kriterien auf zwei zusammenschmelzen: Rechte Rede soll wahrhaftig und hilfreich sein. Bei meinen Kursen benutze ich Wahrhaftigkeit oft als Synonym für Achtsamkeit, für das konzentrierte Aufmerksamsein, bei dem man vor absolut nichts zurückschreckt, auch wenn es einem schwer fällt, es anzunehmen. Auf einem Retreat, das vor langer Zeit stattfand, hat ein anonymer Teilnehmer, dem offenbar eine persönliche Erkenntnis sehr zu schaffen machte, mitten in der Nacht in großen Buchstaben auf die Tafel des Klassenzimmers, das wir als Meditationsraum benutzten, geschrieben: »Alle Einsichten sind Hiobsbotschaften!« Vielleicht war der Betreffende einfach noch nicht bereit, die Einsicht anzunehmen. Wahrscheinlich war er zu unruhig oder zu müde, um zu einem neuen Verständnis zu kommen. Vielleicht war der Ton, in dem sich die innere Einsicht ankündigte, zu rau. Auf eine Wahrheit, die sanft und in freundlicher Absicht vermittelt wird und die aufrichtig gewünscht wird – egal ob wir sie uns selbst eingestehen oder ob wir sie zu hören bekommen –, ist der Empfänger so vorbereitet, dass er sie verträgt. Dann erweist sie sich auch als hilfreich.

Bill Kwong, der *Roshi* (»alter Lehrer«) des Sonoma Mountain Zen Centers, war in den Anfangsjahren meiner Übungspraxis einmal Gastlehrer bei einem Retreat, an dem ich teilnahm. Er saß vorn, leitete ein paar traditionelle Meditationssitzungen und sagte dann: »Es ist nicht meine Art, Vorträge zu halten. Ich möchte lieber Fragen beantworten, die Sie vielleicht haben.« Daraufhin stellten ihm die Leute Fragen, die sich zunächst auf den Zen-Buddhismus bezogen: »Was ist *Kensho?*« »Was ist *Satori?*« »Was ist Erleuchtung?« Kwong Roshi beantworte jede Frage erschöpfend.

Schließlich sagte jemand: »Ich habe gehört, dass Sie Krebs hatten. Wie war das?« Ich wusste zwar von einem Freund, dass Bill krank gewesen war, dass er sich einer Krebsbehandlung hatte unterziehen müssen und als geheilt entlassen worden war, dachte jedoch: »O je, das ist aber sehr persönlich! Die Leute sollten doch lieber Fragen zur Übungspraxis stellen.« Bill dachte eine Weile nach. Ich hielt den Atem an. Dann sagte er: »Es war schrecklich. Es war *wirklich* schrecklich.« Gerade heraus, klipp und klar, ohne Dramatik, ganz ehrlich. Einfach so. Danach ging er noch ein wenig ins Detail und erzählte von seinen Erfahrungen, von der Therapie, die ihm zuteil wurde, von seiner Freude, als es ihm wieder besser ging.

Ich war sehr froh, dass er nicht gesagt hatte: »Aufgrund meiner tiefen Erkenntnis, dass alle Dinge kommen und gehen, auch Gesundheit und Leben, konnte ich mich über meine leidvolle Erfahrung erheben und sie als flüchtiges, leeres Phänomen betrachten.« Stattdessen hatte er gesagt: »Es war schrecklich. Es war *wirklich* schrecklich.«

In der Stille, die nach der Frage an Bill eintrat, wurde mir klar, dass persönliche Fragen die wichtigsten Übungsfragen sind: »Wie gehst du mit dem Schmerz in deinem eigenen Leben um? Wie mit dem Schmerz im Leben anderer? Nimmst du ihn überhaupt wahr? Bleibst du bei der Wahrheit? Bringst du Mitgefühl auf?« »Was war das Schlimmste, das dir je passiert ist?« Das alles sind Varianten der Frage an Kwong Roshi über sein Krebsleiden: »Wie war das?«

Inzwischen ist mir klar geworden, dass Kwong Roshis Antwort, die sich auf seine eigene Situation bezog, eine Antwort ist, die wir alle auf die Frage geben könnten: »Wie war das Schlimmste, was dir widerfahren ist?« »Es war schrecklich. Es war *wirklich* schrecklich.« Die zweite Hälfte der Antwort, das, was er nicht sagte, was wir jedoch zwischen den Zeilen lasen, als er auf so direkte, sanfte, freundliche und aufrichtige

Art antwortete, lautet: »Und es war zu ertragen.« Das ist grundlegendes Dharma, sehr wahrhaftig und hilfreich.

»Ist das so?«

Eine klassische Zen-Geschichte handelt von japanischen Dorf-ältesten, die ein neugeborenes Kind zur Bergklause eines Zen-Priesters bringen, ans Tor klopfen und sagen: »Die ledige Mutter dieses Kindes behauptet, dass du der Vater bist. Du musst für das Kind sorgen.« Der Priester sagt: »Ist das so?« und nimmt das Kind zu sich. Drei Jahre später kommen die Dorf-ältesten wieder zu ihm und sagen: »Der wirkliche Vater des Kindes ist in unser Dorf zurückgekehrt. Da er seine Vaterschaft zugegeben hat und die Kindsmutter heiraten will, musst du das Kind zurückgeben.« Der Priester sagt wieder: »Ist das so?« und überlässt ihnen das Kind.

Zuerst mochte ich die Geschichte nicht recht, aber mittler-weile gefällt sie mir. Sie wurde mir als Beispiel für das Nicht-anhaften erzählt, für die Fähigkeit des Zen-Priesters, von dem abzulassen, was er nicht länger haben kann. Ich hätte es lieber gehabt, wenn der Priester gesagt hätte: »Ich habe das Kind aufgezogen! Es ist meins!« Oder: »Es ist mir schreck-lich, dieses Kind zu verlieren. Wie könnt ihr mir das antun!« Oder: »Ich habe so viel für euch getan. Das habe ich nicht verdient.« Die Geschichte ärgerte mich, weil ich dachte, ge-meint sei, dass dem Priester nichts an dem Kind lag, dass es ihm gleichgültig war. Mein Unbehagen rührte wahrscheinlich daher, dass ich befürchtete, das Interesse an meinen eigenen Kindern zu verlieren, falls meine Übung Frucht trug und ich meine Gewohnheit des Festhaltens ablegte. Inzwischen sehe ich, dass es in der Geschichte gar nicht darum geht, ob der Priester das Kind mochte oder nicht, ob er seine Freude an ihm hatte oder nicht. Er konnte vielmehr den Wahrheitsgehalt der betreffenden Situation erkennen – dass die Dorfältesten das Kind mitnehmen würden –, dass sich dadurch jedoch an seinen Erfahrungen, welcher Art sie auch gewesen sein mochten, nichts änderte.

Es ist schwierig, sich emotional davon frei zu halten, die Geschichte neu zu schreiben. Wenn wir wütend, beleidigt oder peinlich berührt sind, etikettiert unser Geist die Person oder die Personen, die nach unserem Empfinden unseren Kummer verursacht haben, als »Feinde« und unterstreicht seine Etikettierung noch, indem er alte Erfahrungen, die diese Einstufung bekräftigen, besonders betont. Wahrscheinlich handelt es sich um einen Schutzmechanismus der Psyche, um unsere Gefühle zu beschwichtigen. Er funktioniert jedoch nicht. Eine revidierte Geschichte entspricht nicht der Wahrheit, sie muss also ständig aufpoliert werden, um gültig zu bleiben. Und das ist schmerzhaft.

Eine Frau, die ich vor kurzem auf dem Fernzug, der von New Hampshire durch Massachusetts nach Philadelphia fährt, kennen gelernt habe, hätte ihre Geschichte neu schreiben können, hat es aber nicht getan. Es saßen nur wenige Leute in dem Zug, als ich in Springfield einstieg. Ein Paar fiel mir auf, beide etliche Jahre älter als ich; es saß in der hintersten Bank und hielt sich bei der Hand. Ich stellte mir sofort ihre Vergangenheit vor: über fünfzig Jahre verheiratet, mehrere Kinder, viele Enkelkinder. Als ich einige Bänke von ihnen entfernt Platz nahm, bemerkte ich, dass sie schwiegen, und überlegte, ob mein Mann und ich uns wohl auch nichts mehr zu sagen haben, wenn wir fünfzig Jahre zusammen sind.

Ich habe auf langen Zugreisen die Angewohnheit, mich des Öfteren von meinem Sitz zu erheben und ein paarmal im Waggon hin und her zu gehen, um mir die Beine zu vertreten. Bei meiner zweiten oder dritten Runde lächelte die Frau, und ich blieb stehen und sprach sie an. Die beiden hielten sich noch immer bei der Hand.

»Fahren Sie die ganze Strecke bis Philadelphia?«, fragte ich.

»Ja«, erwiderte die Frau.

»Leben Sie dort?«, fragte ich weiter. »Fahren Sie nach Hause?«

Jetzt schaltete sich der Mann ein. »Nein«, sagte er, »wir wohnen in New Hampshire. Aber ich muss mich einer Operation unterziehen, die nur in einem bestimmten Krankenhaus in Philadelphia möglich ist. Dahin fahren wir.«

Ich fand es wunderbar, dass diese beiden alten Menschen, die so lange zusammen waren, jetzt gemeinsam die Herausforderungen des Alters meisterten.

»Wie lange sind Sie schon verheiratet?«, fragte ich, weil ich ihnen das Vergnügen gönnen wollte, es mir zu erzählen, und außerdem war ich neugierig.

»Wir sind nicht verheiratet«, sagte die Frau. »Wir kennen uns erst seit drei Jahren. Wir leben zusammen.«

Ich bemühte mich, mein Erstaunen zu verbergen. Dann erzählten mir die beiden ihre Lebensgeschichten. Zuerst erzählte der Mann. Er hatte jung geheiratet. Seine Frau war vor sieben Jahren gestorben. Sie hatten fünf Kinder miteinander. Seine Enkel waren inzwischen groß. Seine Kinder lebten noch in New Hampshire, während die Enkelkinder fast alle weggezogen waren. Die meisten kamen aber jeden Sommer zum Familientreffen nach Hause.

Als Nächstes erzählte die Frau ihre Geschichte. Sie sagte:
»Ich war etwas älter als er, als ich geheiratet habe. Ich habe
vier Kinder, sie sind alle nacheinander geboren, jedes Jahr
eins. Mein Mann und ich haben sie gemeinsam großgezogen,
und sie sind inzwischen alle verheiratet. Und dann«, fuhr sie
fort, »nach 44 Jahren, kam ich eines Tages nach Hause und
fand eine Notiz von meinem Mann, dass er mit einer anderen
Frau auf und davon war. Das war vor drei Jahren. Ich war
außer mir. Können Sie sich das vorstellen?«

Ich versuchte es mir vorzustellen – zwei Menschen, die
vermutlich nicht zusammenpassten und die sich trotzdem
viele gemeinsame Jahre abgemüht hatten, ihre Familie groß-
zuziehen.

»Es müssen schlimme 44 Jahre gewesen sein«, getraute ich
mich schließlich halb verständnisvoll, halb fragend zu sagen.
Damit wollte ich vor allem zeigen, dass ihr Geständnis, sie sei
außer sich gewesen, meine volle Sympathie hatte.

»Ganz und gar nicht«, sagte sie. »Es waren die besten 44
Jahre meines Lebens! Wir kamen gut miteinander aus. Wir hatten wunderbare Kinder. Die Geschäfte gingen gut. Und dann
machte er diesen Unsinn...« Sie brach mitten im Satz ab und
wedelte mit der Hand, als wolle sie die Geschichte beiseite fe-
gen. »Mittlerweile ist es in Ordnung«, sagte sie. »Ich treffe ihn
ständig irgendwo. Erst heute Morgen sind wir ihm auf dem
Bahnhof begegnet, als wir in den Zug stiegen.«

Dann fragte sie mich, warum ich nach Philadelphia führe.
»Ich leite dort eine Gruppe«, sagte ich. Ich wusste, dass sie
im Vorübergehen gesehen hatte, wie ich auf meinem Platz
etwas schrieb. »Und ich schreibe Bücher, zum Beispiel über
eine gute Einstellung zum Leben; vielleicht schreibe ich auch
über Sie.«

Sie schaute zweifelnd drein. »Wieso gute Einstellung zum Leben?«, fragte sie. »Ich habe Ihnen doch gerade erzählt, dass ich außer mir war.«

»Aber Sie haben Ihre Wut nicht auf Ihr ganzes Leben übergreifen lassen«, sagte ich und fühlte mich nicht sehr wohl in meiner Haut. Ich hatte ihr ein Kompliment machen wollen, weil sie meines Erachtens eine kluge Wahl zwischen zwei Möglichkeiten, einer guten und einer weniger guten, getroffen hatte, und die ungute – weder wahrhaftig noch hilfreich – war ihr offensichtlich überhaupt nicht in den Sinn gekommen.

»Sie hätten ja auch weiter wütend auf ihn sein können«, sagte ich, »wütend darüber, dass er Sie verlassen hat. Sie hätten die 44 Jahre bereuen können.«

»Nein, das hätte ich nicht«, sagte sie. »Am Ende war es hart. Aber es waren nun einmal die besten Jahre meines Lebens. Das ist einfach die Wahrheit.«

Nichtwissen

Anhänger des koreanischen Zen-Lehrers Seung Sahn, der ein Zen-Zentrum in Providence, Rhode Island, begründet hat und Schüler von Kalu Rimpoche ist, dem bereits erwähnten Lama des tibetischen Buddhismus, hatten einmal ein öffentliches Podiumsgespräch dieser beiden Würdenträger unterschiedlicher buddhistischer Schulen organisiert. Gleich zu Beginn holte Seung Sahn eine Orange aus dem Ärmel seiner Robe, hielt sie Kalu Rimpoche vor Augen und sagte in der knappen Art, die kennzeichnend ist für den Zen-Buddhismus: »Was ist *das?*« Der Dolmetscher übersetzte Kalu Rimpoche die Frage, aber der schien vor einem Rätsel zu stehen.

»Was *ist* das?«, fragte Seung Sahn erneut. Der Lama wirkte noch verwirrter. Seung Sahn fragte ein drittes Mal. Da wandte sich Kalu Rimpoche an seinen Übersetzer und sagte: »Was ist los mit ihm? Gibt es keine Orangen in Korea?«

Ich habe einen ganz persönlichen Bezug zu dieser Geschichte. Als ich klein war, pflegte mein Vater mir bei Tisch schwierige Fragen zu stellen. Ich erinnere mich noch, wie er eine Pampelmuse hoch hielt und mich fragte: »Was ist das?«

Ich antwortete: »Eine Pampelmuse.«

Er sagte: »Welche Farbe hat sie?«

Ich sagte: »Sie ist gelb.«

Daraufhin sagte er: »Woher weißt du das?«

»Weil sie nun mal gelb *ist*«, sagte ich. »Das weiß jeder! Findest *du* sie denn nicht gelb?«

»Doch«, sagte er. »Aber woher weißt du, dass das, was ich sehe und gelb nenne, das Gleiche ist wie das, was *du* siehst und gelb nennst?«

Ich wusste es nicht. Aber ich wusste, dass es eine schwere Frage war, und war stolz, dass er sie mir gestellt hatte. Wenn ich jetzt daran denke, glaube ich, dass es eine frühzeitige Aufforderung war, die Spannung des *Noch*-nicht-Wissens und Staunens auszuhalten. Ich vermute, dass Seung Sahn mit seiner Frage nach der Orange eigentlich meinte: »Kannst du über die konventionelle Ebene einer Antwort hinausgehen?«

Wenn wir heutzutage von einem Denken sprechen, das über das »Schablonendenken« hinausgeht, meinen wir damit unter anderem Perspektiven, die sonst gar nicht in Erwägung gezogen werden. Wir hoffen, dass sich dadurch ein neues Verständnis ergibt, das uns bisher versagt blieb, weil unsere Sicht durch eine vorgefasste Meinung blockiert war. Seung Sahn gab immer eine spezielle Anweisung, die oft als Kern seiner Lehre bezeichnet wird und ebenfalls über das Schablonendenken hinausweist. Er sagte stets: »Bewahrt euch einfach euer Nichtwissen!«

Meine Freundin Louise, Professorin für Soziologie an einer großen Universität, erzählte mir einmal von einem dramatischen Wandel in ihrem Verständnis vergangener Ereignisse, in dessen Verlauf sie eine lange gehegte Meinung aufgeben musste. Dieser Wandel ergab sich ganz unerwartet während einer Klausurtagung mit Fakultätskollegen, die alljährlich abgehalten wird. Sie sagte: »Dieses Jahr hatten wir einen Psychologen eingeladen, einen Kommunikationsexperten, der uns beraten und die Tagung begleiten sollte. Der Fachbereich ist ziemlich gewachsen, und wir mussten ein paar heikle Themen besprechen. Da dachten wir, dass ein Außenstehender bei den Diskussionen vielleicht besser den Überblick behalten würde als wir.« Sie erzählte, es habe sich so ergeben, dass sie und dieser Psychologe bei allen Mahlzeiten im Speisesaal am selben Tisch saßen. Es sei immer wieder ein Vergnügen gewesen, sich mit ihm zu unterhalten.

»Sonntags beim Mittagessen«, fuhr Louise fort, »der letzten Mahlzeit an jenem Wochenende, sagte der Psychologe zu mir: ›Mir ist aufgefallen, dass Sie kein gekochtes Gemüse essen. Warum?‹

Ich sagte: ›Als Kind hat mich meine Mutter immer gezwungen, gekochtes Gemüse zu essen.‹«

Louise machte eine Pause und lächelte, woraus ich schloss, dass die Pointe nicht mehr fern war.

»Daraufhin sagte der Psychologe: ›Das ist lange her.‹«

Meine Freundin und ich waren beide sehr angetan von der nüchternen Reaktion des Psychologen, die uns an den Kommentar des Kindes aus Andersens Märchen »Des Kaisers neue Kleider« erinnerte. Wir begriffen, dass es dabei gar nicht um die Zeit ging, die seit Louises Kindheit vergangen war. Wir wussten beide und der Psychologe bestimmt auch, dass es lange dauern kann, bis ein Trauma geheilt ist. Aber Louise war plötzlich klar geworden und mir beim Erzählen ebenfalls, dass die Abneigung gegen gekochtes Gemüse dem Zwang vorausgegangen sein musste. Sonst hätte ihre Mutter sie ja nicht zwingen müssen. Die Antwort auf die Frage des Psychologen, warum sie kein gekochtes Gemüse äße, hätte eigentlich lauten müssen: »Ich mag es nicht und mochte es nie.«

»Nach der Tagung beschloss ich, meiner Mutter in der Gemüsefrage zu vergeben«, erzählte Louise weiter. »Ich hörte auf, den Leuten immer zu erzählen, wie schwierig das Leben mit meiner Mutter gewesen sei. Ich hörte auch auf, mir selbst so etwas einzureden. Ich kam zu dem Schluss, dass meine Mutter wahrscheinlich um meine Gesundheit besorgt war. Ich war ein dünnes Ding gewesen und häufig krank. Meine Mutter dachte sicherlich, Gemüse versorge mich mit den nötigen Vitaminen. Sie ging mir auf die Nerven«, sagte Louise, um mir klar zu machen, dass die Essensgefechte und andere Kindheitskämpfe tatsächlich unangenehm gewesen waren, »aber ich glaube, für mich hatte das nur Alibifunktion. Ich habe aller Welt erzählt, ich sei nach San Francisco gezogen, weil meine Mutter mir auf die Nerven ginge. In Wahrheit bin ich nach San Francisco gezogen, weil ich dort leben wollte. Meine Mutter war schon alt, als ich umgezogen bin, und fürchtete sich davor, mich so weit weg zu wissen. Ich glaube, ich habe immer Schuldgefühle gehabt, weil ich sie verlassen habe, wollte mich aber nicht damit auseinander setzen.«

Nach kurzem Nachdenken sagte sie. »Umzuziehen war die

richtige Entscheidung. Mein Job ist super. Ich bin hier glücklich. Dass meine Mutter schwierig ist, ist nur die halbe Wahrheit. Ich sehe sie jetzt mit anderen Augen. Ich weiß, dass sie
stolz auf mich ist. Und ich glaube, dass sie ihr Bestes getan
hat. Ich habe mir sogar angewöhnt, sie jeden Freitag anzu-
rufen. Sie freut sich darauf. Sogar ich freue mich darauf. Ich
hätte nie gedacht, dass es so weit kommen könnte. Solange
ich mir nicht die Wahrheit eingestehen konnte, haben wir
beide gelitten. Das ist vorbei.«

»Sag die Wahrheit, sei du selbst, und du bist okay«: die tägliche Wahrhaftigkeitsübung

Wenn ich das Gefühl habe, zu lieben und geliebt zu werden, weiß ich mich sicher bei dem, was ich tue und sage.
Dann kann ich aussprechen, was ich als wahr empfinde. Ich
kann auf meinen Kursen ohne Umschweife reden. Ich kann
sogar anderer Meinung und trotzdem gewiss sein, dass ich
keinen Schaden anrichte. Menschen, die man liebt, kann man
nicht täuschen oder beleidigen. Und wenn ich mich geliebt
fühle, besteht auch kein Grund zu falscher Scham und infolgedessen auch keine Notwendigkeit, zu lügen. Die Wahrheit
sagen zu können ist eine große Erleichterung, denn dann erübrigt sich der Mahner im Kopf, der immer sagt: »Halt lieber
den Mund« oder: »Wenn sie nun anderer Meinung sind?«
oder: »Hör auf! Du machst dich lächerlich!« Ich kann ganz ich
selbst sein. In einer Atmosphäre des Wohlwollens gedeiht
Offenheit. Meine tägliche Wahrhaftigkeitsübung hält dieses
Wohlwollen in mir wach.

Mein Wohlwollen – jedermanns Wohlwollen – wird durch

Angst infrage gestellt. Ich erkenne deutlich, wie meine Fähigkeit, mir selbst treu zu bleiben, bei der Unterrichtung von Leuten, die ich nicht kenne, schon bei der geringsten Anspannung bröckelt. Manchmal kann ich förmlich hören, wie ich im Geiste zweifle und mich distanziere: »Wenn ich nun nicht gut genug bin?« »Wenn ich nun nicht klug genug bin?« »Wenn« ich nun nicht spirituell genug bin?« usw. Was meine Ängste betrifft, bin ich sehr gut darin, aus Mücken Elefanten zu machen. Bei genauerer Betrachtung der Situation denke ich: »Und die Wahrheit, Sylvia? Die Wahrheit ist, dass all diese Leute erwartungsvoll hergekommen sind, weil es sie interessiert. Sie kommen als Freunde. Sie mögen mich bereits. Ich bin ganz zufrieden mit dem, was ich schon weiß, und werde bestimmt in den nächsten zwei Minuten weder klüger noch spiritueller werden.« Dann schaue ich mich im Saal um und sage zu den Leuten – leise, damit sie es nicht hören: »Ich liebe euch!« Ich höre oft die Stimme meines Freundes Jonathan wieder das sagen, wozu ich ihm einst in ähnlichen Situationen Anlass gab: »Sei du selbst, sag die Wahrheit, und du bist okay.«

Die Anweisung für die tägliche Wahrhaftigkeitsübung besteht folglich aus zweierlei: Tun Sie alles, was Ihnen ratsam erscheint, um Ihren Sorgen und Ängsten zu begegnen. Mit unerschütterlichem, natürlichem Wohlwollen ausgestattet, werden Sie dann die Wahrheit sagen und ganz Sie selbst sein können, und alles wird okay sein.

8

Entschlossenheit

In einer früheren Inkarnation als Anführer einer Affenhorde beschützte Buddha seine auf einem wundervollen, riesigen Mangobaum hausende Sippe davor, entdeckt und angegriffen zu werden von Menschen, die ein gutes Stück entfernt fluss-abwärts am Ganges wohnten.

Eines Tages fiel eine Mango herab und wurde vom Fluss zum Badeplatz König Brahmadattas getrieben, der so bezau-bert war vom Geschmack der Frucht, dass er sich mit einer Schar von Leuten auf die Suche machte, bis er den Baum fand. Die Affen oben hörten, dass die Männer nicht nur die Mangofrüchte essen, sondern auch sie töten und ihr Fleisch verzehren wollten. Sie waren zutiefst entsetzt.

Der Anführer der Affen, entschlossen, die Seinen zu retten, band sich ein Schilfseil um den Fuß, setzte zum Sprung über den Fluss an und schaffte es gerade eben, sich am anderen Ufer an einem Ast festzuhalten. »Lauft über das Seil«, rief er, »und zum Schluss über meinen Rücken.« 80 000 Affen brach-ten sich so in Sicherheit.

Dabei brach das Rückgrat des Anführers. König Brahma-datta, der den Sterbenden in seinen Armen hielt, fragte ihn, wer er sei. Der Affe sagte: »Ich bin der König der Affen und habe sie geliebt. Ich leide nicht, denn durch meinen Tod sind meine Untertanen frei. Denke daran, dass es nicht das

Schwert ist, das dich zum König macht, sondern allein die Liebe.« Fortan regierte Brahmadatta mit Liebe, und sein Volk war glücklich.

JATAKA-LEGENDE

Entschlossenheit

Übung von:	Führt zur Gewohnheit von:	Durch:	Und wird unterstützt durch:	Und manifestiert sich als:
Entschlossenheit	Ausdauer	klare Einsicht in die Entstehung des Leidens und der folgende spontane Entschluss, die Gewohnheiten des Geistes zu ändern (durch Übung rechter Erkenntnis und Entschlossenheit, der den Geist stärkenden Aspekte der Vierten Edlen Wahrheit)	die aus der unmittelbaren Erfahrung erwachsende Gewissheit. dass ein friedvoller Geist möglich ist (Dritte Edle Wahrheit) und die Festigung der spirituellen Überzeugung durch wiederholte Erfahrung	Durchhaltekraft

Jedes Mal, wenn es uns schmerzt, »im Leiden wiedergeboren zu sein«, weil wir unaufmerksam oder von Gier oder Ärger gepackt worden sind, werden wir in unserem Entschluss bestärkt, die hinderliche Verwirrung zu durchbrechen, die unseren Geist immer wieder straucheln lässt. Jedes Mal, wenn wir mit Erfolg unser inneres Gleichgewicht bewahren oder erkennen, dass die Versuchungen und Hürden, die uns erschrecken, ohne Substanz sind, werden wir noch mehr in unserer spirituellen Überzeugung bestätigt, dass es möglich ist, Frieden zu finden, und dass wir ihn erfahren können. Dann wird automatisch unsere Durchhaltekraft, das Markenzeichen der Entschlossenheit, aktiviert.

Entschlossenheitsmeditation

Auf einer Grußkarte, die ich einmal gesehen habe – wahrscheinlich im Regal unter der Rubrik »Humor über 60« –, stand: »Endlich habe ich alles untergebracht, und jetzt habe ich vergessen, wo.« Ich dachte: »Es spielt keine Rolle, wenn du es vergisst. Die Hauptsache ist, dass es möglich ist, ›alles unterzubringen‹.« Daneben fand ich unter der Rubrik »Spirituelles« eine Karte mit einem Zitat des Dichters Robert Frost: »Zuerst ordne ich morgens mein Bett. Dann ordne ich meine Gedanken.« Die zweite Karte gefiel mir besser. Die Thematik war die gleiche – die Herstellung von Ordnung –, aber das Zitat klang nicht so resigniert. Es klang normal, resolut, *entschlossen*.

Betten – und Gedanken – geraten durcheinander. Tag für Tag ist alles zerwühlt und muss wieder geglättet werden. Das Ordnungmachen, ob bei Betten oder Gedanken, fördert verloren gegangene Autoschlüssel und Einsichten zutage. Die Ausdauer beim Aufräumen ist abhängig von der Überzeugung: »Ich hab's doch vor kurzem noch gesehen. Ich *weiß*, dass es hier irgendwo ist.«

Denken Sie einmal einen Augenblick darüber nach, wann Sie in Ihrem Leben die klarste Erfahrung von Buddhas Dritter Edler Wahrheit gemacht haben: »Die Aufhebung des Leidens ist möglich. Frieden zu finden ist möglich.« Lassen Sie sich Zeit. Wahrscheinlich kommt Ihnen mehr als ein Erlebnis in den Sinn. Nehmen Sie sich genug Zeit, um jede einzelne dieser Erfahrungen mit ihrem ganzen Körper zu fühlen, sobald sie Ihnen in Erinnerung kommt. Vielleicht können Sie das betreffende Ereignis auch schmecken. Oder hören. Oder riechen. Unter Umständen handelt es sich um ein Erlebnis von höchster Klarheit, bei dem Sie die Wahrheit Ihres eigenen Lebens mit seinen Freuden und Leiden gelassen und unbeschwert erfahren haben. Oder um die Erfahrung einer so überwältigenden Glückseligkeit, dass sich alles Leid in einem Gefühl grenzenloser Dankbarkeit auflöste.

Der Punkt, an dem Ihre Erinnerung und Ihr Gefühl einer solchen Erfahrung – oder wenigstens eine Ahnung davon – in Ihnen wach werden, birgt bereits die Gewissheit in sich, dass Frieden möglich ist. Mitten in ebendiesem Leben, in ebendiesem Körper, in ebendiesen Beziehungen, in ebendieser Welt ist Frieden möglich. Die bewusste Erinnerung daran, dass diese friedvolle Gewissheit die natürliche Reaktion des Herzens auf einen entspannten, achtsamen Geist ist, lädt uns dazu ein, wieder einmal in unserem Geist aufzuräumen. Indem wir uns erinnern, kehren wir nach Hause zurück und finden wieder das, wonach wir suchen.

Bringen Sie nun mit Ihrem Atem Ordnung in Ihren Geist. Richten Sie Ihre Aufmerksamkeit auf Ihren gewohnten, normalen Atemrhythmus, auf einen Atemzug nach dem anderen. Versuchen Sie, jeden Atemzug, vom ersten bis zum zehnten, mit Interesse zu verfolgen. Diese Ausdauer hält Sie davon ab, in Ihrer Aufmerksamkeit zu schwanken. Ausdauer ist das Gegenmittel für den Zweifel. Und wo kein Zweifel ist, offenbart sich der Glaube. Sie sind in Ihrem Glauben bereits bestätigt. Es *ist* möglich, Frieden zu finden. Leben Sie jetzt einfach dementsprechend. Atmen Sie.

Ein Glaubensbekenntnis

Manchmal setze ich mich auf mein Meditationskissen und sage mir: »Ich stehe nicht eher wieder auf, bis ich erleuchtet bin.« Wenn ich das bei einem Kurs erzähle, lachen meine Schüler meist, weil sie die Geschichte Buddhas kennen, der vor 2500 Jahren einen ähnlichen Entschluss gefasst haben soll, als er sich am Vorabend seiner Erleuchtung unter den Bodhibaum in Bodh Gaya setzte. Sie wissen auch, dass er der Legende zufolge in zahllosen früheren Inkarnationen alle Paramitas verwirklichte, was man von mir nicht sagen kann. Ich entnehme ihrem Gelächter, dass sie denken: »Glaubst du wirklich, dass du in der einen Sitzung Erleuchtung erlangst?« Und ich sage: »Es ist eine Art Glaubensbekenntnis. Auch ich denke dabei an Buddha. Ich weiß, dass es im Bereich der menschlichen Möglichkeiten liegt, klar zu sehen, sich weise zu entscheiden und von ganzem Herzen zu lieben. Warum sollte ich es mir dann nicht vornehmen?«

Ich erzähle oft eine Geschichte von meiner Lehrerin, Kollegin und Freundin Sharon Salzberg, die einmal nach Asien reiste, um bei dem ehrwürdigen burmesischen Meditationslehrer Sayadow U Pandita die Herzensgüte zu üben. Bei ihrem ersten Gespräch mit U Pandita fragte dieser sie: »Was meinst du, wie gut du bei dieser Übung sein wirst?« Sharon dachte: »Vielleicht will er mit dieser Frage nur herausfinden, ob ich zu viel Stolz besitze.« Also sagte sie: »Ich weiß es nicht, um ehrlich zu sein. Vielleicht gut, vielleicht weniger gut.«

U Pandita sagte: »Das ist keine hilfreiche Denkweise. Denke lieber: ›Ich werde sie großartig bestehen. Ich werde sie wunderbar meistern.‹«

Natürlich – warum nicht? Positiv zu denken gibt einem

viel Kraft. Wenn ich erkläre: »Ich stehe nicht eher wieder auf, als bis ich erleuchtet bin«, dann tue ich das nicht leichtfertig. Ebenso wenig will ich damit eine definitive Tatsache verkünden. Ich sage es mir normalerweise in Zeiten von Verdruss und Verwirrung. Die Erklärung stärkt einfach mein Vertrauen. Mir fallen dabei viele Geschichten von Leuten ein, die so eifrig nach der Befreiung des Geistes strebten, während sie Buddhas Lehrreden lauschten, dass sie in einem lichten – oder begnadeten – Augenblick zur Erleuchtung gelangten. Gier, Hass und Verblendung wurden nie mehr in ihnen wach. Ich denke an die Berichte von diesen Erlebnissen und an den klassischen Satz, mit dem sie erklärt werden: »Ihre Herzen wurden durch das Nichtanhaften geläutert und frei«, und bin, ohne mich um Resultate zu kümmern, voller Entschlossenheit. Mit dieser Entschlossenheit setze ich mich hin.

Es funktioniert. Verdruss und Verwirrung weichen. Nicht für immer, aber so lange, bis sich mein Geist beruhigt hat und mein Glaube wiederhergestellt ist. Dass der Geist wieder klar wird, ist keine Zauberei. Allein die Tatsache, dass man den Entschluss fasst, dass man sich die entscheidende Kraft eines Augenblicks der festen Entschlossenheit zunutze macht, fegt die Verwirrung hinweg und lädt den Geist wieder mit seiner natürlichen Energie auf. Es spielt keine Rolle, dass es nicht für die Ewigkeit ist. Dass es überhaupt funktioniert, ist das Entscheidende. Es ist eine Vertrauen bildende Maßnahme. Wie die *Little Engine That Could* erinnern auch wir uns, dass die Überzeugung, die sich in den Worten ausdrückt: »I think I can, I think I can, I think I can!« den Erfolg und eine sichere Reise garantiert, da der nächste Berg dann nur noch wie ein Hügel aussieht.

Die Kraft der Übung

Die Lehrerin meines Enkels Collin lud mich ein, mit den Schülern der sechsten Klasse über Buddha und Meditation zu sprechen. Die Kinder hatten in Sozialkunde gerade Indien durchgenommen. Ich wollte über die Achtsamkeit sprechen und sie als etwas Vernünftiges, Brauchbares darstellen, an dem nichts Geheimnisvolles ist, einfach weil es so und nicht anders ist. Und natürlich auch, weil ich Collins Großmutter bin. Ich wollte den Eindruck von »Normalität« erwecken.

»Achtsamkeit hat etwas mit Aufmerksamkeit zu tun«, sagte ich. »Denkt einmal daran, wie nützlich es ist, sich hier in der Klasse zu konzentrieren. Fällt es euch nicht viel leichter, eure Aufgaben zu machen, wenn ihr euch nicht von eurer Umgebung ablenken lasst?«

Alle 26 Schüler lächelten und nickten, offensichtlich stimmten sie mir zu.

»Und wenn wir mit gesammelter Aufmerksamkeit bei der Sache sind«, fuhr ich fort, »treffen wir kluge Entscheidungen. Wisst ihr, was ›klug‹ bedeutet?«

Wieder Nicken und Lächeln.

»Mein Großvater war nicht klug«, sagte ein Mädchen. »Er hat immer weiter Zigaretten geraucht, auch als er wusste, dass es schlecht für ihn ist, und dann ist er krank geworden.«

Andere Schüler wussten ebenfalls Geschichten von Leuten zu erzählen, die sich klug oder unklug verhalten hatten.

»Ich habe gehört«, sagte ein Junge in nettem Ton, »dass Leute, die meditieren, die Zukunft voraussagen können oder die Vergangenheit von anderen wissen und dass sie sogar Gedanken lesen können.«

»Das stimmt«, sagte ich. »Manche Leute erwerben diese Fähigkeit durch das Meditieren, aber bei der Achtsamkeit geht es um das Aufmerksamsein.«

»Ich habe auch gehört«, sagte der gleiche Junge weiter, »dass Leute, die meditieren, über glühende Kohlen laufen und auf Nagelbrettern schlafen können. Das haben wir auf Bildern in unserem Buch über Indien gesehen.«

»Das ist auch richtig«, sagte ich. »Manche Menschen konzentrieren sich so stark, dass sie den Schmerz nicht so fühlen wie wir. Dann machen sie etwas in der Art, wie ihr es in eurem Buch gesehen habt, um zu beweisen, wie gut sie sich konzentrieren können. Die Achtsamkeit ist aber etwas anderes. Achtsam sein heißt, in ganz gewöhnlichen Dingen aufmerksam zu sein.«

»Collin hat gesagt, Sie hätten mal eine Frau kennen gelernt, die durch Wände gehen konnte«, fuhr der Junge fort. »Stimmt das?«

»Das stimmt«, erwiderte ich lachend und hatte meine Freude daran, wie hartnäckig und doch nett dieser junge Mensch sein Ziel verfolgte. »Sie war schon alt, als ich ihr begegnete. Sie lebte in Kalkutta, aber einige ihrer Schüler, die meine Lehrer waren, haben sie in die Vereinigten Staaten geholt, damit auch andere sie kennen lernen konnten.«

»Haben Sie mit ihr gesprochen?«, fragte der Junge weiter.

»Ja«, antwortete ich.

»Haben Sie gesehen, wie sie durch Wände gegangen ist?«

»Nein«, erwiderte ich, »ich dachte wohl, wenn meine Lehrer sagen, dass sie es gemacht hat, dann hat sie es auch gemacht.«

»Wie hat sie es denn gemacht?«, fragte der Junge. Ich konnte sehen, dass auch die anderen Kinder sehr gespannt waren.

»Das weiß ich nicht genau«, sagte ich. »Aber nach allem, was ich gehört habe, hat sie sich so stark konzentriert, dass sich ihre Moleküle aufgelöst haben, sodass sie durch die Wand gehen konnte, und auf der anderen Seite hat sie sich dann wieder neu zusammengesetzt.«

Alle nickten, als sei das eine vernünftige Erklärung. Auch der Fragesteller schien zufrieden zu sein, und so wandte sich das Gespräch wieder der Frage zu, wie man sich konzentriert. Wir führten ein paar Achtsamkeitsübungen durch, zum Teil mit geschlossenen Augen im Stillsitzen, zum Teil im Stehen oder im Gehen. Sie waren offenbar alle davon angetan. Mir machte die Stunde Spaß.

Drei Tage später war in meiner Post ein dicker Umschlag mit 26 Dankesbriefen, 25 an die »liebe Sylvia« gerichtet, einer an die »liebe Oma«, die alle begeistert klangen und zum Teil Bezug nahmen auf Dinge, die ich gesagt hatte und die offenbar zum Nachdenken angeregt hatten.

»Mir hat es besonders gefallen, als wir aufgestanden sind und die Achtsamkeit im Gehen geübt haben.«

»Ich fand die Geschichten gut, die Sie von Buddha erzählt haben.«

»Ich habe darüber nachgedacht, woran ich wohl merke, dass ich nicht aufmerksam bin, wenn ich nicht aufmerksam bin.«

Einen Brief möchte ich vollständig hier wiedergeben:

Liebe Sylvia,

danke für Ihren Besuch in unserer Klasse. Ich fand alles toll, was Sie gesagt haben. Aber ich denke immer noch an die Frau, die sich so stark konzentriert hat, dass sie durch Wände gehen konnte. Ich habe mich gefragt, was wohl passiert, wenn sie mitten in einer Wand abgelenkt wird? Bleibt sie dann für immer darin stecken?

Hochachtungsvoll
Ihr Robert

Roberts Brief gefiel mir ganz besonders. Mich hatten schon seine unkomplizierten, ohne jede Aggressivität hervorgebrachten und trotzdem von aufrichtigem Interesse zeugenden neugierigen Fragen eingenommen, und seine Vorstellung von den Gefahren des Abgelenktseins entzückten mich geradezu. Mir wurde auf einmal bewusst, wie oft ich in Wänden stecken bleibe! Ich stecke in den Wänden des Wunschdenkens und der Begierde fest, sobald ich überlege: »Wenn doch alles anders wäre, dann könnte ich endlich glücklich sein.« Oder ich stecke in den Wänden des Ärgers und Grolls fest, wenn etwas nicht meinen Vorstellungen entspricht. Wenn ich nicht aufpasse, male ich mir sogar aus, wie ich mich auf raffinierte Weise revanchiere, und diese Szenen ermüden meinen Geist noch zusätzlich, bis ich schließlich merke, was ich da tue, und mich schäme, weil ich eigentlich ein netter Mensch bin.

Jeden Tag laufe ich vor geistige »Wände«, die sich wie festes Mauerwerk anfühlen, denn der Aufprall ist schmerzhaft. Erst wenn mir aufgeht, dass diese Wände aus meinen eigenen Denkmustern gebildet werden, dass ich sie selbst aufgebaut habe und dass sie so lange existieren werden, wie ich sie für Wirklichkeit halte, höre ich mit dem Bauen auf. Dann entspannt sich mein Geist, und ich sehe wieder klar. Ich erkenne, dass die Wände hohl sind, und marschiere mitten hindurch.

Auch Roberts Entschlossenheit gefiel mir. Er blieb hartnäckig, solange ihn die Sache verwirrte. Wenn ich weit von zu Hause entfernt unterrichte, wo die Leute mich nur aus meinen Büchern kennen, werde ich manchmal gefragt: »Wie ist es eigentlich, immer einen klaren Geist zu haben?«

Dann erwidere ich: »Ich wünschte, ich wüsste es!«

Mein Geist geht genauso wie der anderer Menschen seinen eigenen vorhersagbaren Gewohnheiten auf den Leim und bringt mich durcheinander. Beim Üben geht es nicht darum, der Falle auszuweichen. Es geht darum, die Falle zu erkennen und die Freiheit zu wählen. Dazu bin ich entschlossen.

Nicht nachlassen im Streben

Buddha war ein alter Mann von über achtzig Jahren, als er starb. Am Vorabend seines Todes predigte er zum letzten Mal und ermutigte seine Mönche, standhaft in ihrer Übung fortzufahren, wenn er nicht mehr bei ihnen sei. In die heutige Sprache übertragen, sagte er: »Ich konnte euch nur den Weg zeigen.« Und: »Seid euch selbst ein Licht!«, womit er sie und, wie ich glaube, auch uns daran erinnerte, dass wir die Wahrheit *selbst* erkennen müssen, um frei zu werden von der Verwirrung – und dass wir es können!

Ich stelle mir die Szene vor 2500 Jahren bildlich vor – all die Mönche um Buddha versammelt, voll Trauer über seinen nahe bevorstehenden Tod und doch zugleich bestärkt, inspiriert und ermutigt. Er sagt ihnen noch einmal, dass »alles, was einen Anfang hat, auch ein Ende hat«, für mich der Kern seiner Lehre und in einem solchen Augenblick ein Trost.

Die letzten Worte Buddhas: »Lasst nicht nach in eurem Streben« klingen mir als Mahnung in den Ohren. Ich finde sie sehr bewegend. Sie bestärken mich in meinem Gefühl, zuversichtlich auf die Möglichkeit der Befreiung vertrauen zu können, ein Gefühl, das Buddha auch bei seinen Anhängern geweckt haben muss. Ich könnte mir vorstellen, dass er meinte: »Schreitet voller Gewissheit voran.«

Viele Jahre lang habe ich jeden Oktober Achtsamkeitskurse in Elat Chayyim abgehalten, einem Retreat-Zentrum in den Catskill Mountains im Staat New York. Das ist ein großes Vergnügen für jemanden aus Kalifornien, wo der Wechsel der Jahreszeiten kaum zu bemerken ist und es keine Anzeichen für den herannahenden Winter gibt wie die Färbung der Blätter und der Zug von Vögeln, die in großen Schwärmen nach Süden fliegen. Elat Chayyim liegt offenbar auf der Flugroute der Wildgänse, und man kann ihre Schreie hören, wenn sie darüber hinwegziehen. Ich beobachte sie immer gern. Ich sehe die Leitgans, die vermutlich die Flugroute bestimmt. Ich frage mich, wie sie ihre Anweisungen wohl übermittelt, denn die ganze Formation ändert urplötzlich geschlossen ihre Richtung. Manchmal, wenn ich den Schwarm jäh nach Osten oder Westen abschwenken sehe, denke ich: Fliegt nach Süden, nach Süden!« Und dann denke ich: »Sie brauchen meine Hilfe nicht.«

Die Gänse ändern ganz von selbst alle auf einmal ihre Flugroute, wahrscheinlich auf ein inneres Signal hin, dass sie in die falsche Richtung fliegen. Sie wissen, wohin die Reise geht. Sie werden dort ankommen. Sie bleiben eine Weile dort. Dann fliegen sie wieder nach Norden. Sie sind ständig unterwegs. Sie kommen nie endgültig an. Wir auch nicht.

Als ich meine spirituelle Übung in den Siebzigerjahren

aufnahm, gingen meine Freunde und ich davon aus, dadurch
ein für alle Mal Erleuchtung zu erlangen. Ich glaube, wir
waren inspiriert von der erleuchteten Sichtweise Buddhas
und von dem, was er sagte, nachdem er den Mechanismus
des Geistes durchschaut hatte: dass der Geist in seiner Verwirrung individuelle Erfahrungen zu einer unaufhörlichen,
scheinbar ununterbrochenen Lebensgeschichte verwebt, die
man selbst geschrieben hat und in der man zugleich die
Hauptfigur ist – als Held oder als Opfer der Ereignisse. Durch
seine Einsicht, dass diese Rolle eine schwere, schreckliche
Last und die Identifikation mit ihr eine Illusion ist, konnte
Buddha das Spiel beenden. Er sagte: »Bauherr, jetzt bist du
erkannt. Du wirst mir kein Haus mehr bauen! Der Firstbal-
ken ist zerbrochen.« Er wusste, dass er für immer mit der Gewohnheit gebrochen hatte, das Gefühl eines getrennten
Selbst aufzubauen. Er war frei.

Es gibt Augenblicke, in denen mir klar ist, dass niemand
da ist, von dem meine Lebensgeschichte handelt, dass niemandem die Ereignisse meines Lebens widerfahren, dass die
ganze Schöpfung eine riesenhafte, miteinander in Wechselbeziehung stehende, Staunen erregende Folge von Ereignissen ist, die sich in Übereinstimmung miteinander entfalten,
die untereinander verbunden und voneinander abhängig sind
und zwischen denen keinerlei Trennung besteht. Dann bin
ich glücklich, gelöst und dankbar. Ich denke, dass dies Er-
leuchtungserfahrungen sind. Sie sind real, und ich glaube
daran, aber sie sind nicht von Dauer. Ich kann so klar sehen
und so nachdrücklich denken, wie ich will: »Diese Erfahrung
werde ich von jetzt an *nie mehr* verlieren«, mein Geist geht
dennoch in die Irre, und schon ist sie mir entglitten.

Wenn ich bemerke, dass ich wieder abgeirrt bin, versuche

ich mich zu erinnern, dass es nur darauf ankommt, immer wieder zum Punkt der Klarheit zurückzukehren. Im Vertrauen auf die Einsichten, die ich schon gehabt habe, gehe ich davon aus, dass sie sich erneut einstellen werden. Ich denke an Buddha, der seinen Mönchen die Eigenverantwortung für ihren weiteren Weg gepredigt hat. An die Wildgänse, die das Programm für ihre Reise in sich tragen, und daran, dass auch wir das Programm für unsere Reise in uns tragen. Ich bin aufmerksam. Ich nehme Kursveränderungen vor. Ich denke: »Lass nicht nach in deinem Streben« und: »Schreite voller Gewissheit voran.« Und dabei erinnere ich mich daran, dass ich keine Luftsprünge zu machen brauche, sondern nur einen Schritt.

»Es ist schwerer, als man denkt«: die tägliche Entschlossenheitsübung

Kurz nach dem Erscheinen meines Buches *It's Easier Than You Think* (»Es ist leichter, als man denkt«) kam mir der Gedanke, vielleicht einmal ein Pendant dazu zu schreiben mit dem Titel »Es ist schwerer, als man denkt«. Ich wollte erklären, dass sich Geistesgewohnheiten nicht automatisch ändern, auch wenn man weiß, dass sie die Urheber des Leidens sind. Ich wollte darüber schreiben, wie hartnäckig diese Denkmuster sind und wie diszipliniert und unerschütterlich jemand sein muss, um sie ganz allmählich ein wenig aufzubrechen. Ich wollte darauf hinweisen, dass mein Geist, wenn er sich unbeobachtet glaubt, in alte Muster zurückfällt, ebenso wie mein Computer urplötzlich, sozusagen aus einer Laune heraus, in eine Schriftart zurückfällt, die ich gar nicht

mehr benutze. Ich gehe in diesem Fall nicht auf Konfron-
tationskurs mit meinem Computer. Nach Möglichkeit auch
nicht mit meinem Geist. Denn ich weiß, dass er klar und mein
Herz offen bleibt, wenn ich aufmerksam bin. Das ist jedenfalls meine Erfahrung. Ich bin mir gewiss, dass das weit offene Herz nur einen mentalen Moment und einen Atemzug
entfernt ist. Und fange von vorn an.

Diese Übung können auch Sie durchführen. Nehmen Sie
sich vor, immer wieder von vorn anzufangen. Denken Sie jedes Mal, wenn Sie bemerken, dass Ihr Denken feststeckt,
daran, dass Sie den Ausweg bereits kennen. Sie haben ihn
schon gefunden. Halten Sie inne. Atmen Sie tief ein. Machen
Sie sich am besten ebenso schnell von Ärger und Sorgen frei,
wie sie auftauchen. Nichts muss anders werden. Es ist so,
wie es ist. Es ist leichter, als Sie glauben, und schwerer, als Sie
sich vorstellen können. Aber die Möglichkeit besteht, frei zu
werden von Denkgewohnheiten. Nicht ein für alle Mal, soweit ich das sagen kann, aber nach und nach, Tag für Tag und
immer öfter.

9

Herzensgüte

Frei von Gier, Hass und Täuschung,
hellwach und achtsam,
durchdringt man den Osten und Westen,
den Norden und den Süden
mit überfließendem, weitem, unermesslichem Wohlwollen.
Mit der Kraft eines Muschelhornbläsers,
ohne jedes Hindernis,
erfüllt das Wohlwollen den allumfassenden Kosmos.

BUDDHA

Herzensgüte

Übung von:	Führt zur Gewohnheit von:	Durch:	Und wird unterstützt durch:	Und manifestiert sich als:
Herzensgüte	Wohlwollen	Hervorhebung der positiven Eigenschaften anderer und Kultivierung des Vergebenkönnens	Sich-Erinnern, dass Leiden universal ist und folglich jeder von dem Verlangen motiviert ist, glücklich zu sein (Erste Edle Wahrheit)	Güte

Wenn wir uns Segnen zur Gewohnheit machen und jeden Augenblick mit dem gleichen Wohlwollen begrüßen, entspannt sich unser Geist, und an die Stelle all der Gründe zum Grollen, die wir aufzählen können, tritt Güte. Es ist eine Erleichterung, keine Zuneigungskategorien – »am liebsten«, »nicht so gern«, »so lala«, »nicht besonders« oder »überhaupt nicht« – als Kriterium für Güte aufzustellen, und zugleich eine Aufforderung an den Geist, zu seinem eigenen Besten zu vergeben. Wenn wir mit unserem Leben insgesamt auf gutem Fuß stehen, fühlen wir uns sicher und kommen zu der Überzeugung, dass die Herzensgüte das Allheilmittel gegen das Leiden ist und damit das, was jeder sich am sehnlichsten wünscht.

Herzensgütemeditation

Ich könnte mir vorstellen, dass Buddhas Lehrrede über die Herzensgüte in heutiger Zeit auf folgende Weise in den Zeitungen kommentiert werden würde:

Drei Erkenntnisse sichern nachhaltigen Frieden

1. Eine gesunde Lebensweise ist die Ursache von Glück.
2. Persönliches Glück führt zu der Einsicht: »Das will *jeder!*«
3. Menschen in Freude und Sicherheit besitzen die Fähigkeit, vorbehaltlos den Wunsch zu äußern: »Mögen alle Wesen glücklich werden!«

Die Kommentatoren würden darauf hinweisen, dass die Lehrrede über die Herzensgüte keine speziellen Anweisungen dafür enthält, wie man Menschen das Beste wünschen kann, die man nicht mag. Das ist auch nicht nötig. Sie geht vielmehr davon aus, dass das eigene Herz in seiner grenzenlosen Sicherheit und Glückseligkeit keine Haken hat, an denen alte Feindseligkeiten hängen könnten, keine Aktenordner voller Schreckensmeldungen, die der Vergebung im Weg stehen könnten.

Bei der Herzensgütemeditation wird der Geist auf unerschütterliches Wohlwollen konzentriert und jedes Hindernis, das die Güte einschränkt, aufgehoben. Das Pali-Wort für Herzensgüte ist *Metta*, und mein Kollege Guy Armstrong behauptet, der »*Metta*-Geist« gleiche naturreinem Orangensaftkonzentrat: Alles Überflüssige sei herausgepresst. Übrig geblieben seien nur die essenzielle Güte und die reine Süße.

Beginnen Sie jetzt. Nehmen Sie eine bequeme Haltung ein. Atmen Sie tief. Entspannen Sie sich. Versuchen Sie zu lächeln. Buddha hat gelehrt, niemand auf der ganzen Welt verdiene mehr Wohlwollen als man selbst. Das finde ich wunderbar! Es zeugt von großer Freundlichkeit und ergibt so viel Sinn. Wenn ich unglücklich bin – angespannt, angstvoll, müde oder gereizt –, denke ich: »Natürlich! Wem sonst sollte ich denn Gutes wünschen! Ich kann ja mich selbst nicht übergehen. Zuerst muss es mir *besser* gehen.«

Fangen Sie also bei sich selbst an. Im Folgenden nenne ich meine eigenen guten Wünsche, die Sie gern übernehmen dürfen, bis Ihnen etwas Passenderes einfällt. Wenn Sie allein sind, können Sie sie laut aussprechen, sonst tun Sie es im Stillen.

Möge ich mich behütet und sicher fühlen.
Möge ich froh und zufrieden sein.
Möge mein physischer Körper mir Kraft geben.
Möge sich mein Leben leicht und glatt entfalten.

Sagen Sie diese Sätze jetzt noch einmal auf, aber halten Sie nach jedem Wunsch inne und atmen Sie tief ein und aus. Schließen Sie beim Atmen die Augen und vergegenwärtigen Sie sich, wie sich der betreffende Wunsch in Ihrem Körper anfühlt. Lesen Sie dann den nächsten Wunsch und machen Sie die entsprechende Erfahrung. Sobald Sie die Wünsche auswendig können, schließen Sie die Augen und wiederholen Sie sie immer wieder. Achten Sie darauf, wie wohl es Ihnen tut, sich Gutes zu wünschen. Später werden Sie dabei an andere Menschen denken. Aber im Augenblick gilt Ihr Wohlwollen nur Ihnen selbst, solange es Ihnen gefällt. Und versuchen Sie bitte, dabei zu lächeln!

Gutes erzählen

Wenn die traditionelle Aufzählung der Vorzüge von *Metta* eine Liste, die meine Schüler vor der formellen Herzensgüte- übung auswendig lernen und von der sie sich bei der Übung inspirieren lassen, ein Werbespot im Fernsehen wäre, würde alle Welt das beworbene Produkt sofort anfordern.

> Menschen, die Metta üben,
> schlafen friedlich,
> träumen friedlich
> und wachen friedlich auf.
> Die Leute lieben sie.
> Die Engel lieben und beschützen sie.
> Gifte, Waffen und Feuer tun ihnen kein Leid.
> Ihr Antlitz ist klar.
> Ihr Geist ist gelassen.
> Sie sterben unbeirrt
> und werden in himmlischen Gefilden wiedergeboren.

Schon der bloße Gedanke an diese Aufzählung macht mich glücklich. Als Anzeige, die ohne jeden Hinweis auf Nebenwir- kungen erscheinen könnte, wäre sie unschlagbar. Sie ist ein großartiges, mitreißendes poetisches Manifest der Fähigkeit des menschlichen Herzens, im Frieden vorbehaltloser Liebe zu ruhen. »Die Leute lieben sie« ist der Kernsatz. Ihre eigene Liebenswürdigkeit ist ihr Schutz. Sie sind sicher.

Ich kann mich gut an den Nachmittag erinnern, an dem ich zum ersten Mal bei Noemi, der Schwiegermutter mei- nes Sohnes, zu Besuch war. Es war ein Familientreffen, und ich stand neben ihr am Küchenfenster, während sie auf eintreffende Familienmitglieder zeigte und dazu erklärte: »Da kommt mein Sohn Jorge. Er ist ein lieber Kerl, ein Dichter, und sehr sensibel. Ich liebe ihn von Herzen!« Und: »Da kommt meine Tochter Natalia. Sie steckt voller Energie und ist quicklebendig, bestimmt wirst du sie gern haben!« Als wir uns im Lauf der Zeit näher kennen gelernt hatten, merkte ich, dass es eine Angewohnheit von Noemi war, andere Menschen namentlich vorzustellen und gleich ein paar erklärende Sätze über sie zu sagen. Diese Kurzvita war anscheinend ihr System, die Leute im Gedächtnis zu behalten. Bald fiel mir auch auf, dass sie die großartige Fähigkeit besaß, immer gut von anderen zu sprechen, selbst wenn der oder die Betreffende schwierig war. »Meine Verwandte Soundso war immer sehr streng und fordernd, aber sie hatte ja auch ein schweres Leben und musste ihre Kinder ganz allein großziehen.« Und ich merkte, dass es ein Vergnügen war, mit ihr zusammen zu sein.

Durch wache Aufmerksamkeit wird man darin unterstützt, Gutes zu erzählen. Als 1995 im indischen Dharamsala die bereits erwähnte Konferenz mit dem Dalai Lama stattfand, fanden sich die 26 buddhistischen Lehrer aus dem Westen zwei Tage vor dem offiziellen Beginn der Tagung ein, um den Tagesablauf festzulegen. Als ich mich bei unserer ersten Zusammenkunft im Raum umschaute, sah ich einige Leute, die ich bereits kannte und mochte, andere, die ich noch nicht kannte, und eine Frau, die ich kannte und nicht mochte. Sie hatte sich bei einer anderen Gelegenheit sehr kritisch über mich geäußert und mich verletzt.

Mein Freund Jack, Organisator unseres Treffens, schlug vor: »Am besten stellen wir uns reihum vor und geben kurz wieder, was für uns die größte spirituelle Herausforderung in unserem Privatleben und bei unserer Arbeit war. Ich mache den Anfang.« Und damit begann er. Ich fand, dass diese Bitte an eine Gruppe von Leuten, die sich relativ fremd waren, eigentlich zu weit ging, und fürchtete, mich bloßzustellen. Ich wusste, dass ich – was mir damals in Dharamsala als großes Problem erschien – nicht umhin kommen würde zu sagen: »Ich bin Buddhistin, aber auch praktizierende Jüdin, und ich frage mich, ob ihr anderen das okay findet.« Mir kam auf einmal zu Bewusstsein, dass ich Tausende von Kilometern weit entfernt von zu Hause auf einem Berg saß.

Mir blieb nichts anderes übrig, als achtsam zu sein. Die Leute fingen an zu erzählen. Einer nach dem anderen erzählte seine Geschichte. Jeder hatte schon vor einer Herausforderung gestanden, obwohl es jedes Mal anders gewesen war. Aber wie ein roter Faden zog sich durch alle Berichte der gemeinsame Wunsch nach Klarheit, Zufriedenheit, weisen Entschlüssen und Akzeptanz. Als ich später über diese Erfahrung nachdachte, wurde mir bewusst, dass ich durch diese Erzählungen ein anderes Bild von der Gruppe bekommen hatte, dass es nicht mehr Leute waren, die ich mochte oder nicht mochte, sondern Menschen wie ich. Die Geschichte der Frau, die seinerzeit Kritik an mir geübt hatte, berührte mich in ihrer Offenheit ganz genauso wie die Geschichten derjenigen, die vorher an der Reihe gewesen waren. Mir wurde außerdem im Nachhinein klar, wie erleichtert ich bei der Erzählung meiner Kritikerin gewesen war, ihr zuhören zu können, ohne dabei dauernd daran denken zu müssen, was sie in der Vergangenheit einmal geäußert oder nicht geäußert haben mochte. Ich hatte mich in jenem Augenblick über mich selbst und meine Fähigkeit, nichts Übles zu denken, gefreut und mich in dem angenehmen Gefühl gesonnt, von meiner eigenen Herzensgüte beschützt worden zu sein. Als schließlich das Mikrofon an mich ging, hatte ich keine Schwierigkeiten, aufrichtig von mir zu berichten. Aus heutiger Sicht glaube ich, dass es mir so leicht fiel, weil meine geistige Verfassung einem gut beschützten Wohnviertel glich, wo jeder sich so zeigen kann, wie er ist.

Einen neuen Schluss für alte Geschichten schreiben

Im August 2001 hörte ich morgens beim Aufwachen, dass sich ein palästinensischer Selbstmordattentäter um die Mittagszeit mitten im Herzen Jerusalems in einer voll besetzten Pizzeria in die Luft gesprengt und 13 Menschen mit in den Tod gerissen hatte, darunter viele Kinder. Ich empfand tiefe Trauer. Ich erinnerte mich, dass ich noch vor wenigen Monaten, am Yom ha-Shoah, dem Holocaust-Gedenktag, mit meiner Freundin Ruth telefoniert hatte, einer Rabbinerin, die ein Sabbatjahr in Israel verbrachte. Ruth hatte gesagt: »Es ist vollkommen irre. Da sitze ich hier in meiner Wohnung und schaue mir im Fernsehen diese Hoffnung weckende Zeremonie an, die live aus dem Holocaust-Museum in Jerusalem übertragen wird, und höre gleichzeitig israelische Granaten mit Kurs auf palästinensische Ziele über mir durch die Luft sausen. Es ist mir ein Rätsel, wie das jemals enden soll.« Keine von uns hätte sich damals träumen lassen, wie furchtbar der Konflikt noch eskalieren sollte und in welche Verzweiflung uns alle die Frage stürzen würde, »wie das jemals enden soll«.

Die meisten Berichte, die ich über die Situation im Nahen Osten und andere Krisengebiete der Welt gelesen habe,

scheinen sich darauf zu konzentrieren, welche Fehler gemacht wurden, wer die Fehler begangen hat und wen die
Schuld daran trifft als gäbe es nur einen einzigen Ausgangspunkt und als hätte es vorher keinerlei Probleme gegeben.
Selbst wenn es jemals möglich wäre, die Frage zu beantworten: »Wer hat diesen Kampf eigentlich begonnen?«, wäre
damit noch keineswegs die Frage beantwortet, die unbedingt
beantwortet werden müsste: »Was sollen wir jetzt machen?«
Alle großen spirituellen Schulen lehren, dass man seine
»Feinde« lieben sollte und dass Vergeltung nie ein Ende hat.

Im *Dhammapada*, einer Sammlung der Lehren Buddhas,
heißt es:

> Hass wird nie durch Hass enden,
> nur Liebe vermag Hass auszulöschen,
> so lautet das ewige Gesetz.

Sich mit seinen Feinden zu versöhnen ist zwar entscheidend
für die Beendigung von Hass und Konflikt und für die Wie-
dergewinnung der Liebesfähigkeit unserer Herzen, wider-
strebt uns jedoch im Innersten. Eine solche Annäherung setzt
das Vergebenkönnen voraus, und wir haben oft zu viel Angst,
um vergeben zu können. Tief in unserem Gehirn muss ein
Mechanismus am Werk sein, der Erinnerungen an vergan-
genes Leid lebendig hält, um uns davor zu schützen, dass so
etwas noch einmal passiert. Wir behalten im Gedächtnis, wer
uns in unserem Leben in Angst und Schrecken versetzt hat,
und durch genetische Übertragung und kollektive Erinnerungen behalten wir wahrscheinlich auch, wer unsere Eltern
und Großeltern einmal bedroht hat. Da auch Schuldgefühle
Angst erregen, erinnern wir uns außerdem daran, wann wir

uns unseres eigenen Handelns oder unserer Angehörigen, die etwas Übles getan haben, schämen mussten. Diese Angst, durch Adrenalin aktiviert, bringt sich lange, bevor sich unser Herz und Sinn einschalten können, in unseren Zellen in Erinnerung. Um vergeben zu können, das heißt, unserer natürlichen Neigung zur Herzensgüte nachgeben zu können, müssen wir aufhören, einander zu bedrohen. Wir müssen uns sicher fühlen können.

Gustav, mein Studiengefährte bei einem einmonatigen Intensivkurs in Hebräisch, der 1995 in Netanya, Israel, stattfand, lud mich für zwei schulfreie Sabbatfeiertage zu sich nach Hause ein. Gustav ist Deutscher. Seine Frau und er gehören einer christlichen Gemeinschaft an, die nach dem Zweiten Weltkrieg in Israel Hilfsprogramme für Holocaustüberlebende startete. Gustav leitet ein Heim für betagte Überlebende, die keine Verwandten haben. In der Konversationsstunde unseres Kurses erklärte er uns in sorgfältigem, gewähltem Hebräisch, dass ihn sowohl seine Tätigkeit als auch seine Absicht, in Israel zu bleiben, zu dem Intensivkurs motiviert hätten.

Die Fahrt zu dem Seniorenheim dauerte mehrere Stunden. Unterwegs, in Haifa, hielten wir vor einem kleinen Mietshaus. »Hier wohnt eine Frau, die ich jede Woche besuche«, sagte Gustav. »Sie wird bald ins Heim umziehen müssen, aber sie ist noch nicht bereit dazu. Bitte warte hier auf mich. Ich kann dich nicht mitnehmen. Sie erträgt Fremde schlecht.«

Allein im Auto, dachte ich an die Frau in diesem Mietshaus und daran, dass ich, eine Jüdin, ihr fremder war als ihr junger deutscher Besucher. 45 Minuten später kam Gustav zurück.

»Ich mache mir wirklich Sorgen um sie«, sagte er. »Sie sieht nicht mehr gut, und ihr Gleichgewichtssinn ist auch gestört. Trotzdem fällt es ihr sehr schwer, die vertraute Wohnung aufzugeben. Aber immerhin freut sie sich stets auf meinen Besuch. Ich glaube, der Umzug in unser Heim wird ihr leichter fallen, weil sie mich schon kennt.«

Es war später Nachmittag, als wir an unserem Ziel ankamen. Auf dem Weg zu meinem Zimmer kamen wir am Speisesaal vorbei. Er war leer. Die in U-Form aufgestellten Tische waren weiß gedeckt, und auf allen Seiten standen Stühle. Ich wusste, dass im Heim acht Deutsche, zum Teil wie Gustavs Familie Ehepaare mit Kindern, und zehn betagte Juden lebten. Die Mahlzeiten wurden gemeinsam eingenommen. Gustav erzählte mir, dass zu diesem Wochenende der in Jerusalem wohnende Koordinator der zahlreichen isarelischen Projekte seiner religiösen Gemeinschaft eingeladen sei und dass außerdem ein Rabbi aus Tel Aviv erwartet werde, der am folgenden Morgen die Sabbatfeier abhalten wolle.

Gustav zeigte mir ein Brett an der Wand des Speisesaals, auf dem bereits mit Kerzen bestückte Leuchter standen, die kurz vor Sonnenuntergang angezündet werden sollten. »Wenn du keine mitgebracht hast, geben wir dir gern eine«, sagte er.

Als ich eine Stunde später in den Speisesaal kam, nahmen die Leute gerade an den Tischen Platz. Einige Kerzen brannten schon, und ich entzündete die meine. Gustav spielte leise auf seiner Gitarre ein traditionelles Sabbatlied: *»Shalom Aleichem, Malachei ha-Shalom«* (»Willkommen, Friedensengel«). Er bedeutete mir mit einem Kopfnicken, mich auf einen leeren Stuhl in seiner Nähe zu setzen. Ich sah, dass die Gemeinschaftsangehörigen in bunter Reihe an den Tischen saßen, junge Deutsche neben den betagten Juden. Jeder anwesende Mann trug ein *Jarmelke*, ein Gebetskäppchen. Bei einem Blick in die Runde bemerkte ich, dass wir alle, Bewohner wie Wochenendgäste, dem Anlass entsprechend gekleidet waren.

Ein Greis am anderen Ende des Tisches erhob sich, um mit einem rituellen Gebet den Wein zu segnen. Er hatte im Rollstuhl gesessen und musste von seinen beiden Tischnachbarn gestützt werden. Die Hand, mit der er sein Glas hielt, zitterte. Er sprach leise, kaum hörbar. Als er fertig war, trank er einen Schluck Wein und setzte sich wieder hin.

Ich schaute mich um. Mein Blick fiel auf junge Deutsche, ausnahmslos Jahrzehnte nach dem Zweiten Weltkrieg geboren, und alte Juden, die diesen jungen Menschen den letzten Abschnitt ihres inzwischen hilfsbedürftigen Lebens anvertrauten. Ich musste an die verschlungenen Wege der Vergebung denken, daran, dass wir manchmal eine Geschichte, ohne sie wegzuwischen, noch weiterschreiben und gut beenden können. Ich dachte daran, wie lange das unter Umständen dauern kann.

Die Leute erhoben ihre Weingläser. Mir gegenüber hob der Programmkoordinator aus Jerusalem sein Glas und wandte sich der alten Dame neben mir zu.

»Shabbat shalom« (»Sabbatfriede sei mit dir«), sagte er.

Auch die alte Dame erhob ihr Glas. »Shabbat shalom.«

Vergeben können

Einer Legende zufolge lehrte Buddha die Herzensgüteübung ursprünglich zum Schutz für Mönche, die sich fürchteten, allein im Dschungel zu meditieren. Vielleicht war den Mönchen die Geschichte vom wild gewordenen Elefanten ein Trost, der einmal wütend auf den dahinwandernden Buddha losstürmte und durch die *Metta*-Kraft, die Buddha umgab, auf die Knie gezwungen worden sein soll. Ich könnte mir vorstellen, dass sie glaubten, die gleiche Kraft würde vielleicht auch Tiger, Schlangen und andere Furcht erregende Kreaturen von *ihrem* Pfad fern halten. Ich selbst glaube jedenfalls, dass *Metta* Schutzwirkung hat, allerdings nicht wie ein Amulett. Tiger, Schlangen und Furcht erregende Kreaturen sind einfach, wo immer sie sind, und tun, was immer sie tun. Die wundersame Schutzwirkung geht von der Ausstrahlung spontaner Herzensgüte im Angesicht des Furchterregenden aus, sobald dieses von einem in Achtsamkeit wachen Geist klar erkannt und verstanden wird.

Am letzten Tag eines einwöchigen Achtsamkeitsretreats erzählte mir ein Teilnehmer namens Bret, der gerade erst mit dem Meditieren begonnen hatte, seine Geschichte. Er sagte: »Nach diesem Retreat bin ich wie umgewandelt. Ich war vorher noch nie auf einem Retreat, hatte auch noch niemals meditiert und keine Ahnung, dass es so sein könnte wie hier. Ich hatte bloß im *Time*-Magazin etwas über Meditation gelesen und gedacht, dass das heute *die* Sache sein muss und dass auch ich es einmal damit probieren sollte. Als ich vor einer Woche hier ankam und voller Aufmerksamkeit still zu sitzen versuchte, ging es gleich damit los, dass mir ein schreckliches, traumatisches Erlebnis, das ich vor vier Jahren hatte, wieder in Erinnerung kam, ein Erlebnis, das ich tief in mir vergraben hatte, um nicht mehr daran denken zu müssen. Ich dachte: ›O weh, da kommt die Sache wieder hoch, die ich seit vier Jahren zu verdrängen versuche, und dabei liegt eine ganze Woche vor mir, in der sich kaum eine Gelegenheit bieten dürfte, der Erinnerung aus dem Weg zu gehen.‹ Dann dachte ich: ›Solange ich hier bin, könnte ich ihr ruhig einmal Aufmerksamkeit widmen.‹«

»Magst du mir davon erzählen?«, fragte ich ihn.

»Ja«, erwiderte er und begann: »Ich war auf dem Heimweg durch ein Stadtviertel, in dem man spätabends nicht allein herumspazieren sollte. Es ist dort wirklich gefährlich, und ich hätte das wissen müssen. Plötzlich kam ein Mann hinter einem Gebäude hervor auf mich zugesprungen, offenbar voll gepumpt mit Drogen, und richtete eine Waffe auf mich. Er drückte mir die Waffe auf die Brust und sagte: ›Ich bringe dich um. Gib mir, was du hast.‹«

»Natürlich gab ich ihm sofort meine Brieftasche. Es war eine Menge Geld darin – 600 Dollar. Aber da gab's kein Wenn und Aber – ich reichte sie ihm. Er hielt mir jedoch die Kanone weiter vor die Brust, wedelte damit hin und her und sagte dauernd: ›Ich bringe dich um, ich bringe dich um.‹ Ich sah, dass er völlig irre war. Mit seinem ›Ich bringe dich um‹ schien er sich Mut machen zu wollen. Ich war in absoluter Panik. Ich sagte: ›Warten Sie mal! Stopp! Ich will Ihnen etwas ganz Wertvolles geben.‹ Und ich gab ihm meine Uhr. Trotzdem fing er wieder an, mich zu bedrohen: ›Ich bringe dich um, ich bringe dich um!‹ Ich sagte erneut: ›Stopp! Warten Sie!‹, und er hielt wieder inne, aber ich hatte nichts mehr, was ich ihm hätte geben können. Da sagte ich: ›Hören Sie! Sie haben Ihre Sache sehr gut gemacht. Sie waren große Klasse! Sie ahnen ja nicht, wie viel Geld in der Brieftasche ist. Und die Uhr, die ist richtig wertvoll. Wenn Sie nach Hause kommen, werden Ihre Freunde total stolz auf Sie sein. Sie werden denken, dass Sie Ihre Sache hervorragend gemacht haben. Gehen Sie jetzt nach Hause.‹ Und der Mann machte kehrt und ging.«

Obwohl Bret die ganze Zeit über leibhaftig und lebendig

vor mir saß, fiel mir ein Stein vom Herzen. Seine Geschichte war selbst vier Jahre später noch schauerlich.

Ich fragte Bret: »Woher wusstest du, dass du das sagen musstest?«

Er sagte: »Ich weiß es nicht. Ich war von Angst und Entsetzen erfüllt, aber auch total konzentriert. Es kam einfach so aus mir heraus.«

Mir ging der Gedanke durch den Kopf (in dem noch das Bild von Brets mit Drogen voll gepumptem Angreifer lebendig war), dass vorbehaltlose Anerkennung »Sie haben Ihre Sache hervorragend gemacht!« womöglich das universale, lebensrettende Passwort für menschlichen Kontakt ist.

Bret erzählte weiter. »Kaum saß ich und fing mit dem Meditieren an«, sagte er, »als auch schon die Erinnerung an dieses Erlebnis in mir aufstieg und sich wie ein Film abspulte – was er sagte, was ich sagte, was er sagte –, und gleich überfiel mich wieder das große Zittern, empfand ich die gleiche Panik wie damals. Immerfort kehrte die Erinnerung zurück und erschütterte mich, doch ich hielt mich an die Meditationsanweisungen und bemühte mich, einfach nur zu atmen und aufmerksam zu sein. Ich machte keinen Versuch mehr, an etwas anderes zu denken. Ich verfiel auch nicht mehr auf andere Ablenkungsstrategien, sondern fühlte einfach, was ich fühlte, und am Ende schien die ganze Geschichte von selbst zu verschwinden, sodass ich mich entspannen, wieder ein normaler Mensch sein und sogar denken konnte: ›Vielleicht war's das. Vielleicht ist es jetzt vorbei.‹ Aber dann fing alles wieder von vorn an und versetzte mich erneut in Angst und Schrecken.«

»Vor zwei Tagen jedoch«, fuhr er fort, »kam mir mein Erlebnis wie ein Horrorfilm vor, den ich schon so oft gesehen hatte, dass ich wusste, wann die schlimmen Szenen kommen. Ich wusste, dass er gut ausgeht, und so konnte sich die Handlung entfalten, ohne mich bis ins Mark zu erschüttern. Zwar stand mir der ganze Handlungsverlauf lebhaft vor Augen, aber mir wurde auf einmal klar, dass mein Entsetzen *Vergangenheit* war und dass ich im gegenwärtigen Augenblick gar keine Angst empfand. Da ging es mir schon viel besser.«

»Gestern geschah etwas Neues«, berichtete er weiter. »Der Film lief wieder in meinem Kopf ab. Aber ich war entspannt und dachte plötzlich: ›Der Mann hat mich angegriffen, weil sein Leben bisher so war, wie es war. Und ich war ich, weil mein Leben so war, wie es war. Wenn ich sein Leben gehabt hätte, wäre ich er gewesen und hätte genau das getan, was er getan hat. Und wenn er mein Leben gehabt hätte, wäre er ich gewesen und so gewesen wie ich.‹ Als mir das bewusst wurde, habe ich ihm vergeben. Danach ging es mir erheblich besser.«

»Meinen Sie, dass das eine echte Einsicht war?«, fragte er mich.

Ich sagte: »Ja.«

Und dachte, welch tief greifendes Verständnis er doch vom Wesen des Karma hatte: dass alles, was jemals geschah, für diesen einen Augenblick verantwortlich war. Ich hätte auch denken können, dass die Einsicht, widerstandslos und ruhig mit gesammelter Aufmerksamkeit im Gegenwärtigen zu bleiben, selbst wenn der Geist von Entsetzen gepackt ist, eine weise Reaktion hervorruft. Oder an seine Erkenntnis, dass sein Herz, von Angst befreit, zur Vergebung fähig war. Dass es am Ende das Vergebenkönnen ist, das uns das Leben rettet.

»Danke« und »in Ordnung«

Mein Freund und Lehrerkollege John Travis erzählte mir davon, wie er 1965 einen Besuch bei Thubten Yeshe Rimpoche in Katmandu machte, weil er gehört hatte, dass der Dalai Lama speziell ihn als Lehrer für Schüler aus dem Westen empfahl. John sagte, Lama Yeshe (*Lama* und *Rimpoche* sind beides Lehrertitel) hätte ihn mit den Worten »danke schön« begrüßt. Lama Yeshe sprach sehr gut Englisch, er wusste also, dass »danke schön« keine Begrüßungsformel ist. Wie sich herausstellte, sagte er zu allem »danke schön.« John sah darin den Kern seiner Lehre: »Was auch kommen mag, ich erkenne es klarer und kann effektiver darauf reagieren, wenn ich nicht dagegen eingestellt bin.«

»Lama Yeshes Übung bestand darin, sich jeglicher Konfrontation zu enthalten«, sagte John. »Das Danken half ihm, nicht von Angst ergriffen zu werden. Ich habe vollkommen eingesehen«, fuhr er fort, »dass ständig etwas geschieht, dass nicht alles so ist, wie man es sich wünscht, dass man manches ändern müsste, dass jedoch alles Teil des Lebens ist und insofern etwas, mit dem man umgehen kann. Mit dem man arbeiten kann.«

Ich erinnere mich, dass mir in meinen ersten Übungsjahren einer meiner Lehrer etwas Ähnliches von einer alten Frau erzählte. Sie war hoch geachtet wegen ihrer Weisheit, und ihre letzten Worte waren: »Euch allen herzlichen Dank.« Ich fragte mich, ob ich das auch einmal sagen könnte. Ein junger Freund fiel mir ein, der kurz vor seinem Tod in einem Brief an seine Freunde geschrieben hatte: »Ich hätte mir *mehr* gewünscht, aber *anders* habe ich es nie haben wollen.« Ich selbst würde mir wahrscheinlich am Ende auch noch mehr wünschen, und auf jeden Fall wünsche ich mir oft, es wäre anders. Ich überlegte, wie es wohl sein mochte, von ganzem Herzen »danke« sagen zu können. Ich weiß, dass man sich dann jedes Aufbegehren versagen muss. Es würde bedeuten, dem Leben zu vergeben. Ihm alles zu vergeben.

Als ich einmal auf einem Retreat in einem Augenblick tiefer Dankbarkeit die Freude erlebte, ohne Groll auf mein Leben zurückschauen zu können, sagte ich zu meinem Lehrer Jack: »Ich sehe jetzt, dass dies wirklich eine Übung der Herzensgüte ist. Man muss zu allem ›danke‹ sagen können!« Ich weiß noch, dass Jack mich mit schräg geneigtem Kopf und hochgezogenen Augenbrauen ansah, ein Zeichen dafür, dass er mir jetzt eine Testfrage stellen würde.

»Wirklich?«, fragte er. »Und was würdest du zu einem Holocaust sagen?«

Ich erwiderte: »Ich würde sagen: Nein danke.« Er blickte mich an. Ich blickte ihn an. Wir wechselten das Thema. Ich hatte aber das Empfinden, dass wir es beide irgendwo im Kopf behielten und dass es eines Tages wieder auf den Tisch kommen würde. Ich hatte meine Antwort automatisch gegeben. Sie *schien* richtig gewesen zu sein im Hinblick auf das, worauf es mir ankam; aber vielleicht hatte sie nur meiner *Hoffnung* Ausdruck gegeben. In Wahrheit kann ich nicht für alles danken. Wie wunderbar das Leben auch sein mag, es ist auch immer voller Schmerz. Inzwischen weiß ich klarer als damals, dass es nicht unbedingt nötig ist, für alles und jedes zu danken, solange man keinen Widerstand dagegen leistet, nichts an den Umständen auszusetzen hat und Leid nicht noch vergrößert. Nötig ist nur, alles annehmen zu können. Nötig ist, sagen zu können: »So ist es nun einmal. Und es ist in Ordnung so.« Das Vergebenkönnen ist eine schwere Übung, aber sie ist einleuchtend und vernünftig.

Vor kurzem habe ich eine Frau kennen gelernt, deren Praxis darin bestand, sich mit ihren Schicksalsschlägen abzufinden. Vierzig Jahre, nachdem mein Mann Seymour und ich die Wohnung aufgegeben hatten, in der wir in unserem ersten Ehejahr gewohnt hatten – die obere Hälfte eines zweistöckigen Backsteingebäudes in Boro Park, Brooklyn –, machten wir dort noch einmal einen Besuch. Es war ein spontaner Entschluss. Wir waren gerade für fünf Tage in New York und wohnten in Manhattan, und eines Morgens sagte ich: »Lass uns doch mit der U-Bahn nach Brooklyn fahren.« Ich kleidete mich möglichst sittsam – langer Rock, lange Ärmel, ein Hut, der meine Haare vollständig bedeckte. Ich wusste, dass in unserem alten Viertel heute überwiegend Anhänger eines bestimmten chassidischen Rabbi mit sehr konservativem Lebensstil wohnen, und wollte niemandes Gefühle verletzen.

Unsere Straße sah noch genauso aus, wie ich sie in Erinnerung hatte, das Haus auch, nur war jetzt neben den zwei Wohnungsklingeln eine Sprechanlage. Ich drückte auf den oberen Klingelknopf, und eine Frauenstimme sagte: »Hallo?«

»Mein Mann und ich sind auf der Durchreise hier, aus Kalifornien«, sagte ich. »Wir haben vor vierzig Jahren in Ihrer Wohnung gewohnt.«

»Wollen Sie heraufkommen?«

»Wenn wir dürfen, gern.«

»Ja, kommen Sie nur.«

Die Frau erwartete uns oben am Treppenabsatz; sie war schätzungsweise zehn Jahre älter als ich. Ebenso wie ich trug sie einen langen Rock und lange Ärmel, und ihr Haar verbarg sich unter einer Art Turban. Ich stellte mich vor. Sie sagte:

»Ich heiße Ruth« und drückte mir die Hand, Seymour hingegen nicht, denn es schickt sich nicht für orthodoxe Jüdinnen,
einem Mann, der nicht zur Familie gehört, die Hand zu geben. Ich sah mir die Küche an, die renoviert und neu eingerichtet war und mir viel heller vorkam als früher. Eine Spüle
mit zwei Becken war ein Hinweis darauf, dass sie sich an die
strengen jüdischen Ernährungsvorschriften hielt und koscher
lebte. Offenbar hatten wir Ruth beim Frühstück gestört, und
ich entschuldige mich für die Unterbrechung.

»Macht nichts«, sagte sie. »Kommen Sie, ich zeige Ihnen
die Wohnung. Ich wohne hier schon vierzig Jahre. Wir müssen gleich nach Ihnen eingezogen sein.« Ruth ging uns voraus
ins Esszimmer, das ebenfalls heller und fröhlicher wirkte als
zu unserer Zeit, und weiter ins Wohnzimmer. In den Rega-
len an den Wänden ringsum reihten sich vom Fußboden bis
zur Decke religiöse jüdische Werke, in Leder gebunden. Die
Regale waren neu. 1955 waren die Wände kahl gewesen, wir
hatten damals nur zwei Lehnsessel, zwei Beistelltische und
einen Schwarzweißfernseher mit Zimmerantenne besessen.

»Ist Ihr Mann ein Gelehrter?«, fragte ich.

»Ja«, erwiderte Ruth. »Er war Geschäftsmann und hat ne-
benbei die Schriften studiert. Er ist vor vier Monaten gestorben.«

»Das tut mir Leid«, sagte ich. »War er lange krank?«

»Nicht allzu lange – ein paar Monate.« Ruth machte eine
Pause, dann fuhr sie fort: »Klagen war nicht seine Art. Hätte er
früher geklagt, hätten ihn die Ärzte früher ernst genommen.
Dann hätten sie ihn noch behandeln können, und er wäre länger am Leben geblieben.«

»Macht Sie das wütend?«, fragte ich.

»Wütend nicht gerade«, antwortete sie. »Eher traurig. Ich

bin jetzt ziemlich einsam. Deshalb schlafe ich lange. Und darum steht mein Frühstück noch auf dem Tisch.« Ich glaube, Ruth war genauso überrascht von der plötzlichen Vertraulichkeit zwischen uns wie ich. Sie sagte: »So etwas passiert eben. Kommen Sie, ich zeige Ihnen die übrigen Räume.«

Die beiden Schlafzimmer waren noch da, wo sie meiner Erinnerung nach sein mussten. Ruth zog die Tür des größeren Zimmers zu, in dem wir damals geschlafen hatten, wahrscheinlich, um das ungemachte Bett zu verbergen. »Das hier ist mein Trainingsraum«, sagte sie und zeigte auf das kleinere Zimmer. In der Mitte des Raums stand vor einem Fernsehapparat ein Heimtrainer. »Ich versuche, jeden Tag ein paar Meilen zu laufen«, sagte sie, »man muss ja mit der Zeit gehen.« Ich merkte, dass ich angenehm überrascht war und mich entspannte. Diese Siebzigjährige passte nicht zum Klischee einer orthodoxen alten Jüdin.

Auf dem Rückweg zur Küche kamen wir im Flur an gerahmten Fotos von ihren drei Söhnen mit Familie vorbei. Nach ihrer Kleidung und der Größe ihrer Familien zu urteilen, hielten sie sich nicht so strikt an die orthodoxen Regeln. Ruth sah zu, wie ich jedes Foto genau betrachtete, eins nach dem anderen, und sie miteinander verglich.

»Das ist ganz in Ordnung«, sagte Ruth, »jeder ist anders. Kommen Sie, setzen Sie sich. Trinken wir einen Kaffee zusammen.«

Ich erkundigte mich nach Cynthia und Jack, die vor vierzig Jahren eine Etage tiefer gewohnt hatten, und nach ihren zwei Töchtern. Ruth sagte, ihre Kinder seien eng mit den beiden Mädchen befreundet gewesen.

»Sie sind immer zwischen unseren Wohnungen hin und her gependelt«, sagte sie.

»Gab es Probleme wegen der religiösen Unterschiede?«, fragte ich. »Soweit ich mich erinnere, waren sie nicht strenggläubig.«

»Nein. Aber das war in Ordnung«, sagte Ruth. »Sie waren nette Leute. Die Mädchen sind inzwischen verheiratet, und Cynthia und Jack leben auf Long Island. Sie sind zur Beerdigung meines Mannes gekommen.«

Wir setzten uns an den Küchentisch und tranken Kaffee. »Sie haben einen leichten Akzent«, sagte ich. »Wo sind Sie geboren?«

»Ich bin in Ungarn geboren.«

»Sind Sie vor dem Krieg von dort gekommen?«, fragte ich.

»Nein.« Ruth schwieg eine Zeit lang. Ich ahnte, was sie jetzt erzählen würde. Die Leute machen oft eine Pause, um dem Zuhörer Zeit zu geben, sich auf das vorzubereiten, was dann kommt.

»Ich war in einem Lager. Mit meinen Eltern und meiner Schwester. Meine Mutter ist umgekommen. Aber meine Schwester und ich haben überlebt. Meine Schwester war so erschöpft und abgemagert vom Typhus, dass ich sie am Ende hinaustragen musste, aber wir haben überlebt. Mein Vater auch. Meinen Mann habe ich in einem Umsiedlerlager kennen gelernt. Wir sind alle zusammen nach Amerika ausgewandert. Mein Vater ist erst vor ein paar Jahren gestorben. Meine Schwester lebt hier in der Nähe, auch schon all die Jahre in der gleichen Wohnung. Sie hat ebenfalls drei Kinder. Wollen Sie noch Kaffee? Erzählen Sie mir von sich. Wo leben Sie denn in Kalifornien? Sind Sie berufstätig?«

»Ja«, sagte ich. »Ich bin Psychologin.«

Ruth lächelte. »Ich schaue mir gern psychologische Sendungen im Fernsehen an«, sagte sie. »Geben Sie auch Rat?«

»Manchmal schon«, erwiderte ich, ein bisschen beunruhigt, dass sie vielleicht von mir beraten werden wollte.

»Also, manchmal bin ich so traurig, dass ich mich den ganzen Tag nicht ankleide und auch nicht rausgehe. Aber dann denke ich: ›Wahrscheinlich geht's dir bald wieder gut. Vielleicht fühlst du dich morgen wohler.‹ Meist ist es auch so. Meinen Sie, das ist in Ordnung?«

»Aber ja«, sagte ich.

»Haben Sie meine Vitamine gesehen?«, fragte Ruth und wies auf eine nach Wochentagen aufgefächerte Plastikschachtel mit Pillen und Kapseln aller Größen, Formen und Farben, die vor ihr auf dem Tisch stand. »Ich sehe mir immer eine Gesundheitssendung im Fernsehen an. Sie heißt *New Age News*. Ich habe deren Vitaminkatalog angefordert und alles dort bestellt.«

»Sind Sie bei guter Gesundheit?«, fragte ich.

»Es geht«, sagte Ruth. »Ich habe einen leicht erhöhten Blutdruck, aber dagegen nehme ich Tabletten.«

»Vom Arzt verschrieben?«

»Natürlich vom Arzt verschrieben. Ich habe ihm auch meine Vitamine gezeigt, und er meinte, die wären okay.«

Ehe wir Abschied nahmen, fragte mich Ruth, ob ich nicht ein Foto von unseren Kindern und Enkeln dabeihätte. Als ich mein Familienfoto hervorholte, fiel mir auf, wie kalifornisch lässig alle aussahen, ganz anders als die Leute in Ruths Umgebung.

»Sehr schön«, sagte Ruth. »Wenn Cynthia und Jack nächstes Mal anrufen, erzähle ich ihnen, dass Sie hier waren.«

Als wir durch Boro Park zur U-Bahn zurückgingen, sagte Seymour: »Du bist ungewöhnlich still.«

»Ich denke nach«, sagte ich.

»Mir ist aufgefallen, dass du gar nichts von deiner buddhistischen Lehrtätigkeit erwähnt hast. Du hast nur gesagt, dass du Psychologin bist.«

»Bin ich ja auch.«

»Hattest du Sorgen, dass sie es nicht verstehen würde? Dass sie Anstoß daran nehmen würde? Oder dass sie dich für eine Schwindlerin halten würde – gekleidet wie sie selbst, aber in Wirklichkeit...«

»Ich glaube, sie wäre in jedem Fall mit mir zurechtgekommen«, sagte ich. »Ich bin mir allerdings wie eine Hochstaplerin vorgekommen, als ich merkte, wie wenig ich im Grunde vom Umgang mit Verlust und Schmerz weiß. Ich habe jetzt gerade gedacht, dass Ruth gut Buddhismus lehren könnte.«

»Wenn sie dich nun um psychologischen Rat gebeten hätte?«

»Ich habe gehofft, dass sie es nicht tut«, sagte ich. »Um die Wahrheit zu sagen: Sie hat mich umgeworfen.«

Eine Woche später erzählte ich meiner Freundin Sheila von Ruth in Boro Park. Sheila ist Rabbinerin und unterrichtet oft mit mir zusammen Meditation. »Ruths Herzensgüte hat mich erstaunt«, sagte ich. »Sie hätte sich über so vieles aufregen können, aber sie tat es nicht. Und das ohne Meditationspraxis.«

»Ruth hat ihre eigene spirituelle Praxis«, sagte Sheila.

Ich musste gleich an Ruths Lebensweise denken mit all den orthodoxen Regeln, die dazugehörten. »Meinst du, das orthodoxe Judentum hat sie weise gemacht?«, fragte ich.

»Nein«, erwiderte Sheila. »Vielleicht hat es ihr geholfen, den Kopf oben zu behalten, aber ihre eigentliche Übung besteht darin, auch im Leiden fest zu bleiben. Sie weiß, dass sie ihren Schmerz durch Wut nur vergrößern kann. Sie bewahrt sich ein weit offenes Herz.«

»Bitte anschnallen«: die tägliche Herzensgüteübung

Zu meiner *Metta*-Praxis – soweit sie nicht im Rezitieren von Segenssprüchen besteht – bin ich durch die Belehrungen von Chagdud Rimpoche, einem ehrwürdigen Lama des tibetischen Buddhismus, und Jo, einer regelmäßigen Teilnehmerin am Mittwochmorgenkurs im Spirit-Rock-Zentrum, gekommen. Bei beiden steht die Herzensgüte im Mittelpunkt ihrer Lehre.

Chagdud Rimpoche bin ich nur ein einziges Mal begegnet. Ich hatte mich einmal bei ihm angemeldet, als sich infolge meiner Meditationspraxis ungeahnte Kräfte und Energien bei mir regten und Freunde mir sagten, dass sich tibetische Lehrer besonders gut mit esoterischen Kräften auskennen. Ich berichtete in allen Einzelheiten langsam und mit wohl erwogenen Worten von meinen Erfahrungen, während ein Dolmetscher übersetzte, und erwartete, dass er mir nun Anweisungen für eine neue Meditationstechnik geben würde. Stattdessen sagte er: »Wie oft am Tag widmest du dich der Übung des Mitgefühls?« Darauf wusste ich keine Antwort. Da sagte er: »Geh jeden Tag auf die Straße hinaus und sieh dir die Leidenden an.« Ich dachte: »Wie soll ich wissen, wer leidet und wer nicht? Meint er alle? Wahrscheinlich. Und dann? Was ist mit meinen Energien?« Das Gespräch war jedoch beendet, und so fragte ich nicht weiter. Aber seine Anweisung, auf die Straße hinauszugehen und mir die Leidenden anzusehen, erwies sich als nützlich. Zumindest gibt es, wenn man anderen Menschen Aufmerksamkeit schenkt, ein Ventil für die Energien und Kräfte, die man in der Meditation gewonnen hat, und im besten Falle wird dadurch das Mitgefühl gestärkt.

Jo erteilte mir eine Lehre durch eine Bemerkung, die sie während einer Meditationssitzung im Spirit-Rock-Zentrum machte. Ich hatte über die Herzensgüte gesprochen und gesagt: »Es ist leicht, Menschen wohl zu wollen, die man liebt. Hingegen fällt es schwer bei Leuten, die man nicht mag. Und die ›neutralen‹, über die wir uns keine Meinung bilden, übersehen wir für gewöhnlich. Allerdings«, fügte ich hinzu, »gibt es nur wenige neutrale Menschen. Ich glaube, wir fällen unsere Entscheidung, ob wir jemanden mögen oder nicht, spontan aufgrund weniger Fakten. Es ist schwer, unparteiisch zu sein.«

Jo, die über vierzig Jahre als Flugbegleiterin für United Airlines tätig war, sagte: »Nein, das stimmt nicht. Wenn ich im Flugzeug die Passagiere anschaue und sage: ›Bitte anschnallen‹, meine ich damit alle. Sie sitzen alle mit mir im gleichen Flugzeug, und wir müssen den Flug gemeinsam hinter uns bringen. In meinen Augen sind wir alle gleich.«

Ich muss immer an Chagdud Rimpoche denken, wenn ich im Supermarkt an der Kasse Schlange stehe und mir seinem Rat folgend Gedanken über die Person vor mir mache: »Was mag wohl derzeit das größte Problem ihres Lebens sein?« Und dann wünsche ich ihr: »Mögest du glücklich werden. Möge dein Schmerz, was immer es ist, gelindert werden.« Jo fällt mir ein, wenn ich mich umschaue und sehe, dass wir alle, die wir hier Schlange – stehen im Supermarkt, in der Bank, im Postamt, am Fahrkartenschalter – Tag für Tag, Jahr für

Jahr und Problem für Problem weiter vorrücken, während wir diese Lebensreise gemeinsam unternehmen. Ich habe zwar nach wie vor von jedem Menschen ein anderes Bild, aber ich weiß, dass wir uns alle ohne Ausnahme für die Reise anschnallen müssen.

Die tägliche Herzensgüteübung, bei der man jedem Menschen im Vorübergehen Segenswünsche zukommen lässt, ergibt sich im Lebensalltag ganz von allein. Als ich selbst mir bestimmte Metta-Segenssprüche zum Rezitieren ausgesucht habe, unterlegte ich sie mit einer Melodie, die mich persönlich ansprach und anrührte, und rezitierte sie in dieser Form immer wieder. Meinen Schülern empfehle ich, es mir gleichzutun. Ich sage ihnen: »Wenn ihr es auch so macht, werdet ihr merken, dass euer Gesang zu einer Art Ohrwurm wird, der euch nicht mehr aus dem Sinn geht. Er wird sich dort einnisten, in jedem freien Augenblick erklingen und euch glücklich machen.«

Sie sind eingeladen, es ebenso zu machen. Denken Sie sich Segenswünsche aus, die Sie gern sprechen möchten. Überlegen Sie sich eine Melodie, von der Sie wissen, dass sie Ihnen zu Herzen geht, und probieren Sie, ob Sie Wort und Ton miteinander kombinieren können. Mein Text passt zu drei Melodien, die mir lieb sind, wahrscheinlich, weil ich fest darauf gehofft hatte, dass sie passen würden. Lassen Sie Ihr Lied, sobald Sie es fertig haben, ständig in Ihrem Geist erklingen. Sie werden sich anders fühlen, und die Menschen in Ihrer näheren Umgebung werden ebenfalls eine Veränderung an Ihnen wahrnehmen.

10

Gleichmut

*Geht hin und lehrt die Wahrheit
in der Sprache der Menschen,
zum Wohl vieler,
aus Mitleid mit der Welt.*

BUDDHA

Gleichmut

Übung von:	Führt zur Gewohnheit von:	Durch:	Und wird unterstützt durch:	Und manifestiert sich als:
Gleichmut	Annehmenkönnen	die freudige Erfahrung der Unvoreingenommenheit bei Beherzigung der ganzen Wahrheit jedes Augenblicks (durch Übung der rechten Achtsamkeit, des Gleichmut schaffenden Aspekts der Vierten Edlen Wahrheit)	die Wahrnehmung und Anerkennung, dass dieser Kosmos Gesetzen unterliegt und in seiner Zuverlässigkeit gerecht und tröstlich ist; Einsicht in Karma und Kausalität sowie in die wechselseitige Verbundenheit	Mitgefühl

Um unseren Gleichmut zu vervollkommnen, müssen wir jede Erfahrung in unser Bewusstsein rücken und annehmen. Wir können uns nicht weigern, aufmerksam zu sein. Eine Weigerung bedeutet, sich abzuwenden und geistig zu verhärten, und das bringt Leiden. Durch die geistige Abkehr und die Weigerung, hinzuschauen, wird die vollständige, klare Sicht vereitelt. Wenn aber unser Geist jeden Augenblick mit gleicher Hochachtung willkommen heißen kann, hat er auch das Format, einzusehen, dass Kausalzusammenhänge jeder Erfahrung ihren gesetzmäßigen Platz und Zeitpunkt zuweisen und dass alles auf atemberaubende Weise immer nur so und nicht anders sein kann. Dann kann unser Herz, in Gleichmut ruhend, voll Mitgefühl reagieren.

Gleichmutsmeditation

Die Gleichmutsmeditation habe ich manchmal gelehrt, indem ich meine Schüler an die alte Fernsehsendung *Sing Along with Mitch* (»Singen mit Mitch«) erinnerte, bei der das Publikum mitbeiteiligt war. Zuschauer im Fernsehstudio und zu Hause sahen und hörten sich eine Band unter der Leitung des Dirigenten und Akkordeonspielers Mitch Miller an, die populäre Schlagermelodien spielte. Die Texte erschienen in Form von Untertiteln auf dem Bildschirm, und ein kleines Symbol sprang von Wort zu Wort, damit Teilnehmer, die einen Song zum ersten Mal hörten, folgen und mitmachen konnten.

Nachdem ich die Sendung beschrieben hatte, pflegte ich zu sagen: »Genauso ist die Gleichmutsmeditation. Sie ist eine Übung, um den Kopf oben zu behalten, um mit dem, was geschieht, im Einklang zu bleiben und das Gleichgewicht zu bewahren, selbst oder gerade wenn man sich auf ungewohntem Terrain bewegt.« Ich füge auch gern hinzu, dass selbst Lieder mit ungewöhnlichen, überraschenden Tonartveränderungen oder unverständlichen Texten für das Ohr des Komponisten harmonisch klingen und dass sie einen Anfang und ein Ende haben, die nach einem bestimmten sinnvollen Muster miteinander verknüpft sind.

Hier meine Anweisungen für die Gleichmutsmeditation: Setzen Sie sich bequem hin. Schließen Sie die Augen. Betrachten Sie jeden Atemzug oder jede Stimmung, jeden Gedanken, jede Idee als das nächste Wort eines Liedtextes, den Sie gerade singen. Sie können sich aussuchen, welchen Teil der Partitur Sie singen wollen – Atem, Stimmung, Gedanke, Idee –, sollten jedoch im Hintergrund immer auch die ande-

ren Teile hören. Wenn Sie entspannt sind, können Sie sagen:
»Jetzt dies« oder »Jetzt das« oder »Na schön, das kommt tatsächlich überraschend, aber – sieh an! – ich kann damit fertig
werden und bin gleich wieder für die neue Erfahrung offen,
die sich gerade anbahnt.« Sie brauchen nichts vorauszupla-
nen. Sollten Sie einen Augenblick verpatzen, lassen Sie ihn
los. Singen Sie Ihr Stück vom Blatt ab: jetzt, jetzt, jetzt.

Meditieren Sie, solange Sie wollen. Sie üben sich in Gleichmut. Aber auch in Achtsamkeit.

»Es könnte gar nicht besser sein«

Der aktivste Teilnehmer – zumindest der *lauteste* – in meinem »Komitee für spirituelle Lenkung« – ist mein eigenes
Herz. Die anderen Komiteemitglieder, alles Zeugen für das
eine oder andere Stück meines inneren Lebensweges, lieben
mich. Das weiß ich. Ich vertraue darauf, dass sie meine Geheimnisse hüten – meine Sorgen und Enttäuschungen, Ängste und Schuldgefühle –, und gehe davon aus, dass sie mich
unterstützen. Das haben sie immer getan. Mein eigenes Herz,
zumindest der Teil, der für Gewissensfragen zuständig ist,
kennt hingegen keine Gnade. Es sagt immer: »Das kannst du
auch noch besser machen!«

»Besser als was?«, würde ich fragen, wenn ich klar denken
könnte. Ich weiß zwar, dass Buddha gesagt hat, niemand auf
der ganzen Welt verdiene mehr Wohlwollen als man selbst,
aber ich denke trotzdem immer, dass es eine Mindestnorm
der Verdienste gibt, die ich erfüllen muss.

Rose und Gwen sind zwei ständige Mitglieder der Mittwochmorgenrunde im Spirit-Rock-Zentrum, deren Kommen-

tare an einem bestimmten Tag als »Roses Bemerkung« und »Gwens Antwort« in die Annalen eingegangen sind. Ich war damals erst wenige Minuten vor Kursbeginn angekommen und eilte gerade über den Parkplatz zu dem Gebäude, wo sich die Gruppe immer trifft. Rose kam hinter mir angelaufen und holte mich bald ein, und ich sagte: »Hallo, Rose, wie geht's dir?«

»Mir geht's gut«, erwiderte Rose. Als wir ein paar Schritte gegangen waren, fügte sie hinzu: »Na ja, ich bin nicht ganz sicher, ob es mit dem Job, den ich jetzt habe, klappt. Und meine Tochter auf dem College macht mir auch Sorgen. Aber sonst geht's mir eigentlich gut.« In dem Moment hatten wir den Meditationsraum erreicht. Ich nahm meinen Platz vorn ein, gab ein paar Anweisungen, und dann saßen wir alle still. Als die Sitzung vorbei war, führte ich das kurze Gespräch mit Rose als Beispiel für die buddhistische Lehre vom Leiden und der Aufhebung des Leidens an. Vermutlich habe ich von der Möglichkeit gesprochen, dass man ausgeglichen und weise auf die unausweichlichen Herausforderungen des Lebens reagieren kann, während man vor ihnen steht.

Ich weiß noch, dass ich sagte: »Vielleicht sollten wir ›Mir geht's gut‹ als Parole der Mittwochsgruppe ausgeben. Dann könnten wir, wenn wir uns im Supermarkt oder beim Zahnarzt begegnen, fragen: ›Wie geht's dir?‹, und antworten: ›Mir geht's gut‹, worunter sinngemäß zu verstehen wäre: ›Mein Leben ist genauso kompliziert wie das aller anderen, aber ich komme klar‹, und darüber hinaus: ›Hallo! Ich kenne dich vom Kurs her.‹«

Alle fanden die Idee gut. Dann sagte Gwen: »Ich beantworte die Frage: ›Wie geht's?‹ anders. Wenn mich jemand fragt: ›Wie geht's dir, Gwen?‹, sage ich immer: ›Es könnte gar nicht besser sein.‹«

Gwen schwieg einen Augenblick, um den anderen Zeit zu geben, das Gesagte auf sich wirken zu lassen und schließlich zustimmend zu lächeln und zu nicken. »Denn«, fuhr sie fort, »es könnte nicht besser sein. Nie.«

Keinem von uns könnte es besser gehen, als es uns gerade geht, nie. Niemand beschließt vorsätzlich, zu leiden. Wenn ich enttäuscht, irritiert, beleidigt oder verängstigt bin und mich deswegen über mich selbst ärgere, sage ich mir: »Du solltest darüber stehen, Sylvia. Wenn du ein wirklich spiritueller Mensch wärst, würdest du im Herzen nichts anderes empfinden als Dankbarkeit.« Obwohl ich weiß, dass ich meinen Schmerz damit noch vergrößere, reagiere ich so.

Es dürfte einer der Fallstricke spiritueller Übung sein. Ich selbst tappe nur allzu leicht in diese Falle. Ich bin felsenfest davon überzeugt, dass ich die Fähigkeiten meines Herzens vervollkommnen kann, und lasse mich von Geschichten inspirieren, die von Menschen edelster Denkungsart handeln. Ich höre solche Geschichten und erzähle sie weiter, zum Beispiel die letzten Worte der Zenmeisterin, die damit ganz in der Tradition der Zenmeister stand, sich die markigsten Lehren bis zum letzten Atemzug aufzuheben. »Ich kann mich nicht beklagen«, sagte sie. An sie denke ich, wenn ich mich im Geiste beklage und ärgere, weil die Dinge nicht so sind, wie ich es wünsche. Ich weiß, dass es keine Gleichgültigkeit ist, wenn man nicht klagt. Ich weiß auch, dass ich mit liebevollem Herzen mehr bewirken würde. Trotzdem merke ich, wie indigniert und selbstgerecht ich im Geiste bin und welche Klagelieder ich anstimme. Alles schlechte Angewohnheiten. Alles schmerzhafte Angewohnheiten.

Die beste Reaktion auf Schmerz – Schmerz *jeder* Art – ist Mitgefühl. Vielleicht gründet sich die ganze spirituelle Praxis darauf, sich immer wieder ins Gedächtnis zu rufen, dass wir letztendlich Menschen sind. Wir wollen, dass es uns gut geht. Wir wollen nicht verletzt werden. Wir wollen uns nicht vergebens nach etwas sehnen. Als wir drei oder vier Jahre alt waren, haben unsere Eltern und Erzieher uns klar zu machen begonnen: »Du kriegst nicht alles, was du dir wünschst«, und wir wissen, dass es stimmt, dass die Welt nun einmal so ist. Aber obwohl wir es wissen, fällt es uns sehr schwer, immer nur bescheiden zu sein.

Vor 25 Jahren hat meine sterbende Freundin Pat, eine noch junge Frau, kurz vor ihrem Tod ihren Exmann und dessen neue Frau zum Thanksgiving-Dinner eingeladen, um ihren halbwüchsigen Kindern den bevorstehenden Übergang vom alten in das neue Zuhause zu erleichtern. Hinterher sagte sie mir: »Weißt du was? Ich hatte an dem Abend nicht einen einzigen guten Gedanken.«

Ich sagte: »Pat, du kannst nicht vor deinem Tod heilig gesprochen werden, das kommt erst *danach*.«

Vielleicht sollten meine Kollegen und ich noch einmal überlegen, ob es richtig ist, unsere Schüler mit traditionellen Geschichten anzuspornen. Vielleicht sollten wir lieber glaubhaftere Geschichten aus unserem eigenen Erfahrungsschatz erzählen. Doch selbst wenn wir das täten, wäre ich nicht sicher, ob es etwas nützen würde. Offenbar sind wir viel eher dazu bereit, anderen zu vergeben oder sie zum Vergeben zu ermutigen, als uns selbst zu vergeben.

Wenn ich angehende Kursleiter in Achtsamkeit unterrichte, bestärke ich sie in ihrer Fähigkeit, auf alle Fragen ihrer Schüler eingehen zu können. Ich sage: »Geht einfach davon aus, dass die Antwort auf jede etwaige Frage zunächst einmal Mitgefühl ist.« Dann füge ich hinzu: »Bietet nach Möglichkeit auch eine praktische Lösung an, zum Beispiel: ›Setz dich auf ein weicheres Kissen‹ oder: ›Halte die Augen offen, wenn du dadurch leichter wach bleibst‹, aber vergesst nie, dass jeder Hilferuf letztlich eine Bitte um Mitgefühl ist. Wenn im Herzen Friede herrscht – vom Körper oder äußeren Ereignissen einmal abgesehen –, ist nur noch zutiefst dankbares, ehrfurchtsvolles Wohlwollen da. Ein solches Herz hat keine Fragen mehr.«

Dem stimmt jeder zu. Jeder weiß, dass Mitgefühl die richtige Antwort ist. Das Problem liegt, wie meine Schüler mir zu bedenken geben, nicht bei anderen, sondern bei ihnen selbst: »Was ist, wenn ich mich bemühe, Mitgefühl für mich selbst aufzubringen, wenn ich weiß, dass ich mein Leiden beenden könnte, sobald ich mir einfach vergeben würde, und es *trotzdem* nicht schaffe?« Eine Frage, die auch mich betrifft, denn ein Problem ist noch nicht gelöst, nur weil man die Antwort weiß.

Ich sage ihnen dann – und das gilt auch für mich –, dass das menschliche Herz von Natur aus bestrebt ist, sich selbst zu heilen, und dass es sein eigenes Zeitmaß hat. Besser weiß ich es nicht noch nicht.

»Alles geschieht jedem«

Ich habe es mir zur Gewohnheit gemacht – eine Sitte, die ich von meinen Lehrern übernommen habe –, Achtsamkeitsretreats formell mit der Rezitation von Gebeten zum Wohle aller Wesen zu beenden. Ganz zuletzt sprechen wir ein feierliches Gelöbnis, die eigenen Verdienste (das heißt das eigene Wohlergehen) dem Wohl aller Wesen zu opfern:

Mögen alle Wesen glücklich sein, mögen alle Wesen Frieden finden, mögen alle Wesen zur Aufhebung des Leidens gelangen.

Mögen alle Verdienste, die wir durch unser gemeinsames Üben und Lernen erwerben, großzügig geopfert werden und allen Bewohnern der Erde zugute kommen. Mögen alle Wesen zur Aufhebung des Leidens gelangen.

Im Laufe meiner Übungsjahre ist mir immer deutlicher zu Bewusstsein gekommen, dass diese Abschlusszeremonien weit mehr sind als das letzte Glockenläuten, das Wegräumen der Matten und Kissen und der Dank an die, die neben uns gesessen und uns so tapfer unterstützt haben. Vielmehr sind sie Ausdruck einer tiefen Überzeugung, eine Art Sammelantwort auf die Fragen: »Was machst du?« »Wie machst du es?« »Warum machst du es?« und: »Funktioniert es?«

Wir üben, um zu jenem inneren Frieden zu gelangen, in dem uns das Wohlergehen anderer genauso am Herzen liegt wie das eigene und aus dem spontane Herzensgüte, Mitgefühl und tiefe Freude quellen. Dass wir diese rituellen Texte sprechen – nicht, weil es Zeit wäre, sie aufzusagen, sondern weil uns danach *zumute* ist – und dabei eine Glückseligkeit, ja Freiheit erfahren, die uns in diesem Gefühl bestärkt, zeigt, dass sie ihre Wirkung tun.

Wenn das Herz genügend Raum, Unterstützung und Ermutigung erhält, beruhigt es sich ganz von selbst und erwacht. Im Spirit-Rock-Zentrum beginnt die Mittwochmorgenrunde mit einer kurzen Einführung in die Meditation, an die sich vierzig Minuten stilles Sitzen anschließen. Ich habe ein gutes Zeitgefühl und weiß normalerweise auch ohne Blick auf die

Uhr, wie viele Minuten verstrichen sind. Nach einer Weile fällt mir immer auf, wie wohl mir körperlich ist, weil es so still im Raum geworden ist. Oder ich bemerke, dass irgendeine Bagatelle, die vor dem Sitzen noch ein echtes Problem zu sein schien, nur noch ein kleiner Gedanke ist, mit dem ich gut zurechtkomme. Oder ich stelle fest, wie etwas wirklich Schmerzliches aus meinem Leben, das mir große Sorgen bereitet und mich hat zweifeln lassen, ob ich die Meditationsrunde in solcher Zerstreutheit und Unsicherheit überhaupt würde leiten können, mir plötzlich wieder Raum zum Atmen lässt, sodass meine Aufmerksamkeit sich endlich aus den Fesseln der Angst befreit. Und an normalen Tagen ist das Zeichen für mich, dass wir lange genug gesessen haben, ein Gefühl ungeheurer Dankbarkeit gegenüber den Gefährten, die alle mit mir in diesem Raum sitzen und auch auf dem Weg sind. Wie ein Tag im Besonderen auch beschaffen sein mag, es bestätigt sich mir immer, dass mein Herz wieder zur Ruhe gefunden hat, wenn ich merke, dass ich an andere denke und ihnen Gutes wünsche.

Manchen Mittwoch sitzen wir einfach nur still, bis ich die Schlussglocke läute. Gelegentlich sage ich: »In Kürze wird die Glocke ertönen. Wenn jemand *Metta* üben und für Menschen, die er kennt, Segensgebete sprechen will, dann sollte er das in den nächsten Minuten der Stille mit uns gemeinsam tun.« Bisweilen erwähne ich auch jemanden namentlich und sage zum Beispiel: »In diesen letzten Minuten, bevor ich die Glocke läute, denke ich an meine Freundin Mary, die sich ein Bein gebrochen hat, und ich hoffe, dass ihr euch in Gedanken meinen Genesungswünschen anschließt. Bitte nennt auch ihr die Namen von Menschen, die euch am Herzen liegen, und beschreibt kurz ihre jeweilige

Situation, damit wir sie in unsere Gebete einschließen können.«

Die Leute sitzen still, mit geschlossenen Augen, fangen jedoch nach kurzer Pause an, Namen und Lebensumstände von Personen zu nennen, denen sie Segenswünsche schicken wollen.

»Ich denke an meine Mutter Eloise, die unter einer schweren Augenkrankheit leidet.«

»Ich denke an meine Tochter Carol, die gerade zum zweiten Mal eine Fehlgeburt hatte.«

»Ich denke an meinen Bruder Frank, der Lungenkrebs hat.«

»... meine Tante Laura mit einem Emphysem.«

»... meinen Sohn John, bei dem gerade eine psychische Störung diagnostiziert wurde.«

»... meine Nachbarin Virginia, deren Tochter letzten Sonntag auf dem Heimweg vom College bei einem Autounfall ums Leben gekommen ist.«

Ich fordere niemanden ausdrücklich zum Reden auf. Die Leute beginnen einfach, jeder irgendwo im Raum auf seinem Platz, nennen Namen und erwähnen ihr Verhältnis zu der genannten Person sowie deren besondere Situation. Manchmal erkenne ich eine Stimme oder einen Namen wieder, meistens jedoch nicht. Es kommt vor, dass diese Fürbitten eine ziemlich lange Zeit in Anspruch nehmen. Aber ich glaube, niemand hat es eilig, nachdem wir so lange still gesessen haben. Außerdem haben wir wohl alle das Gefühl, dass dieses Namennennen und Zuhören unser Gebet ist, bei dem wir uns nicht beeilen müssen, und dass unser Platz jetzt hier und nirgendwo sonst ist. Nach einiger Zeit werden meist gar die Namen weggelassen.

»Ich denke an meinen Enkel, der unter Aufmerksamkeits-
störungen leidet.«

»...meine Schwester, die Brustkrebs hat.«

»...meinen Freund, der Diabetes hat.«

»...meine Freundin, die unter Depressionen leidet.«

»...meine Nichte, die magersüchtig ist.«

»...die Schwester meines Mannes, die an einem unheilba-
ren Hirntumor leidet.«

Irgendwann wird es im Raum wieder still, und dann sitzen
wir noch ein wenig. Anschließend spreche ich ein Gebet für
alle namentlich Erwähnten und alle Leidenden auf dieser
Welt, und dann schlage ich die Glocke an. Danach bleiben wir
oft einfach noch sitzen und schauen einander an. Offenbar
brauchen wir diese Augenblicke, in denen wir uns gegenseitig
ansehen und ein paar Mal tief Luft holen, bis wir sagen können: »Gut. Reden wir darüber.«

Dann reden wir darüber, dass wir einander wieder einmal
in Erinnerung gebracht haben, wie schwer es ist, Mensch zu
sein mit einem Körper, der Alter, Krankheit und Tod unterworfen ist, und mit Beziehungen, die uns in Liebe verbinden.
Meine Mutter, mein Vater, meine Schwester, meine Tochter,
mein Freund... Wir können nicht anders, als Anteil zu nehmen – würden es auch gar nicht anders *wollen* –, und diese
Anteilnahme ist schmerzhaft, weil jeder ständig etwas verliert,
sei es Gesundheit, Jugend, Lebenskraft, Möglichkeiten oder
jemanden, den er liebt.

Ich weiß noch, wie ich zum ersten Mal die Geschichte von
der jungen Mutter hörte, die mit ihrem toten Sohn in den Armen zu Buddha kommt und ihn anfleht, mit seinen wunder-
tätigen Kräften ihr Kind wieder zum Leben zu erwecken. Als
Buddha daraufhin antwortet, dass er es tun würde, wenn sie

ihm ein Senfkorn aus einem Haushalt bringen könnte, in dem noch nie jemand gestorben sei, wusste ich gleich – wie wohl jeder, der diese Geschichte hört –, dass der Junge nicht mehr ins Leben zurückkehren würde. Die verzweifelte Mutter weiß immerhin nach ihrer Suche, dass alle Menschen sterben müssen und dass das Herz nicht an dem Leid zerbricht. Ich betrachte die Aufforderung: »Bring mir ein Senfkorn« als Anweisung: »Schau dich um. Du genießt die Unterstützung aller Menschen auf dieser Welt.« Und den Schluss der Geschichte, dass sich die trauernde Mutter in ihr Schicksal ergibt und sich verbeugt, betrachte ich als wundersame Heilung.

Ich selbst fühle mich allen Menschen in der Welt verbunden. Wenn im Spirit-Rock-Zentrum in einer der Morgenmeditationen, in denen wir laut unsere Gebete sprechen, jemand, dessen Stimme ich nicht wiedererkenne, seine Tante Claire erwähnt, die an Parkinson erkrankt ist, werde ich an Phyllis erinnert, die auch diese Krankheit hat, ferner an meine Freundin Claire, die zwar nicht an Parkinson, aber an etwas anderem leidet, und an meine Tante Miriam, die vor kurzem gestorben ist und bis zu ihrem Tod die Einzige in der Familie war, die älter war als ich. Ich glaube, ähnlich ergeht es auch den anderen Teilnehmern bei der Erwähnung eines Namens, einer Beziehung, einer Situation. Ich glaube, uns verbindet die gemeinsame Erkenntnis, wie unermesslich groß das menschliche Leid ist und wie stark die Bande der Zuneigung sind. Meine Mutter, mein Vater, meine Schwester, meine Tochter, mein Freund...

Es sind nicht nur schlimme Umstände, die uns zu Herzen gehen und zum Beten bewegen. Jeder Mittwoch ist anders. Meistens sind zu Anfang traurige Fälle Gegenstand der Fürbitte, doch wenn alles Schmerzliche gesagt und es im Raum wieder still geworden ist, sagt oft jemand: »Ich denke gerade an meine Tochter Jessica, die an drei medizinischen Hochschulen angenommen worden ist und sich nun entscheiden muss.« Oder: »Ich denke an meinen Sohn und meine Schwiegertochter, die gerade nach Peru unterwegs sind, um ihre neue Adoptivtochter abzuholen.«

»Ich denke an meine College-Zimmergenossin aus Michigan, mit der ich nun seit fünfzig Jahren befreundet bin und die heute Abend zu Besuch kommt.«

Das Gemurmel und fröhliche Schmunzeln, mit dem solche guten Nachrichten begrüßt werden, so persönlich sie auch sein mögen, zeigt uns, dass wir einander verbunden sind und uns, ohne mit der betreffenden Situation vertraut zu sein, mitfreuen können.

Manchmal werden Situationen auch nur ganz allgemein erwähnt.

»Meine Tochter ist schwanger.«

»Mein Sohn ist versetzt worden.«

»Ich habe heute Geburtstag.«

Meines Erachtens werden freudige Ereignisse erst dann spontan thematisiert, wenn das extrem Schmerzhafte, Erschreckende bereits gesagt wurde. Irgendwie scheint jeder zu begreifen, was gemeint ist: »Diese Dinge sind schwer und geschehen nun einmal. Niemand hat Schuld daran. Sie geschehen einfach. Sie sind aber zu ertragen«, und dann wird durch die kollektive, ruhige Aufmerksamkeit der Gruppe, die all dieses Leid mitgetragen hat, der zweite Teil der Botschaft ins Bild gerückt: »Es geschehen aber auch andere Dinge.« An einem Morgen, als besonders unterschiedliche Situationen geschildert und der jeweilige Bezug zu den betreffenden Personen ungewöhnlich weit gefasst war – viele hatten auch erwähnt, dass sie vom Gebet anderer zu ihrer eigenen Fürbitte inspiriert worden waren –, sagte schließlich jemand: »Seht ihr! Alles geschieht jedem.«

So kommt es tatsächlich früher oder später, je nach Verteilung oder Kombination der Freuden und Leiden, die dieses Leben, diese Eltern, dieser Körper und diese Möglichkeiten mit sich bringen. Dann betrachte ich die traditionelle buddhistische Gleichmutsmeditation, in der eingesehen wird, dass alle Wesen dem Gesetz des Karma unterliegen, als eine Übung in geistiger Unerschütterlichkeit. Die Übung erinnert uns daran, dass alles, was geschieht, das Ergebnis unglaublich komplexer Bedingungen und Ursachen ist, den Auslösern für jedwedes Geschehen, und dass wir kollektiv, alle ohne Ausnahme, davon betroffen sind als Erben eines gesetzmäßigen Kosmos, in dem Lob und Schuldzuweisungen irrelevant sind und nur Dankbarkeit und Mitgefühl einen Sinn haben.

»Bleibt verbunden«: die tägliche Gleichmutsmeditation

Der englische Autor E. M. Forster hat seinem Roman *Howard's End* das Motto »Only connect« (»Bleibt verbunden«) vorangestellt. Damit ist im Grunde das wesentliche Element zur Kultivierung von Gleichmut genannt, jener großen, geistigen Weite, durch die wir im Leben Harmonie herzustellen vermögen. Zugleich ist es auch ein Hinweis auf die Übung der Achtsamkeit – hellwacher Verbundenheit mit dem Augenblick, der gesammelten, gelassenen Aufmerksamkeit, in der uns all die Mittel wie Wahrnehmung, Erinnerung, Erkenntnis, Besinnung und Entscheidung zur Verfügung stehen, in der wir offen werden für die Weisheit und richtig reagieren können. Es ist letztendlich die Aufforderung, uns von ganzem Herzen und auf sinnerfüllte Weise in der Welt zu engagieren.

Auf meinem Schreibtisch habe ich ein kleines, gerahmtes Foto von meinem Vater und mir; mein Vater hat den Arm um mich gelegt, und wir stehen offensichtlich auf einer Aussichtsplattform an einem Highwayrastplatz, denn neben uns ist ein Münzfernrohr. Auf der Rückseite des Fotos steht: »Aussichtskuppe in Windham, New York, 12. Juli 1939.« Da war ich drei Jahre alt. Ich weiß, dass mein Vater und ich in meiner Kindheit viele ähnliche Aussichtsplätze besucht haben, und vermutlich speist sich meine Erinnerung an seine Anweisung zum Klarsehen aus all diesen Erlebnissen. Mir ist sie so im Gedächtnis geblieben: »Schau mit beiden Augen, Sylvia. Halte beide Augen offen. Stell dich hierhin, sodass die Linsen genau auf deiner Augenhöhe sind. Sonst siehst du nicht klar.«

Der wichtigste Teil war wahrscheinlich dieser: »*Jetzt* musst du schauen«, pflegte mein Vater zu sagen, »denn wir müssen bald weiterfahren, und dann hast du alles verpasst.«

Hier meine Anweisung: Bleiben Sie verbunden und seien Sie aufmerksam, jetzt sofort, wo Sie auch sein mögen. Immer und ewig.

NACHWORT
Gott und die Eulen

Es war am letzten Morgen bei der letzten Meditationssitzung eines fünftägigen Achtsamkeitsretreats für Rabbis. Während ich meine Anweisungen gab, dachte ich im Stillen: »Du erklärst das wirklich gut, Sylvia. Nicht schlecht!«

Im gleichen Augenblick gab es einen gewaltigen Donnerschlag, und Hagelkörner – in Kansas, wo wir einmal wohnten, hätten wir gesagt »so groß wie Golfbälle« – hämmerten auf das Dachfenster. Kurz vorher war es noch sonnig und still gewesen, und jetzt heulte plötzlich der Wind ums Haus, dass die Fenster klapperten. Mir schoss einen Moment lang der Gedanke durch den Kopf: »Ob der Sturm wohl etwas mit meiner Aufgeblasenheit zu tun hat?«

Ich schaute umher. Jeff und Sheila, meine Lehrerkollegen, saßen mit geschlossenen Augen da. Die meisten anderen auch. Diejenigen, die die Augen offen hatten, sahen aus dem Fenster und beobachteten das Gewitter. Die Abstände zwischen Blitz und Donner wurden immer kürzer; irgendwann waren sie fast deckungsgleich, und ich dachte: »Jetzt ist das Gewitter genau über uns.« Ich fragte mich, ob wir dann vollkommen sicher oder erst recht gefährdet seien. Ich schaute wieder umher. Niemand hatte sich gerührt. Alle wirkten ruhig. Einige lächelten. Zwanzig Minuten später hörte das Gewitter genauso abrupt auf, wie es eingesetzt hatte, und ich läutete die Glocke.

Die erste Person, die sich zu Wort meldete, sagte: »Ich hatte als Schlusswort eigentlich sagen wollen, dass wir drei wunderbare Lehrer in dieser Woche hatten. Jetzt weiß ich, dass es vier waren.«

Anerkennendes Gemurmel erhob sich ringsum, denn jeder spürte die darin anklingende religiöse Ergriffenheit, die keiner weiteren Erklärung bedurfte.

Vier Stunden später saß ich angeschnallt auf meinem Platz in einer Maschine der American Airlines von Newburgh, New York, nach Chicago und wartete auf den Start. Irgendwie kam mir die Zeitspanne zwischen dem Losrollen vom Gate bis zum Einbiegen auf die Abflugbahn sehr lang vor. Dann meldete sich der Flugkapitän über den Bordlautsprecher und sagte: »Meine Damen und Herren, wir verspäten uns leider. Vielleicht haben Sie die dunklen Wolken bemerkt, die in den letzten paar Minuten aufgezogen sind. Folgendes ist passiert: Kaltluft aus Kanada ist auf warme, feuchte Luftmassen aus dem karibischen Raum getroffen und sorgt für eine von Norden nach Süden verlaufende heftige Gewitterfront, die sich jetzt ostwärts verlagert und auf der Mitte zwischen New York und Chicago angekommen ist. Wer heute Morgen in der Nähe von Newburgh war, dürfte schon eine ähnliche Gewitterfront erlebt haben, die hier durchgezogen ist.«

»Eine meteorologische Erklärung löst die theologische ab«, dachte ich.

Dreißig Minuten verstrichen, in denen uns der Flugkapitän auf dem Laufenden hielt: »Vielleicht geht es bald los« und: »Anscheinend doch noch nicht. Wir müssen weiter warten.« Ich wechselte ein paar Worte mit meinem Sitznachbarn, und dann hörten wir beide ein Gespräch zwischen den zwei

Leuten auf den Plätzen vor uns mit an. Sie reisten offenbar auch allein und waren sich fremd.

»Ich war eine Woche hier in Newburgh«, sagte eine Frauenstimme. »Meine Mutter ist gestorben. Sie war schon alt, 87, hat aber immer noch im selben Haus gewohnt, in dem ich aufgewachsen bin. All meine Schwestern – ich habe fünf davon – kamen von überallher. Die Beerdigung fand am Montag statt, aber wir brauchten noch die ganze Woche, um Mutters Haus leer zu räumen und verkaufsfertig zu machen.«

Nun hörten wir die Stimme ihres Sitznachbarn, der sein Beileid äußerte.

»Eigentlich war es richtig gut«, erzählte die Frau weiter. »Es war schön, dass wir Schwestern einmal alle beisammen waren. Wir sehen uns nicht allzu oft. So aber konnten wir Mutters Siebensachen gemeinsam durchsehen, und jede konnte sich das aussuchen, was sie gern behalten wollte.«

»Jetzt sag ich Ihnen mal was«, fuhr die Frau fort. »Sehen Sie das Gewitter? Nun, heute Morgen hatten wir das ganze Haus in Ordnung gebracht. Jede von uns hatte sich das ausgesucht, was sie mitnehmen wollte. Alles Übrige hatten wir weggegeben. Bis auf die Eulen. Meine Mutter hat Eulen gesammelt, Gott weiß, warum. Sie hat es einfach gemacht. Eulen aus Holz. Kleine Eulen aus Zinn. Eulen aus Porzellan. Sie hat jahrelang Eulen gesammelt. Sie hatte eine Riesenkollektion davon. Keine von uns wollte die Eulen haben. Ich habe die ganze Woche überlegt, was man damit machen sollte. Heute Morgen hatte ich mich endlich dazu durchgerungen, sie zu verschenken, und mit jemandem telefoniert, um sie abholen zu lassen. Genau in dem Augenblick setzte das Gewitter mit Blitz und Donner ein. Ich *wusste* sofort, dass das nur meine Mutter sein konnte, die wütend über die Sache mit den Eulen war!«

Das Flugzeug rollte schließlich wieder zum Gate zurück, und ich musste in einem Motel in Newburgh übernachten. Ich dachte darüber nach, wie unser Geist ein Ereignis aufnimmt und sich etwas daraus zurechtbastelt – »Das soll mir eine Lehre sein« oder: »Sicher eine Strafe für mich« oder gar: »Das war ein Wink Gottes«. Von allem, was als Erklärung für das Gewitter angeboten worden war, klang die Feststellung, dass Kaltluft auf warme, feuchte Luftmassen getroffen sei, am sachlichsten und am wenigsten auf den Einzelnen bezogen. Der Regen traf Millionen Menschen gleichermaßen. Allerdings war sie keine Antwort auf die Frage, warum die kalten Luftmassen ausgerechnet an diesem Tag nach Süden gewandert waren und ob das für den späten Frühling ungewöhnliche Wetter mit seinen heftigen Winden und großen Hagelkörnern nicht eine Folge der globalen Erwärmung war, die ihrerseits eine Folge der Verbrennung zu vieler fossiler Brennstoffe war, die wiederum eine Folge...

Der Buddha bezeichnete das Karma, den Kausalzusammenhang all dessen, was existiert, als »unergründbar«, als etwas, dessen Gültigkeit intuitiv anerkannt wird und das deshalb Fürsorglichkeit und Güte auslöst, das aber das logische Denken übersteigt. Ajahn Sumedho hat die richtigen Worte gefunden, um den Geist zu ermutigen, jeden Augenblick unmittelbar und ohne Umschweife zu erfahren: »Ich sage mir immer: ›So ist es eben.‹ Es geschieht einfach so.«

Hypothetische Erklärungen sind manchmal belustigend – »Der Kosmos hat es so eingerichtet, dass du dein Flugzeug verpassen musstest, um *dieses* zu nehmen und *mir* zu begegnen« –, aber es sind eben nur Theorien. Vor kurzem habe ich mich fünf Minuten länger als sonst im Spirit-Rock-Zentrum aufgehalten, weil ich noch mit Leuten sprach, die mit einem

Problem an mich herangetreten waren, und als ich schließlich auf dem Weg nach San Francisco an der Golden Gate Bridge ankam, hatte sich dort gerade ein schwerer Unfall ereignet. Da dachte ich eine Sekunde lang: »Oh, dass ich so nett war, länger zu bleiben und jemandem weiterzuhelfen, ist gleich belohnt worden.« Vorausgegangen war natürlich der Gedanke, dass ich selbst diesem Unfall nur um fünf Minuten und fünf Meilen entgangen war. Dann wurde mir klar, dass ich auch *allen anderen* Unfällen, die sich auf der Erde gerade ereignet hatten, entgangen war. Weil noch mehr Minuten oder noch mehr Meilen dazwischen lagen, vielleicht sogar, weil ich mich auf der anderen Seite des Erdballs befand – letzten Endes jedoch einfach deshalb, weil ich da war, wo ich war, und der Unfall dort geschah, wo er geschah. *So ist es eben.* Nicht wegen oder trotz meiner Person. Jetzt war ich froh, die Extraminuten im Spirit-Rock-Zentrum geblieben und den Leuten hoffentlich eine Hilfe gewesen zu sein.

Ich könnte mir vorstellen, dass jemand demnächst einmal eine Anthologie von Cartoons aus dem letzten Vierteljahrhundert veröffentlicht mit Bildern des Gurus, der mit gekreuzten Beinen auf einem Berggipfel vor dem Eingang seiner Höhle sitzt und mit einem Jünger spricht, der vor ihm sitzt, noch ganz außer Atem von dem mühsamen Aufstieg. Die Bildlegenden – Variationen von: »Das Leben ist ein Strom« oder: »Vielleicht ist das Leben ein Strom«, oft auch: »Das Leben ist uns eine Lehre« – sind stets Antworten auf die dahinter stehende Frage: »Was ist der Sinn des Lebens?« Vielleicht ist die ultimative Antwort auf diese Frage die Bildunterschrift eines Cartoons in einer Ausgabe des *New Yorker* vom April 2001: »Wenn ich den Sinn des Lebens wüsste, würde ich dann in Unterhosen in einer Höhle sitzen?« Nicht die Antworten, die solche Guru-

auf-Berggipfel-Cartoons geben, sind so nachhaltig komisch.
Die Frage ist es.

Die Frage »Was ist der Sinn des Lebens« bringt keine Lösung für das Problem: »Was sollen wir machen?« Ein junger Mönch in der Gemeinschaft Buddhas soll sich einmal beklagt haben, keine Antwort auf seine Fragen über Erfahrungen vor der Geburt und nach dem Tod zu erhalten. Wie es heißt, schlug Buddha dem Mönch daraufhin vor, einmal zu überlegen, was geschehen würde, wenn jemand, der von einem Giftpfeil getroffen und verwundet wurde, Zeit damit vertrödeln würde, sich Gedanken über das Motiv der Attacke, den mutmaßlichen Angreifer und die Art des Giftes zu machen, statt den Pfeil zu entfernen. Noch heute, 2500 Jahre später, ist die Parabel vom Giftpfeil eine überzeugende, prägnante Einführung in die Lehre Buddhas. Wir benutzen die Geschichte vom Giftpfeil unter anderem, um den einen Satz zu erklären, mit dem Buddha seine gesamte Lehrtätigkeit zusammenfasste: »Ich wollte nur eins lehren: die Entstehung des Leidens und die Aufhebung des Leidens.«

Die Aufhebung des Leidens hängt davon ab, dass man klar und deutlich einsieht: »So ist es eben«, sodass sich die Frage: »Was soll ich machen?« erübrigt.

Eine heftige Gewitterfront bewegt sich von Chicago aus nach Osten.

Wir können über Nacht in Newburgh bleiben.

Das Leben ist so schwer.

Wie könnten wir anders sein als gütig?

DANK

Ich danke Leslie Meredith und Nancy Miller, die dieses Buch bei seiner Entstehung begleitet haben. Ich danke auch meiner Freundin Martha Ley, die mir wie immer eine große Hilfe war: »Martha, hör dir das mal an« und: »Martha, lies das mal und sag mir dann, was du davon hältst«. Ich baue auf ihr feines Gehör, und ihre Mitwirkung macht mich stets zuversichtlich.

Es ist gar nicht zu sagen, wie froh ich bin, dass mein Freund Tom Grady mein Literaturagent ist. Er war von unserer ersten Begegnung an von nie versiegender Hilfsbereitschaft, stand immer zur Verfügung, dachte mit, machte hervorragende redaktionelle Vorschläge, gab mir unentwegt Rückhalt und war unvergleichlich verständnisvoll.

Eine Quelle endloser Freude, Wertschätzung und Unterstützung waren mir bei diesem wie auch allen anderen Unternehmungen meine Kinder und ihre Familien. Und ein Gutteil des Verdienstes am Gelingen dieses Buches gebührt natürlich meinem Mann Seymour, der seit nunmehr fünfzig Jahren die große Liebe meines Lebens und mein bester Freund ist.

GANZHEITLICH HEILEN
GOLDMANN

Heilende Energien

Barbara Ann Brennan,
Licht-Arbeit   14151

Leila Parker, Das Praxisbuch
der Kinesiologie   13934

Sabrina Mesko
Heilende Mudras   14201

Barbara Simonson, Das authenische
Reiki   14210

Goldmann • Der Taschenbuch-Verlag

ARKANA
GOLDMANN

Der Weg der Achtsamkeit

Pema Chödrön
Wenn alles zusammenbricht   21525

Steve Hagen
Buddhismus kurz und bündig   21544

Dalai Lama
Die Lehren des tibetischen
Buddhismus   21539

Dalai Lama
Das Herz aller Religionen ist eins
                    13278

Goldmann • Der Taschenbuch-Verlag